한국어로 내려온

New Bible

새로운 성 경

제76권

5부 | 총10부

하얀마음

하나님 말씀 중에서

1. 사랑의 하나님

- 세상을 창조하신 하나님은 모두를 사랑하신다. 인간만 특별히 더 사랑하지 않고, 우주 만물을 다 똑같이 사랑하신다. 그러니 하나님이 창조하신 천지 만물과 화친하고, 미물까지도 소중히 대하라.

- 하나님은 특정 종파나 민족만을 더 사랑하지 않으신다. 자기 자신만 구원받겠다는 욕심을 버리고, 자기 종파만 구원받는다는 편협한 교리에서 벗어나야 한다. 종파를 초월해서, 모두를 사랑하라.

- 원수까지 사랑하라 했으니, 이 세상에 사랑하지 못할 자가 누가 있겠는가? 종파가 다르다고 해서 부모 형제와 원수처럼 지내는 자는 인간의 근본을 모르는 자다. 가장 가까운 가족부터 사랑할 때 남도 진심으로 사랑할 수 있다.

- 한 사람을 원수같이 생각하던 마음에서 사랑하는 마음으로 돌리면, 자기 자신의 마음이 가장 기쁘고 행복하다. 하나님께서는 인간의 마음속에 무거움이 없이 기쁘고 행복한 삶을 살기를 바라신다.

- 이웃을 "내 몸처럼" 사랑하라 했으니, 마지막 한 장 남은 천국의 티켓도 이웃에게 양보하라. 자기 중심적인 신앙에서 벗어나서 남을 위해 살아야 한다.

- 독초도, 약초도, 이단도 사탄도 천사도 다 필요하기에 존재한다. 독초일지라도 극소량을 사용해서 생명을 살릴 수 있고, 약초라 하더라도 남용하면 생명을 잃을 수 있다.

- 세상 모든 것을 명약으로 활용하는 것은 인간의 지혜에 달렸다. 어떤 것이든 어떤 사람이든 적재적소에 꼭 필요한 명약으로 승화시키라.

- 사탄도 이단도 천사도 모두 하나님의 주관하에 존재한다. 진정한 하나님의 백성은 사탄과 마귀까지도 감화시켜서 천사로 거듭나게 한다.

2. 기도

- 하나님은 인간의 생각까지 모두를 다 알고 계신다. 우리의 소원도 이미 알고 계시기에, 소원의 기도를 할 필요가 없다. 우리가 받을 자격이 되면 내려 주신다.

- 죄를 짓고 아무리 회개를 해도 용서받지 못한다. 도둑질한 자는 용서해 달라고 기도하고, 도둑맞은 자는 도둑을 잡게 해 달라고 기도하면, 공의의 하나님은 누구의 편에 서시겠는가?

- 자기가 잘못한 것은 그 사람에게 직접 갚고 용서를 구하라. 그가 용서하면 하나님도 용서하신다. 땅에서 매면 하늘에서도 매이고, 땅에서 풀리면 하늘에서도 풀리는 이치다.

- "회당에서 기도하지 말고 골방에서 기도하라" 했다. 눈에 보이는 골방이 아니라, 골방과 같이 고요한 마음이다. 잡념을 버리고 하나님을 향해 마음을 집중하며, 사랑하고 용서하는 아름다운 생각만 나오도록 하라.

- "두드리면 열릴 것이다." 하는 것은 육의 소원을 위해 두드리라는 것이 아니라, 진리의 깨달음을 얻기 위해 두드리라는 것이다.

- 기도하는 방법: 생활 속에서 수시로 기도하는 삶을 살아야 한다.

- "저의 죄를 용서하여 주옵소서." 하는 회개의 기도를 하라.
- 범사에 "하나님! 감사합니다." 하라. 현재 가진 것에 감사하며, 과욕하지 말라. 자기 노력 이상의 것을 더 갖고자 기도하는 것은 도둑놈심보다. 공의의 하나님은 각자 노력한 만큼 주신다.
- "하나님 뜻대로 살아가겠나이다." 하며 마음의 각오를 다지라.

- 기도는 하나님의 말씀을 받아서 "행하는 것"이다. 하나님이 계심을 굳건히 믿고, 하늘을 향하여 한 점 부끄럼 없이 사는 삶 자체가 가장 위대한 기도이며, 삶이 곧 예배다.

3. 지도자

- 똑같이 사랑한다는 말을 해도, 순수하게 하는 말은 천사의 말이지만, 사기 쳐서 재산을 가로채려고 하는 말은 사탄의 말이다.

- 종교 지도자가 아무리 훌륭한 설교를 해도, 신도의 재물을 거둬서 더 큰 교회를 짓고 자기의 부귀영화를 바라며 설교하면 사탄의 가르침이 된다.

- "저희 교회는 만원사례요, 믿음은 다 같으니 이웃의 개척 교회에 가서 예배를 드리시오." 하며, 이웃 교회의 부흥을 먼저 생각하여 제 신도를 보내는 종교 지도자가 있다면 그를 따르라. 그가 하나님의 사랑을 실천하는 자다.

- "부자가 천국에 들어가는 것은 낙타가 바늘구멍을 통과하는 것보다 더 힘들다" 하였거늘, 지금의 교회에서는 부자가 되기만을 기도하고 소원하니, 이는 곧 천국을 포기하고 지옥 행 열차의 티켓을 사는 것과 같다.

- 예수는 빈손이었다. 종교 지도자가 예수보다 더 호화롭고 편안하게 살아간다면 잘못된 것이다. 부귀영화와 명예를 바라는 자는 절대로 갈 수 없는 좁고 협착한 길이 종교 지도자의 길이다.

- 종교 지도자는 유리로 비춰 봐 한 점의 부끄러움이 없이 살아야 한다. 의식주도 직접 일해서 해결하고, 예수의 가르침과 행함을 그대로 따라야 한다.

- 종말은 없다. 지금의 잘못 가는 종교 집단에게만 종말이 있다. 보이지 않는 하나님은 보이는 육의 종말은 관여하지 않으신다. 환경 파괴로 인간이 스스로 멸망을 자초하는 것이다. 종파끼리 싸우기 전에, 무너진 인성을 바로잡고 지구의 몸살을 해결하는 데 뜻을 모으는 게 급선무다.

4. 성전이란

- 이 세상 자체가 하나님께서 만드신 성전이다. 자연보다 더 아름다운 성전이 있는가? 보이는 건물이 성전이 아니라, 성스러운 마음가짐이 성전이다.

- 반석 위에 교회를 지으라 했다. 지상의 단단한 돌은 인간이 쪼갤 수 있으나, 마음속의 굳은 결의는 세상 무엇으로도 쪼갤 수 없다. 바르고 굳건한 믿음으로 성경의 가르침을 실천하는 것이 마음의 반석 위에 교회를 짓는 것이다.

- 손으로 지은 건물의 교회에 모여서 복음을 전하는 것이 아니라, 교회를 개인과 가정에 심어 주어야 한다. 무너지고 부서지는 건물을 짓지 말고, 마음속에 영원히 불변하는 참진리의 교회를 지으라.

5. 십계명

- 십계명은 인간이 죽어서 반드시 통과해야만 하는 열 개의 관문이다.

- 부모를 공경하지 아니한 자는 "네 부모를 공경하라." 하는 제5계명의 관문이 열리지 않으니 구원받을 수 없다.
- 살인, 간음, 거짓, 우상 등의 나머지 계명도 마찬가지다.

- 십계명은 하나님의 친필이다. 모기소리만 한 하나님의 음성이라도 들어 보겠다고 여기저기 찾아 헤매지 말고, 십계명부터 암송하고 지키라.

- 십계명은 영혼을 구원하는 양식이며, 십계명을 지키는 것이 구원을 받는 길이다. 인간이기에 지키고자 노력하고 또 노력한다면 지킬 수 있다.

- 십계명을 지키고 천사처럼 아름답게 살아가는 그 마음 하나면 세상에 이루어지지 않는 것이 없다.

6. 보물

- 하나님은 재물이 아니라 우리의 마음을 받으신다. 사랑을 실천하며 천사처럼 변하는 마음이 하나님께 바치는 보물이다.

- 보이지 않는 하나님께 재물을 바치려 하지 말고, 너희를 길러 준 부모에게 용돈 드리고, 찾아뵙고, 효성을 다하라. 그것이 하나님께 효도하는 것이다.

- 하늘에는 선과 악의 창고가 있다. 자기 창고에 선이 많으면 천국으로 구원을 받고, 악이 많으면 심판받아 지옥으로 간다. 그것이 바로 "선한 일을 행한 자는 생명의 부활로, 악한 일을 행한 자는 심판의 부활로" 나오는 것이다.

- "선악과를 따먹지 말라"는 것은 양심을 지키라는 것이다. 선과 악을 구분할 수 있는 양심을 최초에 인간에게 주셨다. 선한 열매는 취하고, 악한 열매는 버리며, 양심에 비추어 부끄럼 없는 삶을 살아가라.

- 가장 작은 거짓말을 하지 않고, 가장 작은 죄를 짓지 않으며, 가장 작은 선행을 하고, 가장 작은 악행을 멀리하는 것이 율법의 일점 일획도 빠뜨리지 말고 다 지키는 삶을 사는 것이다.

7. 우상

- 박물관에 있는 불상은 하나의 예술품이다. 그 조각품에 대고 제 소원을 빌 때 우상숭배가 된다. 십자가라 하여도 그 앞에서 소원을 빈다면 우상숭배하는 것이며, 하나님께 소원을 빈다면 하나님을 우상으로 전락시키는 것이다.

- 지금 기복신앙에 젖어 있는 모든 사람이 우상 앞에 절을 하고 있다. 조각품을 우상이라며 파괴하지 말고, 네 마음속에 있는 욕심의 우상을 무너트리라.

- 생수를 약초가 먹으면 약을 만들고 독사가 먹으면 독을 만든다. 같은 성경을 봐도 선한 지도자는 신도를 천사로 만드는 데 활용한다. 그러나 욕심이 가득한 지도자는 재물을 거두어들여 제가 부귀영화를 누리는 데 악용한다. 그가 바로 성경을 우상숭배의 도구로 전락시키는 거짓 선지자다.

- 성경을 한 획도 빼거나 더하지 말라는 것은, 그 가르침을 빠트리지 말고 온전히 지키라는 것이다. 성경 속에서 자기에게 유리한 구절만 보는 것은, 자기에게 불리한 구절들을 빼 버리는 것이다. 믿음이 제일이요, 행함은 구원과는 관계없다는 것은 자신에게 유리한 쪽으로 성경을 악용하는 것이다.

- 진정한 종교 지도자는 종파에 관계없이 어떤 종파든 어떤 책이든 접하고 보고 깨우쳐 견문을 넓히도록 인도한다. 참진리를 모르고 자신이 없는 자가 남을 이단이라며 배척하고, 신도들의 눈과 귀를 가린다.

8. 예수

- 예수의 재림은 없다. 예수가 다시 온다 해도, 과연 누가 그를 예수라고 믿겠는가? 예수와 같은 삶의 행함이 곧 예수의 재림이다. 각자 모두가 "재림 예수"가 되는, 차원 높은 믿음으로 가야 한다.

- 예수는 "주여 주여 하지 말고, 아버지의 뜻대로 행하라"고 했다. 예수가 전한 하나님의 뜻이 곧 "길이요, 진리요, 생명"이며, 그 가르침이 예수의 보혈처럼 소중한 것이다. 예수를 믿는 것은, 예수의 가르침을 믿고 따르는 것이다.

- 예수는 낮은 자로서 만백성을 섬기고자 했다. 만나는 모든 사람을 다 하나님이라 생각하라. 돈을 벌수록 겸손하고, 높은 지위를 얻을수록 낮아지라.

- 예수는 종파를 만들지 않았다. 인간이 만든 종교와 인간의 교리를 따르지 말고, 예수를 통해 전한 하나님의 참진리를 연구하고 따르라.

- 예수가 2천 년 전에 만백성을 위해 죽었으니, 지금 이 땅에는 예수의 가르침대로 사는 천사만 존재해야 한다. 예수가 죽어 가면서 바란 것은 만백성이 천사가 되어 예수의 자리를 채워 주는 것이지, 지금과 같이 재물을 바치면서 중언부언 제 소원만을 비는 백성들을 바란 것이 아니다.

9. 구원

- 천사가 사는 천국에는 천사만 갈 수 있으니, 천사 같은 마음을 길러야 한다.

\- "천국 열쇠를 네게 주리니 땅에서 무엇이든지 매면 하늘에서도 매일 것이라" 했다. 땅에서 천사같이 사는 자가 하늘에서도 천사가 되어 천국에 들어간다. 모든 사람에게 천사같다는 말을 듣는 삶을 살아야 한다.

- 천사의 곱고 아름다운 마음은 부모를 공경하고 어른을 어른으로 대접하는 데에서 출발한다. 효도하는 자는 형제와 화목하게 지내기에 가정이 화목해지고, 이웃과 화목해지고, 국가가 화목해지고, 온 인류가 화목해진다.

\- 그러므로 지상의 아름다운 소왕국은 가정에서부터 이루어야 한다.

- 선택된 14만 명만 구원받는 것이 아니라, 천사처럼 변하고자 하는 14만 명을 기초로 온 인류가 천사처럼 거듭나는 영적인 개혁이 시작되는 것이다.

- 천 년에 걸쳐서 하늘에서 이루어진 것같이 이 세상을 낙원으로 만들어, 만백성이 지상의 천국에서 살다가 죽어서 그대로 하늘의 천국으로 들어가는, 영원한 지상 낙원을 건설하는 것이 하나님의 계획이다.

- 이것이 구약과 신약에 이어 "새로운 성경"으로 역사하시는 하나님의 창조의 완성이다.

- 지금의 믿음으로 구원받을 수 있다면 그 길을 가라. 그러나 자신이 없다면 하나님께서 직접 내리신 160권의 "새로운 성경"을 읽고 구원의 길을 보라!

하나님 머리말씀

이 새로운 성경을 읽는 너희 모두는
이 율법에 따라 행하면 영원히 구원받을 것이니라.

너희 인간이 수년, 수십 년, 평생
성서를 공부하고 기도하는 것은
하늘나라 나의 곁으로 오고 싶은 소망일진대,

몇천 년 전의 너희 인성과 생각이
지금의 너희와는 판이하게 다르니,

꺾여 가고 병들어 가는 너희를 고칠 수 있는 길은,
오늘 내가 선지자에게 내리는 새로운 성경과 같이
너희가 변화되는 것뿐이니라.

나의 예수가 태어난 것처럼
내가 아들 선지자를 선택하여
나의 새로운 성경을 온 세계에 전하고자 하니,

묵은 것은 버리고 새로운 것은 취하여,
너희 모두는
'여호와 하나님! 저의 죄를 용서하여 주옵소서.'
하는 기도문으로 기도하고, 죄를 뉘우치라.

이 새로운 성경은
수천 년간 내려온 성서를 요약한 것이니,
너희는 이 책을 정독하여 쉽게 깨달음을 얻고,
이대로 실천하여 하늘에 오르라.

대역자 머리말

■ 하나님의 율법을 지키는 선지자로 선택을 받도다.

저는 남들처럼 그저 열심히 살아온 평범한 사람이었습니다. 그러나 50대 중반에 사업에 실패하여 많은 부채에 시달렸으며, 건강도 악화되어 눈이 잘 안 보이고, 걷기도 어렵고, 두통이 심해서 잠을 이룰 수 없는 고통의 나날을 보냈습니다. 그때 제가 선택할 수 있는 것은 육의 삶을 끝내는 길뿐이었습니다.

죽기 직전에 그동안에 죄를 지은 이들에게 용서를 빌고 인생을 끝내기로 작정하였습니다. 어려서부터 지은 죄를 빌고 빌다 보니 끝이 없었고, 죽음으로도 그 많은 죄를 용서받을 길이 없다는 생각에 하염없이 눈물이 흘렀습니다. 그 순간 '재래식 화장실의 구더기는 죄를 짓지 않는데, 나는 인간으로서 구더기만도 못한 삶을 살았구나.' 하는 생각이 들면서 괴로움에 몸부림칠 때, 갑자기 하나님의 음성이 들렸습니다.

"나는 여호와 하나님이니라. 너는 십계명을 암송하고 내가 내려 주는 메시지를 받아 책으로 만들어 만백성을 구하라." 하시며, 제 눈을 손으로 문지르게 하시고, 아픈 머리와 다리를 손으로 두드리게 하셨습니다. 그러고 나니 눈도 잘 보이고 걸을 수 있었으며 머리의 통증도 말끔히 낫게 되었습니다. 그때부터 십계명을 암송하고 나면 들려주시는 말씀을 기록하였고, 1999년 8월부터 2004년 7월까지 권당 288쪽, 총 160권을 받아서 "새로운 성경"이라는 책으로 펴내게 되었습니다.

그러한 저에게 죽기보다도 힘든 길이 시작되었습니다. 모든 교인들이 저에게 사탄이요, 이단이요, 악마요, 마지막 시대에 온 거짓 선지자라 하면서 공격하였고, 저를 짐승을 보듯이 대하는가 하면, 편협한 종교 지도자들의 선동으로 신도들이 이 책을 직접 읽어 보고 평가할 기회마저 막아 버렸습니다. 그래서 하나님의 말씀을 세상에 내는 데 많은 어려움을 겪으며, 피를 토하는 심정으로 책을 전하고 있습니다.

그러나 아무리 인간의 힘으로 막으려 해도, 하나님의 뜻이 세상에 전해지는 위대한 역사는 계속될 것입니다. 책으로 전해지는 "하나님의 말씀"은 세상 끝날까지 항상 우리와 함께하실 것입니다. 사람은 죽어도, 책에 기록된 말씀은 영원히 남으니까요.

■ 따뜻한 실천

하나님께서는 어려운 사람들에게 삶의 터전을 마련해 주고, 미래를 열어 주는 것을 기뻐하십니다. 어려운 이웃이 스스로 자립할 수 있도록 이끌어 주는 것이 진정으로 이웃을 돕는 것이라고 말씀하셨습니다. 그래서 일자리가 없는 제자들에게 작은 사업장을 만들어 주는 "달란트 사업"을 하고 있습니다. 식당, 반찬 가게 등을 차려 주고, 기존의 어려운 사업장이 자립할 수 있도록 돕고 있습니다(커피숍, 미용실, 의상실 등).

하나님께서는 교회에 나와서 모든 시간과 재물을 쏟기를 원하지 않으시고, 그 시간과 재물을 교육에 투자하여 스스로 미래를 열어 가기를 원하십니다. 그래서 제때 공부하지 못한 제자들에게 학업을 이어 가도록 하였습니다. 중화요리 주방장을 하며 초등학교 검정고시부터 공부하여 2012년에 방통대를 졸업한 36세 남성, 만학도들의 2년제 중학교에 입학해서 2007년에 명지대학을 졸업한 38세 여성, 중학교 검정고시를 시작으로 숭의여자대학을 졸업한 47세 여성 등이 있습니다. 그밖에도 많은 제자들에게 나이를 초월하여 배우고 깨우쳐서 사회 속의 당당한 일원이 되도록 인도하고 있습니다.

학자금 대출로 힘겨워하는 젊은이들을 위해 "따뜻한 바람 장학회"를 발족하여(2016년 12월) 대출받은 학자금 전액을 매월 갚아 주고 있습니다. 또한, 다문화 가정을 위해 "다문화 가족 랜드"를 조성하여, 각종 시설을 무료로 활용하도록 하고 있습니다.

이러한 따뜻한 실천이 아직은 미약합니다. 그러나 책의 수입이 늘고, 저와 뜻을 같이하는 분들이 늘어나면 계속 확대할 것입니다. 지도자로서 신도의 재물을 헌금으로 거둬들여 착복하는 것이 아니라, 하나님께서 기뻐하시는 일에 사용하도록 중매 역할만 하며 살아가고자 합니다. 이런 제가 과연 사탄이고 이단인가요? 하나님께서 기뻐하시는 일이라면, 저에게 사탄이라 하든 거짓 선지자라 하든 굽히지 않고 실천해 나갈 것입니다.

끝으로, 일상의 삶 속에서 "지금 내가 하는 행동이 과연 하나님께서 기뻐하실까, 슬퍼하실까?" 생각하고, 매사에 하나님께서 기뻐하시는 길을 택하기 바랍니다. 교회에 모여서 집단적으로 예배 드리는 것이 아니라, 개인이나 가정 단위로 새로운 성경을 읽어 스스로 깨우치고 그대로 행하면 충분합니다. 그것이 마음속에 성전을 짓고, 신령과 진정으로 예배 드리는 길입니다. 그러면 천국의 문에 들어서게 됩니다.

2017.2.1.

하나님 말씀 대역자 김용철

차 례

십 계 명

이 책은 십계명을 암송하고 나면 내려 주시는 "하나님의 음성"을 듣고 그대로 받아쓴 기록입니다. 하나님께서 십계명을 모세에게 내려 주셨지만, 그것은 만백성에게 내려 주신 것입니다. 마찬가지로 이 책의 모든 말씀도 저에게 내려 주셨지만, 만백성 각자에게 들려주시는 말씀입니다. 여러분도 이 책을 접할 때마다 십계명을 암송하고 나서 정독해 주시기 바랍니다.

제일은, 너는 나 외에는 다른 신들을 네게 있게 말지니라.
제이는, 너를 위하여 새긴 우상을 만들지 말고, 또 위로 하늘에 있는 것이나, 아래로 땅에 있는 것이나, 땅 아래 물 속에 있는 것의 아무 형상이든지 만들지 말며, 그것들에게 절하지 말며, 그것들을 섬기지 말라.
제삼은, 너는 너의 하나님 여호와의 이름을 망령되이 일컫지 말라.
제사는, 안식일을 기억하여 거룩히 지키라.
제오는, 네 부모를 공경하라.
제육은, 살인하지 말지니라.
제칠은, 간음하지 말지니라.
제팔은, 도적질하지 말지니라.
제구는, 네 이웃에 대하여 거짓 증거하지 말지니라.
제십은, 네 이웃의 집을 탐내지 말지니라.

나 여호와가 존재함을 믿는 그 자체가 구원의 길에 들어서는 기본이요, 근본이며, 나의 새로운 성경을 가슴에 안고 정독하는 자, 반석 위에 서서 하늘에 오르는 찬란한 빛을 보게 되는 영광을 얻게 됨이니라. 진정 나를 따르고 믿는 자는 감히 사탄이나 마귀도 근접하지 못하느니라.

〈하나님 말씀〉

2003년 3월

5,590 번째 하나님 말씀

2003년 3월 18일 19시 50분

1 사랑하는 나의 아들아!
2 "네, 아버님! 말씀하옵소서."
3 지금의 모든 종교 지도자는 진리요, 아름다움이요, 그 찬란한 하늘의 뜻을 전하고 가르치는 것이 아님이니, 그들은 정녕 하늘의 두려움을 모르느니라.
4 나 여호와의 존재함이요, 나의 진리를 깨우쳐 가르치는 것이 얼마나 중요하고 무서운지를 알고자 하거든,
5 세상사 자연 속에 묻혀 그 자연의 위대함을 들여다보는 그와 같은 깨달음을 얻으라 그들에게 전하여야 할 것이니라.
6 지금의 모든 종파의 지도자들은 나 여호와에게 헌금하며 재물을 바치는 그 행위가 자기 자신의 모두를 나 여호와에게 바치는 정성을 보이는 것이라 그리 말하며 거둬들이고 있음이니라.
7 5천 년 동안 흘러온 종교 집단들의 뿌리에서부터 지금까지 온 모든 종교 집단이요, 그 지도자들은,
8 나 여호와에게 헌금을 많이 바치며 재물을 많이 바치는 그 행위는 나 여호와에게 자기 자신의 모든 것, 자신의 몸을 바치는 그와 같은 정성을 보이는 것이며,
9 그 정성을 가진 자가 재물을 바친다고 말하여 나의 피조물 만백성을 충동질하며 그리 끌고 가는 것이 지금 그들의 형국이니라.
10 그러면서 그들은 무어라 말하는가?
11 너희가 재물을 바치는 것은 너희 몸을 나에게 바치는 그와 같은 정성 어린 백성이라 하며, 그리고 영광된 백성이요, 열성으로 믿는 백성이니, 그와 같은 백성만이 구원을 받는다고 말하느니라.
12 재물이요, 금화와 은화는 너희가 시간과 모든 재능이요, 정열을 다 바쳐 피보다 진한 땀을 흘려 가면서 이루어 놓은 그 결정체라 생각하며 그리 말함이니라.
13 그러니 그와 같은 노력의 대가로써 얻은 금화와 은화를 바치는 것은 너희 자신의 몸을 나에게 바치는 것이며, 그와 같은 정열과 열성을 가지고 믿음의 길을 가는 것이니,
14 하늘에 오르는 상을 받을 수 있으며 구원을 받는다 그리 가르쳐 주는 것이 너희들의 뜻이 아니던가?
15 너희는 여기서 들어야 할 것이니라.
16 내가 너희에게 내려 준 것이며, 내가 너희에게 준 생명의 육신이 얼마나 소중한 것인지 너희는 아는가?
17 그 육신은 너희 영혼이 살고 죽는 영혼의 집이라 하였으며, 그를 관리하며 그 행함에 따라서 너희 영혼이 구원을 받고 못 받는 그와 같이 소중한 것이 너희 육이요, 몸이라 내가 그리 말하였거늘,
18 어찌하여 너희는 내가 더불어 쓰도록

덤으로 내려 준 재물과 그 모든 금전
을 가지고 그 위대하고 소중한 내가
내려 준 생명과 견주어 말하며,
19 재물을 바치는 정성이 너희 육을 바
치는 정성과 같다 그리 가르치고 말하
는가?
20 너희들의 육의 가치가 과연 그것밖에
되지 않은가?
21 내가 덤으로 주고 살아가라 전한 재물
을 너희 육에 비하는 그 사악한 사탄
같은 자들의 말에 귀 기울이지 말며
그들에게 현혹되지 말아야 할 것이니
라.
22 재물이 아무리 중요하고 소중하다 해
도 그 재물 자체를 너희 자신을 바치
는 것과 똑같다 말하는 그자들이 인간
이던가?
23 그렇다면 저 자신을 한번 바쳐 보라
그리하라.
24 제 자식이요, 저 자신은 나에게 바치
지 아니하면서, 남의 생명이요, 남의
소중한 육체요, 그 목숨을 재물과 같
이 견주어 말하는 것이니라.
25 너희가 재물을 거둬들이고 받아들이
듯, 남의 생명을 죽일 수 있으며 버릴
수 있음이니, 너희가 재물을 위하여
기도하는 것이 죄가 아니라는 그 착각
속에 사는 것이 아니던가?
26 너희가 남의 소중한 생명을 재물과 같
이 견주어 말하니, 너희는 재물을 거
둬들이려고 기도하는 것과 만백성을
구하려고 기도하는 것을 똑같은 비중
을 두는 것이 아니던가?
27 재물과 인간을 비교하는 것이 지금의
종교 집단이요, 지도자라 하였음이니,
28 그곳에 가서 울고불고 구원을 받겠다
하여 재물을 바치면서 제 육신을 바치
는 것과 같은 착각을 함이니,
29 어찌하여 덤으로 먹고살라 준 그 재물
을 내가 직접 내려 준 그 귀중한 생명
과 같다 말한단 말이더냐?
30 거기에 현혹되어 '아멘!'이요, '할렐루
야!' 하며 손뼉을 침이니,
31 남들이 버리며 흘러가는 그 재물이요,
아무런 가치도 없는 그것과 너희 생명
이 같다는 말이더냐?
32 거기에 '옳소, 아멘!' 손뼉 치는 너희
가 과연 인간이며 깨달음이 있는 자더
냐?
33 너희 종교 집단의 지도자가 그와 같이
사악한 자이니라.
34 그러니 너희가 짐승으로서 제물이 된
다면 너희를 팔 것이며, 너희를 재물
로 계산하는 그와 같은 사악한 자들이
종교 지도자가 아니던가?
35 그러니 그들이 재물을 거둬들이기에
혈안이 되었으며, 재물을 위해서 기도
하며, 재물을 위해서 성전을 만들며,
재물을 위해서 저희가 살아가는 그와
같은 사탄의 자식이 되어 있다는 것을
너희는 잊지 말라.
36 헌금이요, 재물을 바치지 아니하는 자
는 나 여호와를 믿지 못하는 자며,
37 재물을 바치지 아니하고 헌금을 바치
지 아니하는 자는 나에게 경배한다 해
도 그 경배에 정성이 들어 있지 아니
하며 ,그와 같이 기도하는 자는 내가
듣지 아니한다 그리 말함이니라.
38 나 여호와에게 무릎 꿇고 기도하는 자
가 재물을 바치지 아니하며 헌물을

바치지 아니했을 때,
39 그는 나를 믿는 자가 아니요, 나를 경
배하는 자가 아니요, 나의 백성이 아
니라 함이니,
40 너희는 과연 내 자식이요, 나의 아들
딸이요, 믿고 안 믿는 백성을 무엇으
로 기준 하는가?
41 내가 너희에게 말하였느니라.
42 너희는 많은 사람과 종교 집단이 모여
놀 다 한 사람이 강에 빠져 허우적거
릴 때, 믿지 않는 자가 뛰어들어 가 그
생명을 구해 왔을 때,
43 믿지 않는 자가 아무리 좋은 일을 해
도 축복을 받지 못하며 내가 기억해
주지 아니한다 그리 말함이니,
44 거기에 백 명이 모여 있어 한 형제자
매라 하는 너희가 재물이요, 헌금이
요, 감사 헌금이요, 기타 돈을 바치지
않는 자는 너희 형제라 지금 칭하지
않으며, 속마음은 그들을 제쳐 놓은
것이 아니던가?
45 헌금과 재물을 바치지 않는 자는 믿지
못하는 자요, 믿지 않는 자며 나를 경
배하지 않는 자라 함이니,
46 너희 성전에 나오지 않는 백성이나 나
오면서 재물을 바치지 않는 백성은 선
택된 같은 동료라 생각하지 아니함이
니,
47 그 생명을 위하여 제 목숨을 던져 건
져 오는 믿지 않는 그 백성을 이방인
이라 말하는 것이나,
48 한 성전에 앉아서 형제자매요, 울고불
고 눈물 콧물 짜며 기도하는 자도 재
물의 봉투요, 물건을 바치는 걸 보고
그들이 신도요, 아니요, 내 백성이요,
아니요, 너희 제자요, 아니요, 그와 같
이 구분하는 것이 너희라는 이 무서운
사실을 내가 나의 법전에 기록하여 세
상에 전함이니,
49 나의 사랑하는 백성 너희는 알라.
50 너희는 모두 나로부터 선택된 소중한
나의 아들딸임을 나 여호와가 직접 너
희에게 명함이니, 선택되지 아니한 백
성이라 욕하며 그리 가르치는 그들의
말에 현혹되지 말라.

5,591 번째 하나님 말씀

2003년 3월 18일 20시 02분

1 사랑하는 나의 아들아!
2 "네, 아버님! 말씀하옵소서."
3 지금 잘못 가고 있는 그 사악한 종교
지도자들이 나의 피조물 만백성에게
뭐라 가르치며, 그 신도들을 어찌 현
혹하여 재물을 거둬들이는 줄 아는가?
4 그들이 피땀 흘려 노력하여 그 재물을
모았으며, 그들이 거둬들여 어떠한 수
입이 생겼을 때, 모든 재물은 헌금부
터 먼저 결정해야 한다고 그들은 그리
가르치느니라.
5 나의 피조물 만백성이 제 가족과 같이
의식주를 해결하며 살아가야 할 그 돈
을, 노력하여 번 그 금화와 은화가 생
겼을 때,
6 제일 먼저 헌금을 얼마나 할 것이며
헌금을 어떻게 할 것인가 그것부터 먼
저 결정하라 그리 가르치는 것이 종교
집단의 지도자니,
7 세상에 이런 법이 어디에 있다 생각하
는가?

8 그러면서 나 여호와 것부터 먼저 떼어
놓으라 그리 말하느니라.
9 너희가 그것의 사용처요, 딴 데로 흘
러가는 것을 막기 위하여,
10 돈이 들어오며 금화가 들어왔을 때 나
여호와에게 어찌 바칠 것인가를 결정
하며 어찌할 것인가를 그 양부터 먼저
생각하여 그걸 떼어 놓으라 그리 가르
침이니,
11 물질을 바치며 모든 헌금을 바치는 것
이 지금 죄의 온상인 그곳에서 거둬들
이는 방법이니라.
12 그와 같이 사악한 방법으로써 나의 피
조물 만백성에게 교육하며 그리 가르
치는 것이 지금의 너희들이니라.
13 나 여호와가 가장 즐거워하는 것이며
내가 가장 기뻐하는 것이며 나에게 축
복을 받는 것이요, 몇 배의 영광을 받
으며 재물의 축복을 받는 것이 바로
재물이 들어오자마자 그 얼마를 바칠
것이며 어찌 바칠 것인지를 결정하여
그를 뚝 떼어 한쪽에 고이 간직해 놓
고,
14 나머지는 굶든 모자라든 그리 쓰라 가
르치는 것이며, 그와 같이 하는 자가
내가 가장 기뻐한다 그리 말하고 강요
하며 현혹해 이끌고 가는 것이 그들
의 사악한 짓이니라.
15 모든 것은 나 여호와의 것이니라.
16 모든 것은 나 여호와의 것이라 내가
너희에게 그리 말하지 아니했던가?
17 모든 것은 나 여호와가 필요하여, 존
재할 가치가 있기에 만들어 냈다 하였
음이니라.
18 그리하여 이 세상 모든 것은 너희가
관리자요, 그 주인은 나라고 수천 번
내가 너희에게 가르쳤으며,
19 그 사악한 종교 지도자들도 그와 같이
말하느니라.
20 너희는 청지기요, 지키는 자라 말하며
관리자라 그리 말하느니라.
21 그러니 나 여호와의 것이거늘,
22 청지기라는 그 직분을 알며 청지기라
하는 너희가 그리 말하면서,
23 어찌하여 나의 것 일부를 챙겨서 나에
게 주고 나머지는 너희가 다 가져야
한다는 그와 같은 논리로 가르치는가?
24 그 주인이 난데, 너희가 각자 십일조
요, 헌금으로 일부를 떼어 놓으라 하
는 것은,
25 나의 재산을 가지고 너희가 일부를
나에게 바치고 나머지는 너희가 가져
가는 것은 잘못된 분배의 원칙이 아니
던가?
26 그들이 관리하는 것은 다 내 것이니
그대로 놔두면 될 것이며 그들이 관리
하면 될 것이니,
27 그들에게 일부를 떼어서 나에게 바치
라는 것은 바로 무엇이더냐?
28 너희는 내 것을 관리한다면서 내 것을
가지고 일부만을 떼어서 나에게 바치
고 나머지 너희가 착복하여 살며 마
음대로 흥청망청 쓸 수 있는 그 죄를
만드는 것이며, 그와 같은 논리의 법
이 어디 있는가?
29 너희는 이와 같은 이치를 잘 깨달아야
할 것이니라.
30 나는 너희에게 모두를 다 주었으며 너
희가 관리할 수 있도록 내가 내려 줬
으며,

31 관리를 잘하다 죽어 올 때 놓고 오라
내가 그리 말하였음이니라.
32 그러나 지금 너희들의 논리요, 가르치
는 방법은 뭐냐?
33 십일조요, 일부를 먼저 떼어 놓고 바
치라 함이니, 그것은 나에게 바친다는
것이 아니더냐?
34 어찌하여 내 재산을 가지고 너희는 일
부만을 나에게 바치며 십일조만을 떼
어서 나에게 바치고, 나머지는 누가
챙기라는 것이냐?
35 청지기에게 도둑놈이 되라는 것이 너
희가 아니던가?
36 이와 같은 이치를 가지고 너희가 나의
피조물 만백성을 가르치고 있느니라.
37 이 세상에 수천 년 동안 수억의 인구
가 지나가면서 그것 하나 반발하는 자
가 없으며, 그것 하나 깨달아 반박하
는 자가 없으며, 그것 하나 종교 지도
자에게 따지는 자가 하나도 없다 함이
니,
38 세뇌된 백성이 얼마나 무서운가?
39 그러나 너희가 말하는 이방인이요,
40 너희가 만든 성전이요, 교회를 가지
않는 백성은 너희들의 엉터리 같은 그
계산법이요, 사기극을 알 수 있음이니,
41 그리하여 그들과 대화하지 말며 술자
리 하지 말며 금전 거래 하지 말며 자
주 만날 건수를 만들지 말라 하느니라.
42 너희들의 추한 모습을 이방인이라 하
는 타인이요, 제삼자는 냉정히 볼 수
있기에, 그것을 숨기기 위해 너희가
그와 같은 사악한 짓을 한다 내가 일
찍이 나의 법전에 가르쳤음이니,
43 바로 오늘의 내 뜻을 너희가 듣는다
면, 하늘의 뜻을 읽고 깨우친다면 그
의미를 너희는 알아야 할 것이니라.
44 청지기는 청지기로서 잘 관리하다 죽
어 오면 다음 사람이 또 그를 맡아 지
키고 관리할 것이니,
45 너희가 일부 얼마를 떼고 나머지는 어
찌한단 말인가?
46 나머지는 그저 너희가 도둑이 되어 챙
기고 마음대로 쓰려는 것이 아니던가?
47 일부만 나의 것이 아님을 알라.
48 어찌하여 내 것을 일부만 바치고 너희
가 다 가지며 먹으려 하는가?
49 나머지는 너희 것이 아니니라.
50 너희가 챙길 수 없음이니라.
51 너희가 관리할 수 없는 것이니라.
52 이는 바로 나의 사랑하는 백성이 나의
청지기로서 충실히 열심히 살아가는
나의 백성에게, 청지기의 신분을 망각
하며 그들을 나에게 칼을 들고 대드는
강도로 만듦이요, 사악한 자로 만들어
나의 청지기가 주인에게 대들게 말함
이니라.
53 네가 관리하고 네가 힘드니 반납하지
말고, 다 네 것이니까 그저 하나님이
요, 창조주요, 그 관리자에게 그저 눈
곱만큼 바치는 흉내만 내고, 네가 착
복하고 마음껏 호의호식하고 살아가
는 것이 네 행복이라 하니,
54 나의 청지기들이 그 말에 솔깃하여
'아멘, 할렐루야!'요, '구세주여!' 소리
를 지름이니,
55 나의 재산을 눈곱만큼 갖다 바치고,
그 많은 집채만 한 재산은 다 네가 갖
고 마음대로 쓰라 하니, 그것을 싫다
할 자가 어디 있느냐?

56 그러니 너희가 그 말에 '맞소, 아멘, 할렐루야!'요, 그리고 '구세주여, 우리를 천국에 인도하는 자여!' 하며 그리 뒤바뀐 짓을 하고 있는 것이니,
57 이 형국을 어찌하여 나 여호와만 알고 너희는 그리도 모르는가?
58 그 좋은 머리로 생각할 수 있는 것을 너희가 모름이니라.
59 이제 청지기의 신분을 망각하며 거기서 벗어나는 자는 내 아들의 결혼식이요, 내 집의 잔치요, 그 화려한 곳에 참여하지 못하며 나에게 쫓겨나는 그와 같은 자가 된다는 걸 알라.
60 너희들의 그 작은 재산까지도 너희가 갖지 못하며 아름답고 소중한 이 세상을 볼 수 없으며 나에게 오를 수 없는 것이 지금 청지기가 도둑질하는 것이며,
61 청지기를 도둑으로 만드는 그들을 스승이요, 선생이라 따라가는 그와 같은 자들이니라.
62 이를 다스리고자 함이니 청지기인 너희는 눈을 떠라.
63 내가 너희에게 직접 준 것을 네가 관리하고 쓰다 놓고 오면 될 것을, 어찌하여 조금을 놓고 나머지를 챙기려 하느냐?
64 그렇다고 해서 너희가 가지고 올 수 있는가, 들고 올 수 있는가?
65 아무런 영향력이 없는 것에 속지 말라, 사랑하는 나의 아들딸들아!
66 너희들의 죄만 가중되는 것이니, 나의 아들딸 너희가 바로 이 법전을 읽고 깨우쳐 바로 서도록 그리하라.

5,592 번째 하나님 말씀

2003년 3월 18일 20시 06분

1 사랑하는 나의 아들아!
2 "네, 아버님! 말씀하옵소서."
3 구약의 시대의 역사가 지나고 신약의 시대가 도래하면서 그 믿음의 길을 간다는 백성은 과연 어찌하며 지금까지 살아왔는지 알겠는가?
4 그들은 가장 편안한 방법이요, 가장 현명한 방법으로 저희의 간교한 머리로써 나를 속였으며 하늘을 속였으며 천사를 속이는 그와 같은 행위를 하고 살아왔음이니라.
5 그것은 바로 무엇을 증명하는가?
6 너희는 사악한 죄를 지어도 회개하고 반성하며 또 회개하는 것을 잘하는 백성이니 현명한 백성이라 그리 말하느니라.
7 죄를 짓고 와서 울고불고 회개하는 그 말을 유창하게 지껄이는 자, 수다를 떠는 그와 같은 백성을 보고 정말로 회개를 잘하는 백성이며 나 여호와의 뜻에 살아가니,
8 너는 죄가 하나도 없는 아주 똑똑한 백성이라 그리 말하느니라.
9 그리고 회개하고도 죄를 짓고 또 회개하는 자 그와 같은 백성을 너희 종교 지도자들은 뭐라 말하느냐?
10 이 세상에서 가장 똑똑한 백성이며 가장 죄가 없는 백성이며 하얀 눈처럼 아주 순결한 것이 너희라 그리 말함이니,
11 너희는 이와 같이 지금 나의 피조물 만백성을 잘못 가고 잘못 가르치고 있

음을 알아야 할 것이니라.
12 그리하여 너희는 무한한 장점을 가지
고 있으며 아름다운 모습으로써 나에
게 깨우침을 받으며 아름다운 마음으
로 살다 나에게 오를 수 있는 그와 같
은 나의 백성까지도 너희가 잘못 이
끌어 가고 있음을 알아야 할 것이니라.
13 그러나 너희들의 그 죄상이 드러날
날이 머지않았으며 그 심판을 받을 날
이 머지않았음이니라.
14 내가 일찍이 너희에게 전하여 깨우치
지 않았던가?
15 알고 짓는 죄는 절대 용서함이 없다
그리했음이니라.
16 너희는 그를 알아야 할 것이니라.
17 너희가 알고 짓는 죄는 절대 용서받을
수 없으며 용서할 수 없음이니,
18 그 죄를 면할 수 있는 것은 선함을 몇
백 배로 행하여 너희가 죽어 와 나에
게 저울로 달았을 때 선함이 밑으로
내려가는 그 길밖에 없다 내가 말하였
음이니라.
19 종교 지도자들이 지금 살아가는 추한
모습의 형태로 노후 대책이라는 것을
만들어 인간이 살아가는 그 보험이요,
모든 혜택에 가입하며,
20 거기에 이름 석 자를 걸어 놓고 노후
대책이요, 노후 보장을 위하여 너희가
그와 같은 행위를 하는 것이니,
21 너희가 어디 나를 믿는 자며 내가 존
재함을 믿으며 나로부터 보장받았다
하는 백성인가?
22 노후 대책을 위하여 보험을 들며 그
노후 대책의 혜택을 위해 꾸려 놓고
쌓아 놓고 챙기는 그와 같은 자들,
23 들판에 있는 황소가 하늘을 보고 웃고
있음이니, 그 가짜요, 사악한 자들 앞
에 가 재물을 바치는 어리석은 삶을
살지 말라, 나의 사랑하는 아들딸들아!
24 거기에 바치는 자는 내가 용서하지 않
을 것이며, 그 사탄에게 힘을 싣는 자
는 용서하지 않을 것이며,
25 그 사탄이 짓는 그 성전이요, 마귀의
성전을 화려하고 찬란하게 크게 짓는
데 역사하는 그들의 죄를 내가 용서하
지 않을 것이니 그리 알라.

5,593 번째 하나님 말씀

2003년 3월 18일 23시 10분

1 사랑하는 나의 아들아!
2 "네, 아버님! 말씀하옵소서."
3 이 세상에 내가 창조한 동식물의 이름
을 다 알지 못하며 그 수를 헤아리지
못함이니,
4 그 많은 동식물이 서로 얽히고설켜
살아가는 그와 같은 오묘하며 정밀한
세상을 내가 만들어 놨음이니,
5 너희는 그들이 살아가는 모습이요, 개
미보다도 더 작은 미물이 살아가는 형
태는 너희들의 눈에 보이지 않으나,
6 그 미물이 살아감이 얼마나 정교하며
얼마나 많은 생명이 이 세상에 존재하
는지 너희는 모를 것이니라.
7 좁쌀알보다도 더 작은 벌레에서부터
그들이 모든 생식 작용을 하며 살아가
는 그 형태를 너희가 알고 본다면,
8 너희는 나 여호와의 그 전지전능함이
요, 위대함에 스스로 고개가 숙여질
것이니라.

9 너희가 보고 느끼는 그와 같은 동식물보다도 너희가 눈으로 볼 수 없으며 너희들의 정밀한 밝고 고운 눈으로 보지 못하는 그 생물이요, 생명을 가지고 있는 것이 수없이 많이 있으니,

10 그들이 번식의 기능을 다 유지해 가면서 살아가느니라.

11 작고 작은 미물이라도 그와 같이 유지하며 살아가는 모습을 너희가 볼 때, 정녕 이는 나 여호와 외에는 누구도 할 수 없다는 것을 알게 될 것이며 그 뜻을 알게 될 것이니라.

12 그와 같이 헤아릴 수 없는 그 수많은 미생물이요, 모든 동식물 중에서 너희를 내가 가장 사랑하며 가장 아름답게 세상에 내보냈으며,

13 나 여호와가 가장 높은 지혜를 주어 그 모든 것을 통제하고 관리하고 살아갈 수 있도록 명을 받은 나의 백성이니,

14 그러한 너희가 나의 뜻대로 살아가지 아니한다면 과연 이는 어찌하겠는가?

15 이 세상 생명을 가진 모든 동식물 중에서 생명을 가진 인간이요, 나의 창조물로서 그 모든 것을 지배하고 관리하며 그를 통제하고 살도록 내가 해주었음이니,

16 그러한 너희가 가장 큰 힘이요, 가장 위력을 가진 것이 아니던가?

17 그리하여 모든 동식물이 아무리 그 숫자가 많다 해도 너희를 따를 수 없으며 너희들의 머리를 능가할 수 없으며,

18 너희들의 조직이요, 너희들의 변하는 그 과학의 힘 앞에 그 무엇도 견디고 그를 싸워 이길 만한 것은 아무것도 없음이니라.

19 가장 방대하고 가장 위대한 조직을 가진 너희가 삐뚤어졌으며 잘못 가는 그와 같은 삶을 삶이니, 이 세상이 거꾸로 돌아간다는 내 말이 맞지 않은가?

20 너희가 바로 서야 하며 너희가 바로 보고 살아가야 하거늘,

21 가장 방대한 조직이요, 가장 방대한 능력을 갖춘 나의 백성 너희가 나의 뜻을 따르지 아니하며 나에게 순종치 아니하며 지금 살아가는 그 모습이니라.

22 그리하여 살다 나에게 돌아오라고 그리 말한 것은 오로지 너희 하나뿐이니라.

23 그러한 나의 아들딸이요, 내 생명과 같은 너희가 나의 뜻에 순종하지 아니하며 나의 뜻을 따르지 아니하며,

24 이를 거역하고 살아, 죽어 가는 그와 같은 형국으로 돌아감이니,

25 미물이 죽어 흙으로 돌아가듯이 너희 자신도 그와 같이 죽어 흙으로 돌아가는 그와 같은 삶을 살고 있음이니,

26 그를 보는 나 여호와의 마음이 너무나도 아프며, 죽어 가는 그 모습이요, 고통스러운 그 죄의 대가를 치르는 것을 볼 수 없고 안쓰러워,

27 내가 너희를 구원하고자 지금 나의 아들을 통하여 법전을 세상에 내려보냄이니,

28 이는 정녕 그 무엇보다도 귀중한 것이며 그 무엇보다도 소중한 것이라는 것을 너희가 먼저 깨달아야 할 것이니 그리 알라.

5,594 번째 하나님 말씀

2003년 3월 18일 23시 16분

1 사랑하는 나의 아들아!
2 "네, 아버님! 말씀하옵소서."
3 나 여호와가 나의 법전을 직접 관장하
며 제3의 시대를 열어 너희를 마지막
심판하고자 내가 이 세상에 임하여 지
금 책으로 만들어 누구든지 다 한 번
의 기회를 똑같이 주려고 이 역사를
이루고자 함이니,
4 이것이 얼마나 소중하고 귀한 역사인
지를 아직도 너희는 모르고 있음이니
라.
5 너희를 직접 나 여호와가 심판하는 역
사가 지금 진행되고 있으니, 그보다
더 중요한 역사의 시대는 없었음을 너
희는 이제 알아야 할 것이니라.
6 모세의 시대에 그 백성을 구제하며 많
은 기적을 이루며 역사를 이뤘던 모세
의 구약 시대도 오늘처럼 위대하지는
못했으며,
7 오늘처럼 너희에게 그리 귀하고 소중
한 시대는 아니었음이니라.
8 욥의 그 시련의 시대 또한 그와 같이
마찬가지였음이니라.
9 예수의 신약 시대가 아무리 위대하고
너희에게 영광된 것이라 하나,
10 지금 내가 너희를 구원하고자 제3의
시대의 심판을 시작하며 내가 마지막
너희를 심판하는 법전에 심판받을 규
정과,
11 어찌하면 축복을 받으며 어찌하면 지
옥으로 가는지 그 모든 것을 상세히
책으로 만들어 너희 앞에 전함이니,
12 오늘의 이 축복과 영광보다도 더 위대
한 것은 없음을 알아야 할 것이니라.
13 그러나 너희는 이것을 모르고 있음이
니라.
14 몇천 년 전에 나로부터 선택된 백성을
나에게 선택된 모세가 구원하여 노예
에서 해방하는 그 역사를 이루었듯이,
15 지금 내가 6천 년이라는 그 세월이 흐
른 지금 이 동양의 작은 나라에서 나
의 아들을 이곳에 탄생하게 했으며 나
의 아들이 이곳에 존재하며,
16 그리고 너희 문자와 글로써 내가 지금
만백성을 깨우쳐 가는 것을 이 동양의
작은 나라에서 그 역사를 시작함이니,
17 너희는 어찌하여 이 은혜에 대해 나
여호와에게 감사함을 그리 모르며 나
여호와에게 경배하는 마음이요, 나를
사랑하는 마음이요, 나 여호와를 따르
고자 하는 그와 같은 마음이 없는가?
18 나를 경배하지 아니하며 나를 증오하
는 그와 같은 언성만 높아짐이니, 그
는 바로 무엇이던가?
19 선택된 백성이 선택된 감사함이요, 그
은혜를 모르고,
20 마지막 시대에 오는 사탄의 장난이라
하며, 나의 법전이 사악한 자가 만든
것이라 하며, 나의 아들을 존재치 못
하도록 하며 나의 법전을 태우고자 하
니,
21 이 동양의 작은 나라의 언어요, 문자
로써 이 글로써 법전이 되어 세상을
덮어 가는 새로운 역사가 이루어짐이
니,
22 이 역사는 모세가 그 백성을 노예에서
해방한 그 역사보다 더 위대하고 방대

한 역사라는 걸 너희는 어찌 모르는
가?
23 이제 동양의 작은 나라의 백성 너희는
알아야 할 것이니라.
24 이곳에서 너희 언어로 너희 글로써
160권의 법전이 나오며, '새로운 성
경'이 나오며, 너희를 심판하는 그 심
판의 기준인 책이 '하나님! 말씀하옵
소서' '하늘에 오르는 길'이라 하여 나
의 아들을 통하여 세상에 전함이니,
너희는 이단이요, 사탄이라 그리 말하
기 전에,
25 너희가 지금까지 믿었던 그 믿음이 잘
못 가고 잘못된 것이며 지금 새로운
성경으로써 공부하며 새로운 법전으
로써 공부하는 것이 너희가 구원의
길에 오를 수 있으며 하늘에 오르는
길이라는 수천 번 전하는 그 말을 귀
담아들어야 할 것이니라.
26 모든 믿음의 길을 가는 백성 너희가
지금의 성경으로써는 구원을 받을 수
없다는 것을 알며, 너희 종교 지도자
들이요, 너희 종교 집단에서 하는 것
이 정녕 천사요, 사랑의 마음이 아니
라는 것을 알고 있으나,
27 성서에 구원을 받는 것 때문에 떠나지
못하던 나의 백성에게 내가 새로운 성
경을 전하니,
28 이 성경이 너희를 구원하는 나의 새
로운 법전이라는 것을 깨닫고 따라야
할 것이니라.
29 너희는 이 동양의 작은 나라의 너희
문자로써 세상을 통일하며 공통어를
만들며 너희로부터 모든 역사가 시작
되는 축복받은 백성이라는 그 뜻을
갖고, 그것에 감사하며, 그 은혜에 보
답하고자 하는 마음을 가져야 할 것이
거늘,
30 너희가 이를 거역하며 나에게 순종치
아니하며 나 여호와가 가는 길을 이리
힘들고 어려운 길을 가도록 하며,
31 나의 아들을 사탄이요, 이단이요, 사
악한 자라 그를 몰아붙이며, 그를 존
재치 못하도록 하고자 함이니,
32 너희가 언제쯤 이 뜻을 알게 될 것이
며 너희가 언제쯤 이 역사의 위대함을
알겠는가?
33 나의 아들이 죽은 다음에 너희가 과연
알겠는가?
34 2천 년 전 예수가 죽고 난 다음에 오
늘날까지 너희가 구세주요, 그 피 한
방울로써 구원을 받는 영광이라 부르
짖는 그 전철을 또다시 동양의 작은
나라에서 밟아야 하는가?
35 동양의 작은 나라에 사는 모든 백성
너희는 축복과 은혜요, 나에게 감사하
며 영광의 경배의 기도를 드리도록
그리하라, 사랑하는 나의 백성들아!

5,595 번째 하나님 말씀

2003년 3월 18일 23시 23분

1 사랑하는 나의 아들아!
2 "네, 아버님! 말씀하옵소서."
3 만백성의 귀에 들려주며 그들이 눈으
로 읽을 수 있도록 나의 법전을 만들
어 전하도록 그리하라.
4 지금 너희 조상의 뿌리에서부터 더듬
어 너희가 생각해 보라.
5 아담과 이브는 나 여호와의 뜻을 따르

며 순종했던가?
6 아담과 이브가 나의 명령에 순종치 아
니하였으며, 나를 믿지 아니하였으며,
내가 내리는 그 명령을 그들이 중히
따르지 아니하여,
7 그들은 나에게 거역하였으며 순종치
아니하는 그 역사가 시작되기 시작하
였음이니라.
8 그리하여 모세의 구약 시대는 그 백성
이 그 역사와 기적을 이루면서 따라왔
던 그 삶에서 과연 나에게 순종하며
나의 뜻을 거역하지 아니하고 살았던
가?
9 모세 시대의 그 백성 또한 나에게 순
종치 아니하며 나에게 거역하였음이
니라.
10 해서는 안 될 우상을 만들어 광란의
짓을 하며 나에게 등을 돌린 것이 너
희 조상이 살아온 그 역사가 아니던가?
11 예수의 신약 시대의 그 백성은 과연
어찌하였는가?
12 그들 역시 순종치 아니하였느니라.
13 그리하여 내가 보낸 나의 아들이 십자
가를 짊어지고 십자가 앞에 고통스럽
게 죽어 가도록 그리하였음이니, 나의
뜻을 거역하며 순종치 아니하였음이
니라.
14 그러니 지금의 시대에 사는 백성 너희
는 과연 어떠하던가?
15 내가 나의 성령을 직접 내려보내어 책
으로 만들어 너희에게 전하며,
16 심판의 시대에 나의 성령을 내려보내
너희를 깨우쳐 구원하고자 지금 내가
이와 같이 어렵고 힘든 대장정의 역사
의 길을 가고 있거늘,
17 너희는 어찌 말하는가?
18 과연 지금 너희가 깨우쳐 구원의 길을
오르고자 하는 백성의 심성이던가?
19 너희도 그렇지 아니하느니라.
20 이를 절대 믿지 아니하며, 지난날 너
희 조상의 뿌리처럼 더 거부하며 더
사악한 마음으로 이를 믿으려 하지 아
니하며 이를 따르려 하지 아니하며,
21 지금 이 법전이 세상에 나오는 것을
어떠한 방법으로든 막으려 하며, 나의
아들이 세상에 존재하는 것까지 그를
죽음으로 몰고 가려 하는 것이 너희
들의 생각이 아니던가?
22 사랑하는 나의 아들딸, 백성 너희는
들으라.
23 너희는 창조주 나 여호와가 명하는 대
로, 내가 너희에게 원하는 대로, 내가
너희에게 지시하는 대로 나의 명에 따
라 순종하며, 그와 같이 순박한 백성
으로 살아갈 수는 과연 없단 말이던가?
24 나 여호와의 뜻을 믿고 따를 수는 정
녕 없는가?
25 나의 피조물 만백성 너희는 들어야
할 것이니라.
26 너희에게 어떠한 이유가 있어서도 안
되며, 어떠한 불만이 있어서도 안 되
며, 어떠한 시비가 있어서도 안 되니,
27 너희는 이러한 마음으로 나를 따르며
나의 뜻에 순종하는 백성으로서 오로
지 나에게 오는 그 길을 위해 가는 그
와 같은 백성이 될 수는 없는가?
28 너희가 어렵고 힘들며 아무리 고통스
럽고 인내할 수 없다 해도, 사는 것이
뒤죽박죽 되는 것 같아도, 질서가 없
는 것 같은 그 환경 속에 살며 고달프

다 해도,
29 너희는 그 이유와 그 뜻과 이루어지는
모든 것을 묻지 말며, 나에게 들으려
하지 말며, 캐려 하지 말며,
30 이 모든 것은 나 여호와의 뜻이라 하
여 묵묵히 행하며 살아가는 그와 같이
나에게 순종하는 백성으로서 살아갈
수는 없으며, 정녕 그 길을 갈 수는 없
단 말이던가?
31 너희는 알게 될 것이니라.
32 시간이 지나고 세월이 지나게 되면 내
가 너희에게 이루었던 것, 또한 역사
하고자 했던 것, 너희가 존재하는 그
모든 것은 나 여호와의 뜻대로 이루어
짐이니,
33 너희는 이유를 묻지 말며 그에 대한
설명을 요구하지 말며, 그저 나의 뜻
대로 순박하게 살아 그대로 순종하며
지키고 살아가는 것이 가장 위대한 영
광이요, 축복이라는 것을 너희가 알게
될 것이거늘,
34 어찌하여 그와 같은 은혜와 영광을 다
버리려 그리하는가?
35 너희가 감당하기 어려운 은혜와 축복
을 너희가 순종하고 따랐을 때 모두
상으로 받게 된다는 것을 너희는 모
르고 있음이니라.
36 순종하며 따르는 백성이 아닌 다음에
야 나에게 그 누구도 사랑을 받을 수
없으며 상을 받을 수 없음이니라.
37 다만, 오늘의 시련과 고통을 감내하고
견디고 따라가며, 이유를 묻지 않으며
그 과정을 묻지 않으며 이 모두는 여
호와의 뜻이라 생각하고 따르는 자,
38 묵묵히 나의 뜻에 따라 아름다운 삶을
살며 계명을 지키며 나의 법전대로 살
아가는 그와 같은 백성은 감당키 어렵
고 힘든 그 고통의 길이라 해도,
39 너희가 받는 그 은혜와 축복은 상상할
수 없는 크나큰 영광이 너희 앞에서
기다리고 있다는 것을 알라.

5,596 번째 하나님 말씀

2003년 3월 18일 23시 29분

1 사랑하는 나의 아들아!
2 "네, 아버님! 말씀하옵소서."
3 인간 세상에서 제 자식이 죽어 가는
모습을 바라보는 부모의 고통이 얼마
나 아프겠는가?
4 나의 아들의 생명을 구할 수 있는 나
여호와가 나의 아들 예수가 고통스러
운 그 죽음의 길을 선택하며 가는 것
을 보며 구원하지 아니한 것은 무엇이
었던가?
5 나는 만백성 너희를 구원하고자 하였
음이니라.
6 너희가 나로부터 구원을 받으며 나에
게 오를 수 있으며 하늘에 올 수 있는
길이란 나 여호와의 뜻을 그대로 지키
고 사는 것이 하늘에 오르는 길이라는
것을 알아야 할 것이니라.
7 그리하여 나의 아들 예수가 그와 같은
고통스러운 죽음을 거부하지 아니하
며 나에게 순종하며 그 뜻을 따른 것
은,
8 만백성 너희가 나의 성령의 뜻과 내가
원하는 그 길을 위해 일치하는 삶을
살게 하여 너희를 구원받게 하고자 하
여 나의 아들 예수는 그와 같은 고통

의 길을 간 것이니라.
9 이는 곧 무엇이던가?
10 나의 뜻이요, 나의 성령이요, 내가 원
하는 그 길을 살 수 있게 하여 나의 백
성 너희와 내가 하나가 되고 하나로
일치하여 너희가 지상에 살다 하늘에
오르는 영광을 얻게 하고자 함이니,
11 만백성을 위하여 그가 스스로 그 길을
자처해서 가지 아니하였던가?
12 그리고 그는 그를 거부하지 아니하였
음이니라.
13 정해진 그 길을 그는 거부하지 아니하
였으며 그는 고통 속에 헤매면서도
그 길을 그대로 순종하고 따랐음이니
라.
14 나의 뜻에 따라 그와 같이 고통스럽게
나의 아들이 죽어 가는 모습을 보며
나 여호와가 등을 돌렸으며 그를 구원
치 아니한 그 뜻은,
15 바로 너희와 내가 하나의 뜻으로 일
치하여 너희가 구원을 받는 그 길을
볼 수 있도록 하며 구원을 받게 하려
고 그와 같은 역사가 이루어졌음이니
라.
16 그러나 지금 그와 같이 너희와 나 여
호와가 일치하며 하나가 되는 그 아름
다운 심성으로 살아가게 하려고 예수
가 그를 바라며 너희를 위해 목숨을
던졌거늘,
17 너희는 과연 지금 얼마나 나의 계명을
깊이 지키며 나의 계명에 따라 살아가
는가?
18 너희 자신이 한번 돌이켜 봐야 할 것
이니라.
19 내가 지금 나의 아들을 통하여 160권
의 법전을 세상에 내려보내며 새로운
제3의 시대라는 역사를 여는 것은 무
엇인 줄 알겠는가?
20 지금 내가 역사함도 나의 아들 예수를
통해서 너희에게 깨우쳐 주고자 했던,
바로 나와 똑같은, 일치하는 그와 같
은 마음 자세요, 심성으로 만들고 깨
우치고자 지금 이루지 못했던 2천 년
전의 그 역사가 다시 시작되고 역사함
을 너희는 알아야 할 것이니라.
21 그러나 지금은 마지막 심판의 시대니
라.
22 이제 두 번 다시 그와 같은 역사가 없
기 때문이니라.
23 2천 년 전에 오늘의 나의 법전이요,
새로운 성경이 내려가 나의 아들을 통
하여 너희를 심판하는 그 역사가 있
었기 때문이니,
24 그리하여 지금 2천 년을 기다려 오늘
다시 그 역사가 진행됨이니라.
25 예수를 통하여 이루고자 했던 그것이
그대로 진행되나,
26 이후에는 다시 더 없으며, 이후에는
이와 같은 어떠한 기회도 없으며, 너
희에게 어떠한 영광의 기회도 부여되
지 아니하며, 이게 마지막이니라.
27 그리하여 너희에게 심판을 시키며 내
가 심판의 시대를 열어 감이라는 걸
잊지 말라.

5,597 번째 하나님 말씀

2003년 3월 19일 07시 01분

1 사랑하는 나의 아들아!
2 "네, 아버님! 말씀하옵소서."

3 너희 인간사 세상에 살아가면서 '시작
이 반'이라는 말이 있음이니라.
4 아무것도 모르는 너를 나의 아들이요,
나의 종이요, 나의 선지자라 내가 너
를 명하여 '나는 여호와 하나님이니
라. 너는 내 뜻을 받아 기록하여 만백
성을 구하라.'
5 그 명령 한마디를 듣고 네가 나의 법
전을 받아 기록하기 시작하여, 오늘의
법전 70여 권이 넘도록 네가 노력하
는 그 길은 누구도 갈 수 없는 길이니
라.
6 그러나 160권의 법전 중에서 네가 70
권의 법전을 완성한 그 역사보다도,
7 네가 한 점의 부끄럼 없이 설 수 있으
며 살아갈 수 있는 사람으로 변한 그
것이 법전 160권의 역사보다도 더 위
대한 것이며,
8 세상에 의인 하나만 있어도 내가 그
를 바꾸지 아니한다 하였음이니,
9 네가 그 모든 것을 넘어갈 수 있고 스
스로 그 길을 선택하며 싸워 이겨 가
는, 그리고 갈 수 있도록 들어서 있는
너를 보는 그 기쁨이 나 여호와는 말
할 수 없음이니라.
10 이제 너는 길을 시작하였음이니라.
11 '시작이 반'이라 하여 너희가 시작하
기가 얼마나 어렵고 힘든 것인가?
12 법전을 써서 기록하는 것이 아니요,
네가 바로 인간으로서는 갈 수 없는
길이요, 사랑함이요, 인자한 마음이
요, 하나의 천사와 같은 모습으로써
네가 살아갈 수 있는 그 길에 들어서
기 시작하였음이니, 그 역사가 더 위
대함이니라.
13 이 세상에 누구도 갈 수 없는 길이요,
누구도 이룰 수 없는 길을 갈 수 있는
네가 너 스스로 너를 달구고 훈련해
오늘에 이르렀음이니 그보다 더 기쁜
것이 없음이니라.
14 이제 너를 따르는 제자들 또한 너와
같이 그리 변하는 자가 수없이 세상에
나올 것이니,
15 내가 어렵고 힘든 그 제자들로부터 이
공부를 시키며 나의 법전을 따라 깨우
치도록 하는 이유는 무엇인가?
16 아무리 바보 같고 어리석은 사람이라
하여도 나의 성령의 뜻을 알며 내가
원하는 것을 알며 내가 존재함을 알며
내가 원하는 길을 가고자 노력하며 그
리 그 길을 갈 수 있다면,
17 그것이 바로 세상에 의인이 하나 태어
남이니,
18 그보다 더 소중하고 위대한 일은 없음
이니라.
19 그것이 바로 내가 너희처럼 나약하고
힘든 자를 선택하여 나의 아들 너와
더불어 가도록 역사하는 것이 거기 있
음이니,
20 그들의 마음속에서 의인이 나올 수 있
으며, 그들의 생각 속에서 천사와 같
은 자가 나올 수 있으며,
21 그들이 살아가는 모습에서 나 여호와
의 성령을 받아 살아가는 백성이 변하
고 변할 것이니라.
22 네가 오늘과 같이 한 점의 부끄럼 없
이 살아가게 변화되었으니 이제야 세
상에 의인이 하나 나옴이니,
23 그 제자들 또한 의인이 없겠는가?
24 지금까지는 네가 완벽히 변하지 못하

였기에 너의 제자들이 감히 변할 수
없으며 그를 볼 수 없었음이니라.
25 누군가는 한 사람의 의인이 본보기로
세상에 나와야 나머지 사람들이 그를
보고 따라감이니라.
26 수천 년 전에 이루었던 욥의 그 인내
함과 사탄의 시험에 넘어지지 않는 그
를 보고 만백성이 따라가고자 하듯이,
27 하나가 나와야 나머지가 따라오게 되
어 있음이니,
28 이 세상에 내가 한 점의 부끄러움이
없이 내놓을 수 있는 최초의 상품이
요, 나의 아들이요, 나의 백성이 너였
음이니라.
29 이제는 사탄도 말하지 못할 것이며 천
사들도 감히 말하지 못함이니,
30 오늘의 네가 있기에 이제 너의 제자들
이 따라서 수없이 이루어지며 역사가
이루어질 것이니라.
31 나의 사랑하는 아들아, 한 사람의 변
함으로, 그 본보기가 있음으로 그를
보고 변한다 하였음이니,
32 네가 이제 그 길을 가고 있음이니 모
두는 다 이루어질 것이니라.
33 무더운 여름에도 눈이 내릴 수 있으며
추운 겨울에도 추위를 느끼지 아니하
며 어떠한 고통과 시련 속에서도 고통
이라 느끼지 않는 그와 같은 변화의
역사가 이제 시작할 것이니라.
34 너 하나가 한 점의 부끄럼 없이 설 수
있으니, 모든 너의 제자들이 이제 그
리 변하기 시작할 것이니라.
35 그러니 그와 같이 변한 선택된 백성에
게 내가 무엇인들 내리지 못하겠는가?
36 오늘 나 여호와의 기쁨이 이루 말할
수 없음을 알라, 사랑하는 나의 아들
아!
37 장하고 장하도다.
38 그리고 귀엽고 귀엽기 한이 없는 나의
아들이니라.
39 너를 사랑하며 너를 따르는 모든 제자
를 사랑하느니라.

5,598 번째 하나님 말씀

2003년 3월 19일 09시 06분

1 사랑하는 나의 아들아!
2 "네, 아버님! 말씀하옵소서."
3 모든 백성이 십계명대로 지키고 살 수
없으며, 사람은 그리 갈 수 없다 그리
말하느니라.
4 그러나 너희가 그것은 아무것도 아니
라 말하듯이,
5 그것은 바로 인간의 정도요, 바른길을
가라는 것뿐이니라.
6 거기에 어떠한 특별한 것도 없으며 큰
역사함도 없음이니라.
7 부모가 자식을 기르면서 그 자식이 잘
못할 때는 바로 가라, 곱게 자라라 말
하듯이,
8 내가 너희에게 일일이 가르칠 수 없어
열 가지 계명이라 하여 그를 내려보냈
으니,
9 그는 인간의 정도의 길을 지키라는 것
이니라.
10 그것이 기본이요, 근본이며 정도의 길
이니라.
11 그것을 지킬 수 없다 함은 그 근본을
지키지 못하고 사는 것이니,
12 어찌하여 기본과 근본의 역사를 갖추

지 못하면서 너희가 변하는 길을 갈
수 있으며 만백성을 깨우칠 수 있다
그리 생각하는가?
13 이는 바로 무엇이던가?
14 너희가 건축하려면 터를 단단히 다져
놓고 또 그 위에 돌을 쌓아야 건축을
할 수 있지 아니하는가?
15 그 터를 닦는 것이니라.
16 너희가 십계명을 복잡하고 어렵고 두
렵게 생각하지 말라.
17 너희가 하나의 집을 지으려면 터를
닦듯이 그 터를 닦는 것이 십계명과
같음이니라.
18 터를 닦은 다음에 거기에 건축하여
집을 세울 수 있지,
19 어찌하여 터를 닦지 아니한 자가 아름
다운 집을 지을 수 있다 허황된 소리
를 그리하는가?
20 너희가 십계명을 지키는 것은 바로 말
하면 건축을 하려고 터를 닦음이니,
21 그 터를 닦지 아니하고 다듬어 놓지
아니하고 어찌 거기다 집을 짓는다 하
며 궁궐 같은 집을 짓는다 너희는 말
하는가?
22 무거우면 무거울수록 그걸 견딜 수 없
는 것이 다져지지 아니한 터니라.
23 너희는 허공에다 집을 지을 수 있는
것처럼 소리 지르고 있음이니,
24 그리하여 하늘에 오르는 길이요, 나에
게 구원을 받는 길이요, 축복의 길이
라 기도하고 울부짖는 그것이 바로 무
엇이더냐?
25 나와 관계없으며 파도 소리만큼도 들
리지 아니한다 하였음이니,
26 지금 하늘에 오르는 길이요, 구원의
길이라 하여 재물을 거둬들이며 너희
들의 손으로 지은 그 성전에 와 기도
하고 경배하는 것이 하늘에 오른다 너
희는 그리 말하나, 그것은 허공에다
부르짖는 것이니라.
27 집을 지으려면 우선 터를 닦아야 할
것이거늘, 터를 닦지 아니하고 집을
짓는다 소리 지르는 것이 지금 종교
집단과 지도자들이 하는 행위며,
28 거기에서 구원을 받겠다 목매어 울부
짖는 신도들이 바로 그러니라.
29 터도 닦이지 않은 그곳에 집을 짓고
살 수 있는 것처럼 그리 환상에 젖어
있고 빠져 있다는 것을 알아야 할 것
이니라.
30 이제 사랑하는 나의 피조물 만백성 너
희는 들으라.
31 내가 나의 아들을 통하여 내림이니,
이것을 너희가 사탄이요, 이단이요,
마지막 종말의 시대에 오는 거짓 선지
자가 하는 행위라 하지 말라.
32 십계명은 구약에 기록되어 있으며,
33 그걸 불로 쓴 것은 누구나 다 믿으며,
누구나 다 십계명을 지키고 살 자격이
있는 것이 나의 백성이 아니던가?
34 나의 아들은 다만 십계명의 중요성을
너희에게 가르쳐 주며 십계명의 의의
를 너희에게 가르쳐 주거늘,
35 어찌하여 나의 아들을 통하여 너희에
게 가르치는 십계명은 그 정의가 잘못
된 것이며,
36 잘못 가르치는 종교 지도자들이 내리
는 정의는 맞는다 그리 말하는가?
37 나의 아들은 이것이 영혼의 양식이요,
너희들의 집을 지키는 기초요, 터를

닦는 것이며,
38 믿음의 길이요, 나를 찾으며 하늘에 오르고자 하는 자는 이 십계명을 다스리고 암송하며 그를 지키지 아니하면 구원의 길이요, 하늘에 오르는 길을 볼 수 없음이라.
39 바로 그는 집을 지을 수 없기 때문이라는 나의 가르침이니,
40 내가 나의 아들을 통하여 너희에게 전하는 그 내용이 무엇이 잘못되었으며 어찌하여 사탄의 말이라 그리하느냐?
41 너희는 다시 한 번 깨우치라.
42 너희가 아무리 울부짖으며 하늘에 오르는 길이라 몸부림치며 예수의 보혈로써 구원을 받았다 해도,
43 하늘이라는 그 집에 들어올 수 있는 것은 너희가 기본이요, 영혼의 양식인 십계명을 지키지 아니하고는 올 수 없음이니라.
44 아무리 궁궐 같은 집을 짓고자 하여도 터가 단단하지 아니하며 터가 다스려지지 아니한 곳에는 집을 지을 수 없다는 그 원칙을 꼭 기억하고 그리 알라.
45 만백성은 이를 명심하여 들으라.
46 십계명을 외우라.
47 십계명대로 살 수 있다 하며, 그리 자신 있게 지키고 살아가야 하며,
48 그걸 지키지 아니하면 죽음이라는 생각을 하고 그리 지키라.
49 그것이 바로 내가 너희에게 원하는 것이며 하늘에 오를 수 있는 기초이니라.
50 십계명을 지키지 아니하는 자는 아무리 믿음을 부르짖고 울부짖어도 그건 하늘에 오르는 길의 믿음이 아니요, 나와 관계없는 믿음이니라.
51 그러니 십계명대로 살라.
52 그리 살면 되는 것을, 너희는 왜 그리 복잡하고 복잡한 삶을 살며,
53 재물을 바치며 기도하며 눈물로 밤이요, 낮에 그리 축복의 기도를 하며, 또 구원의 기도를 하며,
54 그리고 모든 것을 움직일 때마다 감사헌금이라 바치는 그와 같이 복잡하고 힘든 길을 가는가?
55 너희는 기초요, 하늘에 오르는 길이요, 그 집을 지으려고 터를 닦듯이, 너희는 십계명만 암송하며 십계명대로 살도록 그리하라.
56 그러면 일단 터를 닦는 것이니, 터를 닦은 후에 그 위에 집을 짓는 것은 누구나 와서 다 할 수 있는 일이며 간단한 방법이니라.
57 이제 내가 너희에게 다시 말함이니, 십계명은 집을 짓는 건축의 터를 닦는 기본이니라.
58 너희가 십계명을 외우는 것이 하늘에 오르는 믿음이요, 나를 경배하며 나의 뜻을 공부하는 기초가 다져지는 것이니,
59 이 기초를 다지지 않고는 아무리 울고불고 몸부림치며 재물을 바치는 것뿐만 아니라 너희 생명을 바친다 해도 다 물거품으로 지옥으로 감을 잊지 말라.
60 기본이 되지 않은 자가 무엇을 하겠는가?
61 기본이 되는 자만이 할 수 있음이니라.

62 모든 시합이나 경주를 하는 것도 훈련
하지 아니하며 기본이 되지 아니하면
패하게 되어 있음이니라.
63 정상적인 훈련이요, 강한 기본의 훈련
을 받아 터득하고 숙달된 자를 이길
수 없듯이,
64 너희가 나의 계명을 외우지 아니하면
집을 지을 수 없으며,
65 나의 계명을 그대로 지키지 아니하면
깨달음이요, 믿음이라는 것은 다 물거
품이요, 아무런 가치가 없으며, 그는
메아리요, 진실이 없기 때문이니 그리
알라.
66 기초를 단단히 하도록 그리하라, 사랑
하는 나의 아들딸들아!

5,599 번째 하나님 말씀

2003년 3월 19일 09시 13분

1 사랑하는 나의 아들아!
2 "네, 아버님! 말씀하옵소서."
3 많은 백성이 너를 찾아와 무엇을 얻
고자, 무슨 기적의 역사를 보고자 하
는 자들이 많이 있느니라.
4 너희는 눈으로 보아야 하며 무엇이라
도 변화해야만 믿으며 그 마음이 굳
어져 가는 너를 따르는 그와 같은 백
성의 심성이니,
5 그와 같은 마음을 가진 백성이 너를
찾아오거든 너는 그리 말하라.
6 너는 생선을 발라서 입에다 넣어 주는
사람이 아니요,
7 생선을 잡는 방법을 가르쳐 주는 그러
한 사람이라 그리하라.
8 너희가 지금까지 살아온 그 모든 잘
못된 욕심이요, 사악한 마음을 먼저
버리는 훈련을 하고, 나에게 기도하며
나 여호와의 상을 기다리라 그리 말하
라.
9 더덕더덕 죄를 지었으며 이름 석 자를
내놓기도 부끄러운 자들이 어찌하여
나의 성전에 한 번 찾아와 나의 법전
을 접하고 나의 법전이 나 여호와의
뜻이라 말 한마디를 하고 나서,
10 제가 앓는 병을 고치고자 하며, 제가
편안하고자 재물을 얻고자 하며, 제가
명예를 더 얻고자 하며, 제 소원을 이
루고자 하는 그와 같은 생각을 하고
있는가?
11 이러한 것을 보고 너희가 뭐라 하느냐?
12 '떡 줄 사람은 생각지도 아니하는데
김칫국을 마신다'는 그와 같은 너희
말이 있듯이, 김칫국부터 마시지 말라
그리 말하라.
13 너희가 과연 은혜를 입고 축복을 받으
며 구원의 길을 오려면,
14 다시 태어나는 그와 같은 삶의 변화부
터 먼저 역사하라 그리하라.
15 너희가 받을 자격이 있을 때 내가 줄
수 있음이니라.
16 너희는 받을 자격이 없음이니라.
17 모든 백성 너희는 나 여호와에게 죄
를 용서해 달라는 그와 같은 기도를
할 자격도 없느니라.
18 세상에 생명을 내주었으며 먹고살 수
있는 지상의 모든 것을 다 주었거늘,
19 그 속에서 아름답게 살며 감사하는 마
음으로 살지 못하고 욕심이요, 시기
요, 질투하는 그와 같은 사악한 마음
으로 여태껏 살아온 것이 너희이니,

20 잘못 산 그 죄를 나에게 용서해 달라
는 그와 같은 기도를 드릴 자격도 사
실은 없는 자들이니라.
21 그러나 너희가 그 기도로 시작하지
아니하면 깨우칠 길이 없으며 변화될
수 없기에, 내가 그 말을 사용하라 하
였으며 그리 기도드리라 하였음이니,
22 너희가 그와 같은 자들이니라.
23 그러니 그와 같은 너희가 지난날의
삶이요, 마음속에 사악한 생각을 하고
있으면서 나로부터 축복과 은혜를 받
고자 하며 나의 성전에 오는 것으로써
무엇을 얻고자 하지 말라 그리 가르
치라.
24 그런 자는 오지 말라 하라.
25 다만, 너희가 은혜를 받는 길을 가르
치는 나의 아들이요,
26 너는 은혜를 내려 주는 자가 아니라는
것을 그들에게 말하라.
27 수억, 수십억의 인구요, 너희가 생활
하고 사람을 접하면서, 그 사람들의
형태를 보며 얼굴을 보며 곱게 치장하
고 단장하고 아름답게 꾸민 그와 같은
자의 그 마음의 실태를 본다면,
28 그 걸친 옷이 얼마나 추하고 더러운
모습으로 보이는가?
29 인간은 외형보다 마음의 아름다움을
가져야 하는데,
30 너희는 외형의 아름다움은 가꿀 줄
아나 마음을 다스리며 양심을 다스리
는 백성이 세상에 없으니,
31 네가 사람을 보는 것이 싫으며 사람을
쳐다보기 싫어하는 네 마음을 나 여호
와는 알고 있음이니라.
32 너는 지금 사람을 상대하기 싫으며 사
람이 보기 싫어지느니라.
33 그 사람의 속내를 아느니, 아무리 예
쁘고 곱게 단장하며 제가 근엄한 척
해도,
34 그 더러운 속성의 모습을 바라볼 수
있는 너는 인간과 상대하고 싶지 아니
하며 보고 싶어 하지 아니한 네 마음
을 나는 알고 있음이니라.
35 그러한 사람을 고쳐 주며 그러한 사람
의 마음을 돌려놓는 것이 나의 법전이
요, 네가 해야 할 일임을 알라.
36 고우면 고운 대로 그 심성도 그와 같
은 마음으로 산다면 겉과 속이 다르지
아니하며 이 세상에 아름다운 형국으
로써 살아갈 수 있음이니,
37 그와 같은 백성을 만들고 그와 같은
백성을 깨우치는 데는 나의 법전을 전
하는 것이 너의 임무요, 그를 보고 깨
우치도록 하는 길밖에 없음이니라.
38 너희 말에 있지 않으냐?
39 무엇이 더러워 피하느냐고, 더러워서
피하지 무서워서 피하는 것이 아니라
는 그와 같은 말을 쓰고 있음이니라.
40 너희는 더러워서 피하는 것이 아니요,
무서워서 피하는 것이 아니요,
41 너희가 상대하기 싫으며 대화하기 싫
으며 일말의 가치도 없기 때문에 그저
피하는 일이 있는 것이니라.
42 상대하고 싶지 않은 자가 있느니라.
43 보기 싫은 자가 있느니라.
44 그러나 너는 그와 같이 해서는 아니
되느니라.
45 더러워도 피해서는 안 되며, 싫어도
피해서는 안 되며, 무서워서 피하는
그와 같은 나의 아들이 되어서는 아니

됨이니라.
46 그들을 다 깨우쳐 주고, 그들에게 하
늘의 뜻이 무엇이며, 인간이 사는 것
이 무엇이며, 속과 겉이 다르지 않게
사는 것이 얼마나 고귀하고 아름다운
것인지를 나의 법전을 전하여 그들이
깨우치도록 그리해야 할 것이니라, 사
랑하는 나의 아들아!

5,600 번째 하나님 말씀

2003년 3월 19일 16시 53분

1 사랑하는 나의 아들아!
2 "네, 아버님! 말씀하옵소서."
3 지금 '하늘에 오르는 길'이요, 나 여호
와의 말씀이라 하여 이 새로운 성경이
요, 법전이라는 큰 배가 지금 만들어
지고 있음이니라.
4 그리하여 내가 나의 백성에게 이 배
를 만들어 거기에 동참하는 자가 되어
이 배를 타고 하늘에 올라오는 길을
오라 내가 그리 말하고 있으나,
5 모든 백성이 여기에 참여하지 아니하
며 만드는 자들을 비웃고 있으며 그를
정신 나간 자라 그리 말하고 있음이니
라.
6 그러나 그 배가 완성되어 내가 태울
사람을 태우고 떠날 때, 너희는 그때
야 알 것이니,
7 배는 이미 사람을 태우고 떠나고 뒤
에서는 불바다가 밀어닥치니,
8 너희가 그 배를 멈춰 달라, 그리고 태
워 달라 몸부림치고 소리를 지르고 질
러도,
9 그 배는 이미 돌이킬 수가 없으며, 너
희는 탈 수 없는 형국이 될 것이라 내
가 그리 말하였음이니라.
10 지금 내가 160권의 법전을 나의 아들
을 통하여 너희를 구원하고자 세상에
만들었거늘, 어찌하여 이를 보지 아니
하며 이를 듣지 아니하려 하는가?
11 내가 160권의 법전이라는 이 크나큰
배를 만들며 너희에게 타라 하며 탈
준비를 하라 할 때는 너희가 자격이
있으며 거기에 탈 수 있는 승선의 자
격이 있는 자이나,
12 그러나 막상 이 배가 만들어져 너희를
선별하여 태우기 시작할 때는 아무나
탈 수 없음을 잊어서는 아니 될 것이
니라.
13 내가 지금 배를 만들 때 같이 동조하
며 같이 힘을 역사하여 큰 배를 만들
어 너희가 같이 타고 나에게 오르라
말하나,
14 너희가 이를 듣지 아니하며 지금 이를
비웃으며, 사탄이요, 사악한 자라 말
함이니,
15 너희가 부두에서 떠나는 배를 보고,
뒤에서는 너희를 태울 불길이 몰아닥
치니,
16 앞은 바다요, 뒤에는 불길이니, 오고
갈 수 없는 정황일 때,
17 너희가 그 배를 돌려 달라, 구원해 달
라 몸부림치고 소리쳐도 소용없다 했
음이니,
18 그 정황이 머지않았음을 알아야 할
것이니라.
19 배가 떠난 다음에 너희가 손을 들고
아무리 아우성쳐도 소용없음이니라.
20 여기서 너희는 2천 년 전 나의 아들

예수를 따랐던 그 제자들의 역사함을
돌이켜 보며, 오늘의 너희 자세를 다
스려야 할 것이니라.
21 나의 아들 예수가 그 당시 고통스럽게
죽어 갈 때 그 모든 기적을 보며 그 역
사를 이루고자 했던 나의 아들을 위
하여 그 제자들이 목숨을 바쳐 그를
역사한 것이 아니니라.
22 그러니 그와 같은 자들이 결국 어떠한
그 역사를 이루었던가?
23 나의 아들 예수가 이 세상에 와 복음
을 전하는 것이 우선이 아니요, 그 제
자들을 육성하여 그 분신을 만드는 것
에 모두를 다 던지고 바쳤음을 알아야
할 것이니라.
24 복음을 전하는 것보다도 그 제자요,
분신을 만드는 데 모든 역점을 뒀다
내가 너희에게 그리 깨우쳐 주었음이
니,
25 그 분신의 역사가 실패작으로 되었음
이니라.
26 예수가 있을 때 그의 분신이 되어 그
와 같이 더불어 죽고 살며 한 길을 가
고자 하여 예수가 나의 뜻을 전하는
그 역사를 중단하지 아니하고 갔더라
면, 그와 같이 슬픈 일은 있지 아니하
였을 것이니라.
27 그러나 너희는 등을 돌렸음이니라.
28 그리하여 나의 아들이 그 모든 역사를
포기하고 더 이상 견딜 수 없어 죽음
의 길을 선택한 후,
29 너희는 예수가 진정한 나의 아들이요,
진리요, 깨우침이라 하여, 너희는 예
수가 십자가에 못 박혀 죽은 그 형태
로 죽을 자격도 없다 하여 거꾸로 매
달려 죽기를 원했으며,
30 예수가 죽어 삼베로 그 몸을 쌌음이니
그 삼베로 너희 몸을 쌀 수 없어 그저
알몸으로 묻어 달라며 아무리 그리
반성하고 회개를 했다 해도,
31 역사하고자 하는 그 대단원의 장을 열
지 못하게 하였음이니라.
32 아무리 각본이 훌륭하며 또 그 모든
배우가 아무리 훌륭하다 해도, 그 연
극을 관중에게 보여 주지 못한다면 그
연극은 아무 쓸모가 없는 것이 아니던
가?
33 그 명배우가 무대에 서서 만백성에게
연극의 참장면을 보여 줄 수 있도록
하는 그 준비 과정이 중요한 것이니라.
34 그 무대를 만들려고 온 식구가 심혈을
기울일 때 그 배우가 유능한 배우요,
그 배우로 하여금 만백성을 깨우칠 수
있다는 것을 알면서,
35 그 배우가 무대에 설 수 있는 장식을
만들 때 방해했으며 그를 돕지 아니한
자들이 그 무대를 만들지 못하여, 그
유능한 배우가 무대에 서지 못했으며,
그 아름다운 연극의 소재로 만백성을
깨우쳐 주지 못했다면,
36 그 배우가 죽은 다음에 아무리 무대를
만들어 놓은들 그 배우는 거기에 설
수 없는 것이 아니던가?
37 지금 너희가 나의 아들을 따라 분신
과 같은 제자로 같이 가고자 하나,
38 160권의 법전이 세상에 나오는 것이
무엇보다도 우선임을 알아야 할 것이
니라.
39 너희 몸이 썩어 가는 것, 너희가 죽어
가는 것 그 모두를 다 초월하고 벗어

나, 160권의 법전이 세상에 나오는 데
모두를 다 바쳐야 할 것이니라.
40 160권의 법전이 나오는 데 너희가 모
두를 다 바친다면, 오늘의 너희가 분
신이요, 제자들이 간 길이요, 하고 온
그 역사의 길을 알 것이니,
41 거기에 무슨 재물이 필요하며, 무엇을
쌓아 놓고자 하는 것이 필요하며, 권
력이 무엇이 필요하며 너희 자신이 어
디에 필요하던가?
42 모두를 다 바쳐 160권의 법전이 세상
에 나온 다음에, 만백성을 구원하며
그들이 보고 구원받을 수 있는 그 책
을 세상에 전하는 그 역사보다 위대한
것이 없으니,
43 나의 아들을 따르는 제자 너희는 160
권의 법전이 나오도록 최선을 다해야
될 것이니라.
44 너희가 160권의 책이 나오는 데 게을
리하며 거기에 최선을 다하지 아니하
고 놀고 즐기며, 속과 겉이 다른 마음
으로 나의 아들 옆에 있음으로 인하
여 그가 160권의 법전을 만드는 데 훼
방하며 그를 게을리하게 할 때, 너희
는 성령 훼방의 죄를 짓는다는 걸 잊
지 말라.
45 어떠한 고통과 시련이 있다 해도 너희
는 160권의 법전이 세상에 나오는 데
모두를 다 바쳐야 할 것이니라.
46 그리하여 유능한 연극배우가 그 소재
를 가지고 무대에 서서 만백성에게 보
여 줄 수 있는 그와 같은 역사를 이루
도록 하는 것이니 이와 같은 이치를
깨우치라.
47 나의 아들 예수는 복음보다도 분신인
제자를 만들고자 혼신의 힘을 다하였
지만, 그 제자들은 과연 어찌하였는가?
48 그를 팔았으며 그로부터 등을 돌렸음
이니라.
49 그리하여 나의 아들, 그 배우가 죽고
난 다음에 그 배우가 지상에 없을 때,
그 명배우요, 그가 가르치는 것을 원
하고 그 연극을 아무리 연출하려 해도
그와 같이 연출할 수 없음이니라.
50 만든 자요, 보낸 자를 모르기 때문이
니, 그 누구라도 본인보다 그 역사를
더 알 수는 없지 않은가?
51 코끼리라는 짐승을 전체를 놓고 보여
주며 설명하는 유능한 조련사보다,
52 아무것도 모르며 그저 다리 하나 붙잡
고 설명하는 그와 같은 자가 전체를
깨우칠 수 있는가?
53 코끼리가 살아 있고 그 조련사가 있을
때, 그를 보여 주고 설명할 수 있도록
길을 안내해 줘야 코끼리라는 동물을
많은 사람이 이해할 수 있으며 그를
공부할 수 있는 것인데,
54 너희가 둘 중의 하나를 없애 놓고 그
를 보이고자 한다면 이미 때는 늦은
것이니라.
55 나의 아들 예수를 따랐던 제자들이 그
와 같았듯이,
56 오늘날 나의 아들을 따르는 분신이라
는 모든 선택된 제자들은 모두를 다
버리고 160권의 법전이 세상에 나오
는 데 모두를 다 바쳐 이끌어 가야 함
을 잊지 말라.

5,601 번째 하나님 말씀

2003년 3월 19일 16시 59분

1 사랑하는 나의 아들아!
2 "네, 아버님! 말씀하옵소서."
3 나 여호와의 성령을 들으며 나의 아들
을 통하여 내리는 강론을 직접 듣는
너희들,
4 그리고 나의 법전을 직접 접하며 강론
을 듣는 너희는 나의 뜻에 따라서 나
와 더불어 세상을 살아가는 선택된 백
성이라는 것을 알아야 할 것이니라.
5 너희는 나 여호와의 길이요, 내가 원
하는 길이며 그 누구나 갈망하고 그리
워하며 소원하는 하늘에 오르는 길을
지금 발을 딛고 걸어오기 시작하는
선택된 백성이니,
6 너희는 곧은 그 길을 그대로 걸어오
기만 하면 되는 것이니라.
7 너희가 나의 법전을 읽고 듣고 깨우치
며 강론을 들으며 마음을 비우며,
8 나 여호와가 이루고자 하는 그 뜻이
무엇인지 깨우치며, 반석 위에 서서
하늘에 오르는 빛을 보고 따라오는
너희가 얼마나 크나큰 영광이요, 축복
인 줄 알겠는가?
9 아무런 말이 없는 바위에서 꽃이 피
는 것보다도 더 위대한 역사요,
10 그 말 없는 바위에서 하나의 꽃이 피
는 것보다도 더 큰 영광이라는 것을
너희는 알아야 할 것이니라.
11 죽은 나무에서 꽃이 피는 것보다도 너
희가 더 위대한 영광이요, 축복을 받
은 것이며,
12 그를 너희 것으로써 그와 같은 영광
을 받을 수 있도록, 그리고 나에게 와
상을 받을 수 있는 그 길을, 상을 받고
자 달려오는 너희들이니, 얼마나 행
복한 백성인지 어찌 모르는가?
13 저희는 나에게 오는 길을 모르며 축복
의 길이요, 구원을 받았다 몸부림치는
그 길이 너희처럼 하늘에 오르는 길이
아니요, 지옥으로 달려가는 길이니,
14 그 백성과 너희와의 차이를 과연 무
엇으로 견주어 볼 수 있단 말이던가?
15 그와 같이 너희가 나의 법전을 읽고
강론을 듣는 것이 죽은 나무에서 꽃이
피는 새 생명이라는 것보다 더 소중한
변화의 역사라 하였음이니,
16 너희가 그 큰 은혜와 영광을 입고 그
위에 무엇을 더 이루고 무엇을 더 갖
고자 생각하며,
17 그것보다도 더 소중한 것이 무엇이기
에 너희 마음이 흔들리며 그 마음을
잡지 못하는가?
18 너희는 그 이상 더 얻을 것이 없으며
더 구할 것이 없음이니라.
19 그러니 인간 세상에서 너희가 무엇을
얻고자 몸부림치며 무엇을 이루고자
하는 그와 같은 생각을 가지고 산다
하면,
20 너희는 지금 하늘에 오르는 길에서 돌
아서서 추락하는 자가 된다는 것을 잊
어서는 아니 될 것이니라.
21 너희는 이제 하늘에 오르는 길에 들어
서기 시작하였음이니,
22 그 길은 거칠 것이 없으며 고통이 없
으며 시련이 없으며, 영광과 축복만
있음이니라.
23 다만, 너희가 앞을 보고 곧게 걸어오

는 그 길밖에 없음이니라.
24 흔들려서는 아니 됨이니라.
25 너희가 걸어오는 길에 더러는 힘들고
어려운 것이 있다 하여 포기한다는
것은 영원히 죽음의 길이요,
26 너희가 구원의 빛을 볼 수 없는 길이
라는 것을 알아야 할 것이니라.
27 이제 나의 피조물 만백성 너희가 육의
삶이 과연 얼마나 남았으며, 세상사에
서 얻으면 무엇을 얼마나 얻고 이루면
과연 얼마나 이루겠는가?
28 너희가 받은 그 영광과 은혜보다 못함
이니라.
29 이 세상에 재물을 가진 자, 권력을 가
진 자에게 바위에 한 송이 꽃을 피우
며 죽은 나무에서 생명의 꽃을 피워
보라 그리하라.
30 그 역사는 누구도 못할 것이니라.
31 너희는 새로 태어나는 것이요, 새 생
명을 받은 자들이니, 바로 너희가 바
위에 꽃을 피운 자들이니,
32 죄악과 죄 속에서 살아온 너희가 그
누더기 같은 죄악 속에서 새로운 생명
의 빛을 보았으며 새로운 생명의 빛이
너희를 다스려 간다는,
33 그와 같은 새로 태어난 생명의 역사
가 시작되었다는 것을 내가 비유로 너
희에게 전함이니, 그보다 더 큰 영광
이 없음을 알아야 할 것이니라.

5,602 번째 하나님 말씀

2003년 3월 19일 17시 04분

1 사랑하는 나의 아들아!
2 "네, 아버님! 말씀하옵소서."
3 너의 제자의 살아가는 모습을 보며 나
여호와의 기쁨이 한이 없음이니라.
4 너희가 고통과 시련 속에서도 나를 버
리지 않고 견디는 그 어린 마음을 볼
때, 내 마음에 눈물이 흐르며,
5 너희가 어렵고 힘들어 마음이 무너지
려 할 때, 너희 마음이 나로부터 멀어
질 때, 그를 바라보는 나 여호와의 마
음의 눈물이 내 눈을 적심을 너희는
알아야 할 것이니라.
6 이제는 너희가 높은 경지에 올랐으며
많은 깨달음에 이르렀음이니, 이제 너
희로부터 내가 역사를 이룰 날이 머지
않았음이니,
7 너희가 여기서 더 좌절하며 용기를 잃
는 그와 같은 백성이 되어서는 아니
됨이니라.
8 이제 너의 제자들에게 전하라.
9 마지막으로 너희 자신을 두드리라 그
리 말하라.
10 너희 자신을 두드려 보고 또 두드리
고, 벗겨 보고 또 벗겨 너희 자신을 발
견하는 데 최선을 다하라, 그리고 스
스로 다그치라 하라.
11 다그치고 또 다그쳐 스스로 매질을 가
하여, 너희가 살아온 지난날에 쌓은
것이 무엇이며 지금 변화된 것이 무엇
이며, 너희가 가야 할 길이 무엇이며,
너희가 행해야 할 임무가 무엇인가를
너희 자신에게 스스로 다그치고 질문
하고 다스려 거기서 답을 찾도록 하라
이르라.
12 그리고 너희 자신을 고통과 시련 속에
자신 있게 던지는 그와 같은 제자로
서라 하라.

13 너희가 고통과 시련 속에 나로부터 내
리는 그 지혜를 얻게 되며, 그 고통과
시련 속에서 너희들의 역사함이 있으
며,
14 어떠한 어렵고 힘든 고통이 너희를 엄
습한다 해도 그 환란을 이길 수 있는
것은 너희 자신을 두드리고 두드려 너
희들의 껍질을 다 벗겨 내는 것이며,
15 그리고 너희를 다그치고 다그쳐 스스
로 재판을 하여 과연 너희가 지은 죄
와 지금 사면받고자 하는 그 선하고
아름다운 삶의 한계가 어디 있는지 스
스로 판단을 하여,
16 선함이 앞에 올 수 있도록 달구고 다
그쳐서 바로 서는 삶을 하루하루 두려
움 속에서 살아가야 할 것이니라.
17 그러한 삶 속에서 고통과 시련을 같이
견디고 이겨 나갈 때 거기에서 모든
역사를 하게 됨을 알아야 할 것이니라.
18 시련과 고통이 아닌 다음에는 너희가
환란을 이길 수 없으며, 나로부터 지
혜를 얻을 수 없음이니,
19 이제 마지막 단계에 들어왔음이니라.
20 너희가 100미터라는 그 거리를 갈 때
80미터의 거리를 최선을 다하여 달려
왔으니,
21 이제 20미터는 그 정리 단계요, 다스
릴 단계요, 그리고 준비 단계이니라.
22 거친 것을 잡고 다스려 완벽한 삶을
살 수 있도록 하는 그 단계에 돌입함
이니,
23 이제 너희를 더 힘차게 두드리며 자신
을 더 힘차게 다그치며, 스스로 만든
그 고통과 시련 속에서 지혜를 얻도록
그리하라, 사랑하는 나의 아들딸들아!
24 이제 20미터만 남았음이니라.
25 20미터를 달리고 난 다음에 이제 모
든 것은 나의 뜻에 의해 역사하는 대
변화요, 환란이 시작할 것이니,
26 너희는 그 소용돌이에서 굳건히 견딜
수 있는 나의 백성이니라.
27 나의 아들 예수가 복음을 전하려고 역
사한 것보다도, 그 제자를 만들어 그
분신인 제자를 만들고자 최선을 다했
으며 그를 바쳤으나, 그 제자들이 과
연 어찌했는가?
28 그가 그리하여 열두 명의 제자밖에
두지 못했음이니라.
29 그 많은 백성 중에서 분신과 같은 자
를 찾고 고르다 보니 열두 명밖에 두
지 못했으나, 과연 그 분신들은 어찌
되었는가?
30 이제 나의 아들을 따르는 제자 너희는
그와 같은 역할을 해서는 아니 되며,
31 그들처럼 물러서는 자, 도피하는 자,
도망가는 자, 도주하는 자, 그리고 분
신이라면서 같이 죽고 사는 길을 가지
못한다면 너희 또한 실패의 원인이 될
것이니 그리 알라.

5,603 번째 하나님 말씀

2003년 3월 19일 17시 11분

1 사랑하는 나의 아들아!
2 "네, 아버님! 말씀하옵소서."
3 내가 너를 통하여 160권의 대장정의
법전을 내려보내는 것은, 모든 뜻 하
나하나를 벗겨 내가 너희에게 하늘에
오르는 길을 깨우쳐 주고자 함이니,
4 그 많은 장수에 그 많은 내용을 기록

하여 전하여야 하니,
5 오늘의 어렵고 힘든 길을 너는 마다하
지 말며, 인내와 용기로써 모든 역사
를 다해야 함을 잊지 말아야 할 것이
니라.
6 지금의 종교 집단이요, 2천 년 동안
그 믿음의 세계에서 오는 백성, 그리
고 예수의 보혈로써 구원을 받았으며
예수의 이름을 부름으로써 모두 다 구
원받고 영광의 하늘에 오르는 그 자리
를 다 받아 놓았다 그리 생각하는 자,
7 그들이 과연 살아가면서 어찌 살아가
는가?
8 나의 사랑하는 예수가 죽어 가면서 무
어라 말하였는가?
9 그는 죽어 가면서 눈물 속에 그리 말
하였느니라.
10 그 제자의 이름을 불렀느니라.
11 너희가 지금 믿을 수 있는 제자를 부
르며 죽어 간다면 너희 부모를 부탁
하는 심정보다도 더 애절한 심정으로
써 예수가 그 믿는 제자를 불러 어머
니를 부탁하며,
12 그 어머니를 보살펴 주기를 부탁하면
서 형장의 이슬로 사라져 가는 그 예
수의 모습에서 너희는 무엇을 배웠으
며 과연 무엇을 느꼈는가?
13 예수가 죽어 가면서 그 제자에게 부
탁했으니, 예수가 죽어 가며 육의 어
머니를 보호하고 지켜 달라며 그가 행
하고 죽은 그것을 보며 너희는 과연
어찌 깨우치며,
14 너희 부모요, 형제들에게 어떤 관계를
지속하라고 지금 가르치고 있는가?
15 예수의 보혈로써 구원을 받았으며 예
수로부터 축복을 받았으며 영광을 받
았다는 너희는,
16 예수가 죽어 가면서 어머니를 그 제자
에게 부탁하고 눈물을 흘리며 형장의
이슬로 사라져 갔던 그 애절한 마음의
뜻을 너희는 기억하고 생각지도 아니
하느니라.
17 그러면서 너희는 무엇을 가르치는가?
18 너희 부모·형제에게 잘못하며 그에게
효성을 다하지 아니하고 산다 해도 죄
가 되지 아니한다 그리 가르치느니라.
19 그리고 부모에게 잘못한 그 죄를 면죄
받을 기회라 하여, 지금 성전에 와 나
여호와를 찾으며 나의 아들 예수의 이
름을 부르며 재물을 바치며 헌금을 바
치고 울고불고 눈물 짜고 콧물 짜며
광란의 짓을 하며 나에게 모든 것을
다 바침이니,
20 나 여호와요, 창조주에게 바치는 그
정성으로써 네 부모에게 잘못하고 네
형제에게 잘못한 것이 다 용서를 받음
이니 그게 죄가 되지 않는다 그리 가
르침이니,
21 이것이 과연 예수의 이름으로 구원을
받았다 말하며 그를 존경하며 그를 따
른다는 자들의 자세인가?
22 구세주요, 오로지 너희만을 천국에 인
도할 자요, 영광의 구세주요, 그리고
부활하여 너희 영혼을 살려 줄 자요,
너희가 죽었다 해도 그 땅속에까지 나
의 아들이 너희 영혼을 찾아 구원해
줄 것이며 살아서도 너희를 구원해
준다 하여 울고불고 나의 아들 예수의
이름을 부르나,
23 그가 제 육의 어머니를 위하여 마지막

가면서 제자들에게 그를 부탁했던 그
효성스런 마음은 너희는 과연 어디서
찾아보며 어디다 묻어 버렸으며 어디
에 팔아먹었는가?
24 죽어 가면서 어머니를 부탁한 예수의
그 효성은 생각지도 아니하는가?
25 너희 육의 부모에 대비해서 생각하며
너희 육의 부모를 그리 사랑하고 존경
하며 너희 부모를 공경하는 그와 같은
마음으로 살아갈 수는 없단 말이던가?
26 그와 같은 행위를 하지 못하는 자들이
나를 찾으며 나에게 모든 것을 다 바
친다는 것은,
27 내가 구원해 준다는 그 구원의 욕망과
욕심 때문이요, 사악한 마음에 나를
찾는 것이요,
28 선하고 착한 백성이요, 부모에게 효성
하는 마음이 아니니라.
29 나의 아들 예수가 성령으로써 태어나
그 육의 어머니의 몸을 빌려 세상에
나왔음이니,
30 가면서 그 육의 어머니를 부탁하는,
예수가 죽음 직전에 눈물로써 호소하
고 부탁하는 그 효성스런 마음을 너희
는 들여다보지 못함이니,
31 어머니를 예수가 부탁했듯이 그와 같
은 효성으로 부모를 받들고 공경하는
자, 그것이 나 여호와를 따를 수 있으
며, 나를 경배하는 마음이 거기서부터
새싹이 트며,
32 부모를 공경하지 않는 그 마음에서는
너희가 예수의 마음을 알 수 없으며
예수의 심성을 받을 수 없으며,
33 예수의 행동을 바로 따르지 않는 자
요, 말로써만 그저 수다를 떠는 그와
같은 사악한 종교 지도자에게 현혹되
어 어떤 것이 진리며 참뜻인지를 모른
다는 것을 너희는 이제 깨우쳐야 할
때가 되었음을 알라.
34 나 여호와를 위하는 길이요, 나를 만
나는 길이요, 나를 위하여 너희가 경
배하고 축복한다는 그와 같은 소리를
하지 말라.
35 내가 구약에 뭐라 기록해 두었는가?
36 내가 십계명에 뭐라 기록하였더냐?
37 '네 부모를 공경하라'는 그 뜻을 나의
아들 예수는 실천했으며 그를 행했음
이니라.
38 그러니 너희 백성도 나의 아들 예수
의 보혈로써 구원받았으며 영광의 예
수요, 구세주요, 죽어서까지 너희 영
혼을 살린다며 몸부림치며 부르는 나
의 아들 예수로부터 너희가 기억되는
자라 하면,
39 예수가 바친 그 효성보다 더한 효성으
로써 네 부모를 공경하는 마음으로 살
아가라.
40 그것이 너희가 나를 따르며 나를 공경
하는 마음의 시초요, 기본이기 때문이
니라.
41 십계명이 바로 집을 짓기 위한 건축의
터를 닦는 것과 마찬가지로,
42 너희가 나 여호와를 경배하고 따르며
기도할 수 있는 그 자격 또한 네 부모
를 공경하는 그 아름다운 효성의 마음
에서부터 너희가 나를 경배하고 기도
할 수 있는 기초의 마음이라는 것을
잊어서는 아니 될 것이니 그리 알라.
43 네 부모의 주름진 얼굴을 다시 바라다
보며, 너희를 길러 주고 낳아 준 부모

에 대한 그 애정의 표시를, 나의 아들
예수가 부탁한 것보다도 더 깊은 애정
으로 이제 돌아다보는 그와 같은 자식
으로서 변화하라.
44 그것이 바로 근본이요, 나를 찾으며
나에게 기도할 수 있는 자격을 얻음이
니 그리 알라, 사랑하는 나의 아들딸
들아!

5,604 번째 하나님 말씀

2003년 3월 19일 17시 16분

1 사랑하는 나의 아들아!
2 "네, 아버님! 말씀하옵소서."
3 나의 성령을 들었으며 나의 기도를 들
었으며, 3년이라는 세월을 지난 '김미
향'이라는 네 제자에게 물어보도록 그
리하라.
4 나의 법전을 그만큼 많이 듣고 정독했
으며 나의 아들의 강론을 들었으며 옆
에서 너를 따르고 따랐음이니,
5 과연 그는 나로부터 받은 생수요, 하
늘에서 내린 새로운 생수를 가슴에 그
득히 받았으니,
6 세상사 밖에 살아가면서 얼마나 많은
사람에게 생수를 뿌리고 전했는가?
7 3년이라는 그 깨달음의 세월 속에 모
든 하늘의 생수를 가슴에 다 받았으며
만백성을 구할 수 있는 생수를 가슴에
그득히 안았으니,
8 세상 밖에 나가 어떠한 백성에게 얼마
나 많은 사람에게 생수를 뿌렸는지
한번 그에게 물어보도록 그리하라.
9 3년 동안 나의 법전을 들었으며 강론
을 들었으며 나의 아들을 따른 '김미
향'이라는 네 제자에게,
10 '과연 너는 생수를 얼마나 뿌렸으며,
세상사에 나가 검은 물은 뿌리지 아니
하였는가?
11 네가 3년 동안 공부를 하면서도 생수
를 뿌려 만백성을 구하지 못하며 검은
물을 뿌리고 다녔다면 너는 사탄이요,
사악한 자가 되지 아니하였던가?'
12 이제 3년이 넘은 네 제자에게 그들 스
스로 심판을 하도록 그리해 보라 하라.
13 너희가 나의 법전이요, 나의 성령을
들은 것은 하늘로부터 먹고 살 수 있
는 아름답고 깨끗한 생수를 받았음이
니,
14 그 생수를 받은 자가 세상에 나가 얼
마나 많은 백성에게 생수를 마실 수
있도록 그리 전했는가?
15 그리 전하지 아니하고 아직도 검은 마
음을 버리지 못하여 검은 물을 많은
백성에게 뿌리고 다니는 그와 같은 삶
을 살지는 아니하였는가?
16 3년의 세월이 흐른 다음에 꼭 점검을
해 보도록 그리해 보라.
17 그때도 너희가 변화되지 못했다면, 너
희는 다시 시작해야 할 것이며 다시
출발해야 한다는 것을 깨우치도록 그
리 가르치라.
18 이제 1년이 되었든 2년이 되었든, 나
의 법전을 읽고 나의 강론을 듣는 백
성은 매일같이 하늘의 생수를 너희 가
슴에 받음이니,
19 그 받은 생수를 가지고 만백성에게 뿌
리며 살아야 할 것이며,
20 너희 가슴에 있는 그 생수를 모두 다
만백성에게 내려 주어야 하는 삶을 살

아야 할 것이니,
21 너희가 얼마나 많은 백성을 위해 생수를 뿌리는 삶을 살아야 하는가?
22 지금부터 자신을 훈련하고 다스려 가며 살라 그리하라.
23 생수를 뿌리지 못할망정, 먹지 못할 먹물을 뿌리고 다니지 않는지 생각해 판단하고 자신을 다스리라 그리 전하라.

5,605 번째 하나님 말씀

2003년 3월 19일 17시 21분

1 사랑하는 나의 아들아!
2 "네, 아버님! 말씀하옵소서."
3 너희는 나의 법전을 읽고 공부하며 깨우친 그 역사 중에서 자신이 변화되는 모습을 스스로 알지 못하는 것이니라.
4 그렇다면 너희가 재물을 놓고 그림을 그렸든, 명예를 놓고 그림을 그렸든, 너희들의 인생 설계가 과연 아직도 바뀌지 아니하였던가?
5 나 여호와에게 구원을 받으며 나에게 오르겠다 하며, 그리고 나로부터 강론을 들으며 나의 성령의 법전을 읽고 깨우치는 그와 같은 생활 속에서 아직도 인간 세상의 금화와 은화를 놓고 계산하며,
6 가장 훌륭한 저택이요, 가장 좋은 환경 속에서 살아가는 그와 같은 꿈을 그리고, 공주가 되며 왕자가 되며, 세상의 재벌이 되며,
7 그리고 권력 가진 너희 앞에 감히 아무도 고개를 들지 못하는 그와 같은 인간 세속의 욕심의 한계를 아직도 버리지 못하였는가?
8 그와 같은 생각을 다 버리며, 오로지 믿음이요, 나 여호와를 찾으며 하늘에 오르는 그것이요,
9 나의 법전을 접하며 나의 아들을 통하여 내리는 강론을 듣는 것이 이 세상 그 무엇과도 바꿀 수 없는 소중함으로 생각하는 마음으로 돌아서 있다면,
10 너희는 높은 경지요, 깨닫고 알지 못할 만큼 그리 변화된 것을 스스로 점검하면 될 것이니라.
11 세속에 연연하지 말며, 세속 것을 놓을 수 있는 그 마음의 변화를 한 것,
12 인간 세상의 아름다운 설계를 하지 아니하며 너희가 하늘나라의 뜻을 위하여 하늘의 나 여호와의 뜻에 따라 나를 기쁘게 하며,
13 내가 말하는 것을 순종하며 그와 같이 살아가는 마음으로써 인간 세속의 어떠한 욕심도 그것과 바꾸지 않겠다는 그와 같은 마음으로 변해 있으며,
14 십계명을 지키고 살며 나의 법전대로 살아가도록 노력하겠다는 결심을 하고 있다면 이것은 너희가 세상을 다 얻은 것이니라.
15 그는 바로 세상을 다 버렸기 때문이니라.
16 높은 자가 되어 대우를 받고자 하지 말며, 낮은 자가 되며 남을 대우하라 하였음이니,
17 너희가 금화와 은화요, 재물에 대한 욕심이 없으며 그 욕심에 치우치지 아니하고 그곳에 그림을 그리지 아니한다면 너희는 이 세상의 모두를 다 놓았음이니,

18 이 세상의 모든 것이 네 가슴에 있으
며 네 손안에 있다는 것을 머지않아
알게 될 것이니라.
19 그와 같이 마음자리가 변하는 것이 하
늘에 오르는 길에 들어섰으며 반석 위
에 서서 하늘에 오르는 찬란한 빛을
보고 이제 달려올 준비를 하는 것이니,
20 너희 스스로 자부심과 긍지를 가져라.
21 오로지 그와 같은 마음이 네 가슴속에
자리를 잡았다면 너는 나에게 선택된
아들이요,
22 나로부터 하나도 손색이 없으며 부끄
럼이 없으며, 내가 너의 모든 것을 다
거둬 주고 있다는 것을 알라, 사랑하
는 나의 아들딸들아!

5,606 번째 하나님 말씀

2003년 3월 19일 17시 27분

1 사랑하는 나의 아들아!
2 "네, 아버님! 말씀하옵소서."
3 선택된 나의 아들딸 너희를 내가 왜
어렵고 힘든 고통과 시련의 길을 가며
바로 서기를 바라며 너희 제자들이 곧
바로 서기를 바라며 정의로운 삶을 살
기를 바라는지 알겠는가?
4 너희가 바로 서지 아니하면 이 세상의
역사가 바뀔 수 없음이니라.
5 지금 모든 종교 집단의 그 뿌리가 너
무 깊으며 그들이 행하고 온 그 악습
을 버릴 수가 없음이니라.
6 너희에게 좋은 밥이요, 좋은 생활 속
에서 살아가는 그것이 지옥으로 가는
길이니 그걸 버리라 하면, 육의 고통
속에서 그를 버릴 자가 어디 있겠는가?
7 지금처럼 부귀와 영화를 누리는 종교
집단이요, 지도자가 없거늘, 그것이
사탄이요, 사악한 것이라 버리라 하면
그들이 버릴 수 있겠는가?
8 못 버림이니라.
9 그들을 바로잡으려면 너희가 바로 서
야 하기 때문이라는 것을 알아야 할
것이니라.
10 여기서 사랑하는 나의 아들딸들이요,
나의 아들을 따르는 제자 너희는 알
아야 할 것이니라.
11 왜 나 여호와가 너희에게 바로 서야만
된다 하는가?
12 사탄의 자식이요, 사탄을 따르는 무리
는 절대로 바로 설 수가 없기 때문이
니라.
13 그리고 사탄에 속해 있는 그 모든 족
속은 바로 세우지 아니하며 바로 세우
려 노력하지 아니하는 것이니라.
14 그리고 그들은 바로 볼 수 없으며 바
로 설 수 없느니라.
15 눈을 가리고 거짓된 행위로써 행하기
때문에, 사탄과 너희를 구분하는 것이
바로 무엇인 줄 알겠는가?
16 너희가 바로 서는 것이요, 바로 가는
길임을 알아야 할 것이니라.
17 지금 나를 따르는 나의 사랑하는 백성
이요, 나의 아들의 분신과 같은 제자
라는 너희가 바로 서지 아니한다면,
곧 너희는 사탄의 자식이 되며 사악
한 자의 종이 되는 것이니라.
18 그러나 나의 계명을 지키고 바로 섰을
때 너희는 바로 나의 자식이요, 나의
아들딸임을 증거함이니라.
19 너희 모든 백성이 나의 아들딸이라는

것을 증거하는 것은 너희가 바로 서는
것이요,
20 정의로운 길이요, 부끄럽지 아니하며
하늘을 향하여 한 점의 부끄럼이 없는
삶을 살아가는 것이요,
21 어떠한 불의와도 타협하지 아니하며,
어떠한 고통과 시련이 너희를 엄습한
다 해도 그에 굴복하지 아니하며 꼿꼿
하게 바로 서 가는 삶을 사는 것,
22 사탄의 자식이 아니라는 것을 증거할
수 있는 것은 그 길밖에 없음이니라.
23 이제 나의 법전을 읽는 만백성이요,
그리고 나의 아들을 따르는 사랑하는
나의 아들의 제자 너희는 알아야 할
것이니라.
24 사탄의 자식과 나 여호와의 자식과의
구분은,
25 사탄의 자식은 정의로운 길을 가지 아
니함이니라.
26 그리고 바로 서지 아니함이니라.
27 그리고 아름다움을 추구하지 아니하
느니라.
28 그리고 그들은 바로 세우지 아니함이
니라.
29 그리고 바로 서려 하지 아니하느니라.
30 남을 넘어트리고 남을 시기하며 눈을
멀게 하며 현혹하여 쓰러트리는 것이
그들이니라.
31 그러나 나의 아들딸은 바로 설 수 있
으며, 정의로운 길을 갈 수 있으며, 정
도의 길을 갈 수 있으며,
32 모두를 이다음에 증거할 수 있으며,
누가 와서 말해도 한 점의 부끄럼이
없이 너희를 모두 보여 줄 수 있게 바
로 서는 그와 같은 삶이 나의 아들딸
이란 근거이니라.
33 오늘의 나의 아들의 분신이라는, 나의
아들의 제자 너희도 바로 설 수 있는
행위를 하지 못할 때, 너희는 사탄의
자식이요, 악마의 자식이 되는 그 증
거임을 너희는 알아야 할 것이니라.
34 그러니 너희가 바로 서는 것이 나의
아들딸이란 증거요, 증표며,
35 그것만이 너희가 하늘에 올 수 있는
표라는 것을 잊지 말라, 사랑하는 나
의 아들딸들아!
36 감히 사탄이요, 사악한 자들이 그걸
보고 너희를 현혹하지 못할 때,
37 그리고 그자들과 구분될 수 있도록 정
의롭게 살아 만백성이 너희가 바로 선
모습을 보고 고개를 숙일 때,
38 그것이 바로 나의 아들딸이란 증거요,
증표이니라.
39 그 증거를 확실히 남겨야 할 것이며,
그 증거요, 기본을 지키고 살아가야
하는 것이 너희들이기에, 나 여호와가
바로 서라 그리 강조하는 것을 잊지
말라.
40 이제 그 의미를 알겠는가?
41 바로 서라는 뜻을 너희가 알겠는가?
42 그렇다면 스스로 사탄의 자식이 되어
서는 아니 될 것이니라.
43 나 여호와의 자식으로서 영원히 내 품
에 올 수 있는 그와 같은 결정함은 너
희 스스로 자신에게 달렸음이니,
44 이제 그 뜻을 알았으면 그리 강하게
지키고 행하여, 마음에 한 점의 부끄
럼 없이 바로 서도록 하라.
45 그리하여 나의 아들이 바로 서도록 내
가 다스렸으며, 그가 바로 설 수 있는

시간을 기다렸으며, 그를 바로 세우려
고 오늘의 역사가 있었으며,
46 그러한 나의 아들의 제자요, 분신인
너희가 그를 바로 세우는 데 하나의
주춧돌 역할을 다했음이요, 너희가 임
무를 다 수행했기에,
47 오늘의 그가 바로 설 수 있는 이와 같
은 경지에 올랐음은 너희 공이니,
48 나 여호와가 기쁘게 생각하며 너희를
사랑함을 내가 전하노라.

5,607 번째 하나님 말씀

2003년 3월 19일 17시 30분

1 사랑하는 나의 아들아!
2 "네, 아버님! 말씀하옵소서."
3 이 세상에 나의 음성을 들으며 나의
뜻을 기록하며 나를 볼 수 있는 자는
오로지 나의 아들 하나밖에 없음을 너
희는 알라.
4 그러니 나를 보고 싶어 하며 나의 음
성을 듣고자 하며 나를 만져 보고 싶
어 하는 그와 같은 마음을 버리라.
5 너희가 정녕 그와 같은 역사를 이루고
자 하며 그 뜻을 이루고자 한다면 나
의 법전을 접하라.
6 그 영광이 나의 법전 속에 그 모두가
다 이루어져 있음이니라.
7 너희가 나의 법전을 접하는 그 순간에
나를 보고 싶은 그 뜻을 이루는 것이
며,
8 나의 음성을 듣고자 하는 것을 이루는
것이며,
9 나를 만져 보고 나에게 사랑한다는 말
을 듣고 싶어 하는 그 애절한 마음이
나의 법전 안에 다 있음이니,
10 너희는 나의 법전을 읽고 정독하여 그
속에서 그와 같은 영광을 얻도록 그리
하라.
11 이제는 너희가 나를 보려 하지 말며
나의 음성을 들으려 하지 말라.
12 너희가 그와 같은 마음을 가지고 살아
가는 것은 나에 대한 믿음이 부족한
것이며,
13 내가 존재함을 믿는 마음이 흔들림이
요, 나의 법전이 소중함을 모르는 것
이며,
14 나의 아들이 선택된 아들이요, 마지막
제3의 시대에 그 역사의 대명을 받은
아들이라는 것을 의혹하며 의심함이
니라.
15 의심하는 마음은 믿음이 없음이니라.
16 의심하는 가운데 모두 다 실패함이니
라.
17 너희는 그와 같은 마음을 버리고, 이
제 나를 보고 싶거든 나의 법전을 열
며, 나를 만지고 싶거든 나의 법전을
만지며, 나의 음성을 듣고자 하거든
스스로 법전을 읽으라.
18 네 음성 속에 그것이 바로 나 여호와
의 음성이니라.
19 사랑하는 나의 아들딸들아, 이 위대한
것을 알라.
20 내가 너희에게 뭐라 말하였느냐?
21 말 없는 차디찬 바위에서 한 송이 꽃
이 피어나는 것, 그 바위가 변하여 꽃
이 되는 그 역사보다도,
22 죽은 나무에서 새순이 나며 새로운 꽃
이 피는 그 역사보다도 더 위대한 것
이 너희가 새로운 생명의 영광을 얻은

것이라 말하지 아니하였는가?
23 그 영광 속에 있는 너희들이니,
24 나의 음성을 들으며 나를 만지며 나로
부터 직접 명을 받으려 하지 말라.
25 그것이 너희 믿음이 흔들림이라는 것
을 알라, 사랑하는 나의 아들딸들아!

5,608 번째 하나님 말씀

2003년 3월 19일 17시 37분

1 사랑하는 나의 아들아!
2 "네, 아버님! 말씀하옵소서."
3 너를 따르는 제자들이 깨달음이 높고
높아졌을 때, 내가 너희에게 눈물로
간곡하게 부탁하고자 하는 그 내용을
지금 몇 년 동안 가슴에 안고 기다려
왔음이니라.
4 사랑하는 나의 아들아!
5 나 여호와가 너의 제자들이 변하고
그 마음이 흔들리지 않으며 내가 존재
함을 알며 나의 법전이 나의 성령이라
굳건히 믿게 됐을 때, 내가 너희에게
간곡히 부탁하고 싶은 것이 있었음이
니, 오늘 그 뜻을 내가 너희에게 전하
고자 함이니라.
6 지금의 모든 종교 집단이요, 구약 시
대를 지나며 신약 시대를 지나오는 세
월 동안 구약 시대에 우상을 만든 그
들은 무엇이던가?
7 나의 특권에 도전하였으며 내가 역사
하는 모든 권한에 그들이 도전하는 행
위가 아니더냐?
8 그들은 도전했음이니라.
9 그리고 나의 아들을 죽음으로 몬 그
신약 시대의 역사가 흐른 지금에 와서
모든 종교 집단이 수천, 수만, 수억 개
의 성전이라는 걸 세상에 지어 놓았으
며,
10 그리고 저희가 만든 계명에 따라 만백
성을 가르치고 깨우친다 그리 몰고
가고 있음이니,
11 돌이켜 생각하면 그들은 나의 특권이
요, 내가 가진 모든 은혜와 영광이요,
내가 다스리는 그 모두에 인간이 감히
도전하며 그를 반박하며 그들이 지금
나의 뜻을 거역함이니라.
12 내가 너희에게 이를 막아 달라, 그리
고 막으라는 대명을 내리고 싶음이니
라.
13 이를 위하여 내가 3년이라는 그 긴 세
월을 인내하고 참아 왔음이니, 오늘
내가 너희에게 부탁하노라.
14 나 여호와의 특권이요, 나 여호와의
권한에 도전하는 그 사악한 종교 집단
이요, 지도자 그들을 단죄할 수 있는
것은 바로 너희가 정도로 가는 길이
요, 바로 서서 가는 삶을 사는 것이니
라.
15 이제는 너희가 바로 가는 삶을 살 수
있으며, 어떠한 유혹에도 넘어지지 아
니하고 갈 수 있기에,
16 나 여호와가 3년 동안 기다려 전하고
자 하는 그 대명을 지금 내림이니라.
17 모든 종교 집단이요, 지도자요, 신도
들이 하는 행위요, 그 가는 길은 나에
게 도전하는 것이며 나를 모두 무너트
리고자 하는 그와 같은 짓을 하면서도
그들은 감히 그를 모르며, 두려운 줄
모르며,
18 나를 위해 사는 길이며 나를 경배하는

길이라 그리 말함이니라.
19 나를 경배한다며 나에게 도전하는 자
요, 나에게 구원을 원하면서 나에게
도전하는 자요,
20 나에게 도전하는 종교 집단이요, 지도
자요, 성도라는 백성을 너희가 바로잡
고 깨우쳐 줘,
21 감히 나에게 도전하는 행위를 중단할
수 있도록 그 역사를 이제 너희가 이
루어 주기를 나 여호와가 바라고 있음
을 잊지 말라.

5,609 번째 하나님 말씀

2003년 3월 19일 17시 53분

1 사랑하는 나의 아들아!
2 "네, 아버님! 말씀하옵소서."
3 내가 오늘 나의 법전에 기록하여 너희
에게 전함이니,
4 지금의 종교 지도자들이 가는 행위가
이와 같은 행위가 아니라면,
5 너희가 나의 법전을 태우고 찢어도 내
가 말하지 아니할 것이며, 나의 아들
을 원망하며 나의 아들을 사탄이라 해
도 내가 말하지 아니할 것이니라.
6 지금의 모든 종교 집단의 지도자들이
정녕 마음을 비우고 이웃을 네 몸같이
사랑하며 거룩한 생활을 각오하고 있
으며,
7 믿지 않는 자들이 너희 종교 지도자가
지나갈 때 그 손 한번 잡아 보며 그 강
론을 듣는 것을 생명수보다도 더 소중
히 여기는 그와 같은 고귀한 인격의
대우를 받고 가는가?
8 저희가 무슨 믿음의 길을 가는 자요,
저희가 무슨 하늘에 인도하는 자요,
거짓된 자요, 사기꾼이라는 그런 말을
듣는 사람은 없는가?
9 그리고 너희로 하여금 흉악한 일들이
과연 생기지는 아니하는가?
10 진정한 사랑이라는 것을 베풀고 사는
가?
11 성전에 거하며 살아가는 자가 일반 백
성과 구분되지 않는 그와 같은 생활을
하는 자는 없는가?
12 너희가 말하는 나의 성전이라는 곳에
거하면서 살아가는 자는 세상의 일반
백성이 살아가는 그 생활의 모습보다
확연히 달라야 할 것이며 행동이 달라
야 할 것이거늘,
13 너희가 보는 데서는 신사요, 보지 않
는 데서는 험악한 짓을 하는 지도자가
과연 없으며, 그러한 믿음의 길을 가
는 자는 없는가?
14 나로부터 구원을 받았다는 자들이 일
상생활이요, 또한 너희 가정사도 남에
게 모범이 된 생활을 하고 있는가?
15 그리고 너희는 형제를 사랑하며 형제
와 화목하며, 그리고 만백성에게 덕을
베풀고 덕을 쌓는 것을 먼저 베풀라
그리 가르치는가?
16 너희 손으로 지은 성전이요, 교회라는
것을 세우기 전에, 형제를 사랑하며
화목하고 또 덕을 베풀며 만백성에게
칭송을 받는 그와 같은 삶을 살도록
하는가?
17 형제지간에 인색하지 않고 화목하라
그리 가르치는가?
18 너희가 그 모든 것을 다 한번 가르쳐
보며 너희 스스로 되짚어 보도록 그

리하라.
19 의를 행하며 사는 것을 너희는 얼마 만큼 시행하며 사는가?
20 그리고 축복과 영광만을 바라는 기도를 하지는 않는가?
21 너희는 축복받은 권위 속에 영광을 얻기 위한 그와 같은 기도를 하지는 않는가?
22 나 여호와의 진정한 참뜻을 알지 못하기에 나의 뜻을 만백성에게 가르쳐 그대로 행하라 함이 아니요,
23 나의 진정한 뜻이요, 어렵고 힘든 구절은 감춰 놓고 짓밟아 뭉개 놓고 숨겨 놓으며,
24 나의 피조물 만백성에게 설교하지 않으며, 그를 볼까 두려워하는 자는 없는가?
25 그리고 성도라는 자들이 너희가 말하는 이방인이라는 나의 백성과 대화하며 같이 접촉하다 제삼자로부터 잘못 가는 종교 집단에 대한 냉혹한 비판을 두려워하여 그들과 만나지 못하게 하는 행위를 하지는 않는가?
26 과연 기도 생활은 형식적으로 하지 않고 진심으로 하는가?
27 너희가 기도하는 생활만큼, 나 여호와의 뜻에 살아가는 것만큼 일상생활을 그리하는가?
28 너희는 기도를 얼마만큼 나에게 형식적으로 하는가?
29 너희는 형식적인 기도에 치우쳐 있으며 습관화되어 있음을 나는 알고 있음이니라.
30 그리하여 같은 말을 되풀이하며 같은 뜻을 기도하며, 수십 년, 수백 년, 수천 년 전에 했던 그 기도 내용이 오늘도 똑같은 맥락으로 흘러감이니,
31 상갓집에 가서 하는 기도가 똑같으며, 결혼식에 가서 하는 기도가 같으며, 생일 잔치요, 기타 너희 생활 속에 찾아가서 하는 모든 기도 소리가 그것이 그것이니,
32 너희가 과연 얼마만큼 기도를 열성으로 하며, 나에게 무엇인가를 명받은 그 기도로써 만백성을 가르치고자 하는가?
33 내용이 비슷비슷하며 그 뜻이 비슷비슷한 것은 너희가 형식적으로 흘러가는 것이요,
34 피와 땀으로써 나에게 기도를 받아 만백성을 가르치는 역사를 못 하고 있음을 알아야 할 것이니라.
35 그리고 선물이요, 뇌물을 받는 것을 즐겨 하지 않는가?
36 심방이요, 어려운 신도를 방문하고 돌아올 때 그 대가를 받는 일은 정녕 없는가?
37 어떠한 형국에서 감사 헌금이라는 명분으로 거둬들이는 짓은 하지 아니하는가?
38 그와 같은 것을 한번 들여다보라.
39 힘들고 어려운 길은 버려두고 편안하고 쉬운 길만 가며, 불리하고 어려운 것은 외면하며,
40 그리고 가난하고 어려운 자, 너희에게 부담될 자는 외면하며, 너희에게 도움이 될 자만 찾아 헤매는 그와 같은 행동은 하지 않는가?
41 너희가 예언이라 말하며 거짓말을 한 것은 없는가?

42 알지도 못하면서 눈치로 때려 맞히며
생각으로써 나의 피조물 만백성에게
속임수를 사용하는 종교 지도자는 과
연 없는가?
43 너희는 진정한 믿음으로써 나의 피조
물 만백성을 인도하는가?
44 그리고 믿음의 길을 가는 나의 백성
그들이 허탈해하며 환상과 착각 속에
허덕이는 것을 깨우쳐 주고자 너희는
과연 얼마나 노력했는가?
45 너희는 재물이요, 돈을 받고 돈을 위
해 기도한 적은 없는가?
46 권력을 위해 권력 앞에 기도한 적은
없는가?
47 너희는 가진 자의 돈을 받으며, 돈을
많이 주는 자를 위하여 눈물의 기도를
드린 자가 없는가?
48 권력자 앞에 가서 그에게 눈물의 아양
떠는 기도를 한 적이 없는가?
49 그렇다면 재물이 나 여호와보다 높으
며, 인간의 권력이요, 권한이 나 여호
와보다 높은 것이니,
50 너희가 나 여호와의 종이요, 나의 사
역자가 아니라는 것을 입증함이니라.
51 나의 사역자보다 더 높은 자가 없으며
더 위대한 기도가 없으며 더 위대한
역사가 없으니,
52 그의 말 한마디는 세상에 지워지지 아
니하고 영원히 살아남아 생명을 유지
하고 있다는 뜻을 너희는 알아야 할
것이니라.
53 나를 대신하는 것이며 내 뜻을 전함이
요,
54 나 여호와의 뜻은 참진리요, 그 말은
죽지 않는다 함을 너희는 알아야 할
것이니라.
55 교회의 덕을 세워 주기 위하여 너희
는 얼마나 노력하고 사는가?
56 너희는 교회라는 곳의 덕을 세우는
것이 아니요, 사업장이요, 상술을 팔
고 사는 그와 같은 장소로 지금 변화
되지 않는가?
57 그리고 나의 사랑하는 백성을 너희
집단으로 끌어들여 그들을 일그러지
고 비뚤어진 그리고 구부러진 어렵고
힘든 길로 끌고 가는 그와 같은 행위
를 하지 않는가?
58 이와 같은 행위가 성전이요, 교회요,
법당이라는 곳에서 행하여지지 아니
한다면 너희는 나의 법전을 찢어 버리
고 나의 아들을 욕해도 되나,
59 너희가 이와 유사한 행위를 하고 살아
이에 항변할 수 없으며, 고개 숙여 부
끄러움을 참지 못한다면,
60 너희는 오늘의 종교 지도자에서 나의
법전을 보고 새로운 지도자로서 탈바
꿈하지 않는 한 너희는 구원받을 수
없느니라.
61 너희를 보고 구원을 받고자 몸부림치
며, 너희를 위해 재물과 모든 것을 다
바치며, 너희들의 설교요, 너희 말을
듣고 구원받겠다 애걸하는 그 순박한
나의 백성의 눈동자요, 그들의 애절한
마음의 그 소원을 들어주며, 그들을
불행한 곳으로 인도하지 아니하려면,
62 오늘 내가 나의 아들을 통하여 법전에
기록한 그 내용이 맞는다면, 너희는
모든 것을 다 던지고 나의 법전을 가
지고 공부하고 깨우쳐 새로 태어나는
지도자요, 전사로서 역사해야 될 것임

을 알라.
63 그리하여 너희를 믿고 오는 그 불쌍한
나의 백성을 정녕 하늘로 인도하는
그 길을 가야 한다는 것을 잊지 말라.
64 그들을 기만하지 말라.
65 나 여호와를 기만하며 나를 속이는 죄
는 너희가 그저 받으면 되나,
66 나의 사랑하는 백성까지 지옥으로 인
도하며 그들을 기만하며 그들을 우롱
한 죄는 아무리 씻으려 해도 씻을 수
없으며, 아무리 벗으려 해도 벗을 수
없으며, 너희가 받는 벌보다 더 무서
운 지옥은 없음을 알라.

5,610 번째 하나님 말씀

2003년 3월 19일 18시 07분

1 사랑하는 나의 아들아!
2 "네, 아버님! 말씀하옵소서."
3 지금 너를 따르는 모든 제자들의 마음
이 스스로 부족한 자라 생각하며 갖춘
것이 없는 자라 생각하며,
4 그들이 역사하는 그 길이 얼마나 두렵
고 힘든 것인지 그들은 불안하고 초조
한 마음을 가지고 있음이니,
5 그들은 환란이 불어 닥친다는 그와 같
은 생각을 못 하며 상상을 할 수 없는
자들이니라.
6 예수가 분신처럼 육성하고자 했던 그
제자들이 등을 돌렸듯이 너의 제자들
또한 무너지지 아니한다 할 수 없음이
니라.
7 그러니 이제 너의 제자들에게 오늘부
터 제가 어찌하여 선택되었으며 제가
선택된 동기가 무엇이며 제가 선택된
것이 과연 무엇일까 그와 같이 스스
로 평가하며 그 이유를 찾도록 가르치
라.
8 너희가 어찌하여 선택되었으며 어찌
하여 법전을 접했으며,
9 어찌하여 오늘의 창조주 나의 성령이
요, 내가 이루는 역사의 동참자가 되
었는가 너희 자신을 냉정히 분석하고
생각해 보면,
10 거기서 느끼는 것이 있으며 깨닫는 것
이 있을 것이니라.
11 그리하면 너희가 자세를 어찌해야 할
것이며 어찌 가야 할 것인가?
12 부족하다 생각하는 너희가 나에게 선
택되어 대역사의 장을 열어 하나의 획
을 긋는 이와 같은 변화의 소용돌이에
주역으로 서게 된 것이 어떠한 것이며
어찌해야 할 것인지를 알게 될 것이니,
13 이제 나의 법전을 읽고 깨우친 백성이
요, 그리고 나의 아들을 통하여 내리
는 강론을 들은 너희는 이제 오늘 이
후부터 너희가 어찌하여 선택되었으
며 왜 선택이 됐을까, 그리고 선택된
너희가 어찌 가야 할 것이며 어찌 행
해야 할 것인지 그 답을 스스로 찾아
결정할 때가 되었음을 알라.
14 그리하여 오늘 결정한 그 마음은 목숨
이 다한다 해도 변해서는 아니 될 것
이며,
15 오늘의 너희가 감사하는 마음이요, 또
한 나를 원망하는 마음이요, 그리고
어찌 존재할 것인지 결정이 선 그 마
음으로 평생토록 나의 아들과 더불어
가야 할 것이며,
16 나의 법전과 더불어 가야 하는 그와

같은 결정을 할 때가 되었음이니라.
17 이제 그 결정을 했을 때, 그리고 옳은
결정을 했을 때, 내가 그에게 상을 내
릴 것이며 그가 모든 역사를 할 수 있
는 힘을 줄 것이니라.
18 그러니 이제 그것부터 정립하라 이르
라.
19 이제 너희가 어찌하여 선택됐으며 선
택된 이유가 무엇이며 선택될 수 있는
자로서 선택됐는지,
20 선택되지 못할 자로서 선택된 그 은
혜의 영광을 모두 따지고 점수를 매겨
스스로 어찌해야 할 것인가, 그리고
어찌 살아갈 것이며 어찌 행동할 것인
가를 확실히 결정짓도록 하며,
21 그 마음이 영원히 변하지 않도록 자신
에게 굳은 각오를 세웠을 때,
22 내가 너희에게 하나하나 기적의 역사
를 이루어 나갈 것이니, 그리 알도록
제자들에게 전하라, 사랑하는 나의 아
들아!

5,611 번째 하나님 말씀

2003년 3월 19일 18시 24분

1 사랑하는 나의 아들아!
2 "네, 아버님! 말씀하옵소서."
3 내가 창조해 세상에 내보낸 모든 동식
물 중에 가장 아름다운 모습이요, 가
장 지혜가 높은 것이 너희라 그리 말
하였음이니라.
4 그리 만들어 세상에 내려보냈음이니,
5 이는 인간이 더불어 살며 서로 힘을
합쳐 합동하며 협동하는 그와 같은 마
음으로 살아가도록 그리 가르쳤으며,
그와 같이 살아가게 하였음이니라.
6 그러나 너희는 지금 인간이 인간을 두
려워하며, 인간이 인간과 더불어 사업
하는 것을 거부하는 그와 같은 삶을
삶이니,
7 은혜를 배신하며 너희에게 베푸는 자
에게 등을 돌리며, 또한 너희에게 베
풀어 준 자에게 창칼을 들이대는 그와
같은 짓이 지금 인간 세상에서 이루어
지며 자행되고 있음이니,
8 과연 이를 어찌 잡으며 어찌 다스려
가야 하겠는가?
9 너희보다 못한 미물이요, 동물은 아무
리 맹수라 해도 인간이 다스리고 사랑
을 주고 베풀면 그 주인을 배신하지
아니하며, 그 주인을 물지 아니하는
것이 동물이 가진 특성이며 생각이니
라.
10 그러니 나 여호와가 인간인 너희가 원
래 모습대로 살다 하늘나라 나의 품에
올 수 있도록 선택하지 아니하고, 만
물 중에 동물을 선택했다면,
11 오늘과 같이 힘들고 어려운 그 역사
요, 나의 아들이 인간인 너희 손에 그
고통과 시련을 겪고 죽는 그와 같은
것을 나 여호와가 보지 아니하였을 것
이며,
12 오늘날 내가 나의 아들을 통하여 만백
성 너희를 구원하기 위해 160권이라
는 대장서의 법전을 세상에 내보내면
서 너희에게 시시비비하며 심판을 받
는 그와 같은 아픈 역사는 있지 아니
하였을 것이니라.
13 내가 나의 성령을 직접 태워 나의 아
들을 통하여 너희를 구원하고자 보화

와 같은 나의 뜻을 기록하여 내려보냄 이니,

14 이를 가지고도 너희가 사탄이요, 사악한 자의 장난이요, 말세의 장난이라 그리 말하며 시시비비하는 것이 인간 너희이니,

15 어찌하여 더불어 사는 그 마음 자세 하나를 갖지 못하는가?

16 그러니 나 여호와가 오늘에 생각하기를, 차라리 동물을 하늘에 올 수 있게 하여 그들을 내 품에 안는다면 오늘과 같은 그 역사는 없었을 것이니라.

17 그러니 지금 너희가 살아가는 그 모습은 과연 무엇이던가?

18 동물이 사람을 물면 상처가 나고 팔다리가 부러지느니라.

19 너희가 물고 뜯어 상처 내는 것은 보이지도 아니하며, 가슴을 울리고 마음을 울리며, 인간을 평생 고통과 시련 속에 살아가게 하며, 가장 소중한 생명까지도 앗아 가느니라.

20 그와 같이 너희가 물고 뜯는 것은 상처도 나지 않는 그리 사악한 방법으로써 동족이요, 같은 백성끼리 더불어 살라 하는 자를 물고 뜯고 흔들어 놓음이니, 이것이 지금 인간 너희가 가진 마음이니라.

21 천사와 같은 나의 아름다운 백성의 마음을 이와 같이 사악하고 모질게 만든 것이 무엇이던가?

22 이기주의요, 저만 구원받으면 된다는 그와 같은 이기심을 길러 놓은 종교 집단의 지도자 너희가 나의 백성을 이리 험악하고 사악하게 만든 결과이니라.

23 그리하여 내가 너희를 용서하지 못한다 했으며, 너희들의 뿌리를 뽑고자 하는 것이 나 여호와의 뜻이니라.

24 이대로 내가 더 방치하고 이대로 눈을 감고 너희를 덮어 준다면 이 세상의 나의 피조물 만백성은 앞으로 이 지상에서 구원받을 자가 영원히 없음이니라.

25 정답을 모르고 오답을 가지고 옳다 가르치는 그와 같은 종교 지도자가 오답을 들고 정답이라 소리 지르니,

26 그것은 채점관 앞에서 가차없이 오답으로 그어지며, 점수로 올라가지 못하는 형태가 지금 너희가 가는 길이니라.

27 내가 오죽하면 나의 아들을 통하여, 내가 짐승을 하늘에 오르는 길로 인도했다면 차라리 오늘과 같이 나의 아들 예수의 죽음을 고통스럽게 눈물로써 바라보지 아니하며,

28 나의 아들을 세상에 내려보내 대장서의 160권에 보화 같은 나의 뜻을 기록하여 전하거늘 너희가 이를 사탄이라 태우고 찢어 버리고 나에게 불순종하는 행동을 하지는 않았을 것이라는 생각을 한다면,

29 너희는 기준이 어디에 있으며 생각을 어디에 두고 사는 것이던가?

30 내가 맹수가 무는 것은 상처가 난다 하였음이니라.

31 팔다리가 잘려 나가는 것이 차라리 낫다 하였음이니라.

32 인간 너희들의 물고 뜯는 그 기술은 상처를 내지 아니하고 생명을 앗아 가며,

33 보이지 않는 그 마음의 상처는 평생

좌절과 고통 속에 살아가게 하며,
34 너희들의 이익이요, 너희들의 가정이
요, 너희 자신의 삶을 위해서는 상대
방을 진흙탕에 밀어 넣고 영원히 나
오지 못하게 짓밟는 행위를 서슴지
않는 것이 인간이니라.
35 그와 같은 종교라는 것이 이 세상에
뿌리를 내리기 전에는 나의 사랑하는
백성이 그리하지 아니하였음이니라.
36 그들이 원래의 살아가는 그 마음은 저
희가 담을 치는 일이 없었으며, 울타
리라는 것으로 제 집이요, 제 재산을
보호하는 그와 같은 역사도 없던 시대
였음이니라.
37 그와 같이 평화로운 자연 속에서 자연
과 더불어 살아가는 나의 백성을, 지
금의 잘못 가는 종교 집단이요, 사악
한 종교 지도자인 너희가 세상에 뿌
리를 내림으로써 이기심이요, 욕심이
요, 저만 사랑하는 마음으로 돌리며,
38 부모·형제까지도 같은 길이 아니라면
외면하는 이와 같은 형국으로 나의 백
성의 마음을 사악하게 다스려 그 마음
을 얼려 놓았기 때문에,
39 그걸 녹일 길이 없어 오늘날 이와 같
은 고통의 세월을 가게 되었음이니라.
40 그러나 내가 사랑하는 나의 아들딸들
을 버릴 수 없기에 마지막으로 다시
한 번 이 역사의 길을 가고 있음이니,
41 이를 보고 깨우치라 내가 이리 하소연
하며 너희에게 전하거늘,
42 너희가 더불어 사는 마음이 없으며 양
보하는 마음이 없으며 용서하는 마음
이 없기에, 아름다운 마음을 갖지 못
하고 그냥 지옥 불로 가는 인생으로
삶을 마치는 것이 지금의 백성 너희들
이니, 그 마음을 바로잡을 길은 어디
에 있는가?
43 나의 법전을 읽고 깨우친 백성 너희는
인간다운 삶을 살아야 할 것이며,
44 인간의 모습을 보였을 때, 너희가 인
간의 형태로 보였을 때, 인간을 구제
할 수 있을 것이며,
45 나는 참다운 인간을 구원하고자 함이
니라.
46 나의 법전을 읽고 깨우쳐 나의 법전이
요, 나의 뜻이라는, 인간이 생각을 같
이할 수 있는 그와 같은 인간, 사람을
구하고자 함이니, 사람을 구하는 데
너희가 주저하지 말라, 사랑하는 나의
아들딸들아!

5,612 번째 하나님 말씀

2003년 3월 19일 18시 33분

1 사랑하는 나의 아들아!
2 "네, 아버님! 말씀하옵소서."
3 수천 년의 역사 동안에 세상에 나와
살다 죽어 간 그 백성의 수를 헤아릴
수 없으며 그 많은 나의 피조물 만백
성이 이 세상을 살다 갔음이니라.
4 그리고 지금도 수십억 나의 백성이 이
세상에서 각자 자기 자리를 지키며 나
름대로 최선을 다하며 살아가는 백성
이 있음이니라.
5 인간 세속의 삶에서 성공한 자요, 명
예를 얻은 자요, 그와 같이 부귀영화
를 자랑하며 사나,
6 지난 몇천 년의 역사 동안 살다 죽어
간 백성이요, 또 지금 살아가는 그 모

든 백성 중에서 가장 위대한 업적을 남기며 성공한 백성이라 하면 바로 너희들이라는 것을 알아야 할 것이니라.

7 나에게 선택된 백성 너희보다 이 세상에서 성공한 자 없으며 축복과 영광을 받은 자가 없음을 너희는 알아야 할 것이니라.

8 나의 법전을 접하며 나의 아들을 통하여 강론을 듣는 그것이 세상을 모두 다 주고도 바꿀 수 없는 위대한 것이요,

9 나에게 선택된 백성이요, 나의 아들을 스승으로 제자로서 선택된 너희라는 것을 알아야 할 것이니라.

10 어떠한 사업을 하며 어떤 명예를 위해 살아갔으며 이름 석 자를 세상에 날렸으며 부귀영화요, 부족한 것 없이 살아서 인간으로서 성공했다 해도,

11 너희만큼 성공한 자가 없으며 너희만큼 위대한 역사를 이룬 자들이 이 세상에 없음을 알아야 할 것이니라.

12 이와 같이 내가 너희에게 내리는 이 뜻을 너희는 알아듣지 못하며 이해하지 못할 것이니라.

13 이 세상에서 나 여호와의 뜻을 따르며 심판의 시대에 하늘에 오르는 법전의 내용을 읽고 깨우친 너희들이니,

14 예수 시대의 그 제자들도 이를 몰랐으며, 그리고 모세 시대의 그 백성도 그를 몰랐으며,

15 2천 년 동안 흘러오는 모든 종교 집단의 백성도 하늘에 오르는 그 정답의 책자요, 교과서를 받지 못했으며 그를 보지 못하였음이니라.

16 이제 160권의 교과서가 세상에 내려가는 것은 무엇을 의미하는가?

17 하늘에 오르는 길이요, 하늘에 오를 수 있는 안내서요, 교과서인 법전을 접한 너희보다 더 위대한 사업이요, 더 위대한 역사를 성공한 자들이 세상에 없음이니라.

18 나 여호와의 뜻이요, 내가 내리는 나의 법전이요, 너희가 하늘에 오르는 길이요, 정도의 교과서요, 정답을 기록하여 내린 것은,

19 모세 시대의 백성도 이를 받지 못했으며, 나의 아들 예수를 따랐던 그 분신과 같은 제자들도 이 교과서를 받지 못하였으며 이 정답의 책자를 받지 못하였음이니라.

20 제3의 시대에 내가 하늘에 오르는 길이요, 너희가 그리 갈구하는 영원히 내 앞에 올 수 있는 그 정답의 책자요, 그 길의 안내서가 여기 있음이니,

21 너희가 안내서를 가지고 길을 가니, 가지 못할 자가 없으며, 찾아가지 못할 자가 있던가?

22 그리하여 너희가 가장 성공한 자요, 가장 위대한 역사를 이룬 선택된 백성이라는 것을 마음속으로 가져야 할 것이니라.

23 나로부터 선택된 백성은 이 세상을 모두 다 줘도 바꿀 수 없는 영광이요, 은혜를 받았다 내가 그리 말하였으니,

24 그것은 바로 내가 너희에게 전한 하늘에 오르는 안내판이요, 하늘에 오르는 정답의 교과서요, 이것을 받은 백성은,

25 지금까지 수천 년 역사가 흘러와 그 많은 백성이 죽어 갔으나 이를 접한 자가 없으며 이를 터득한 자가 없으며

이를 받은 자가 없기 때문이니라.
26 내가 제3의 시대에 처음이자 마지막으로 내리는 이 교과서요, 정답의 책자요, 하늘에 오르는 안내판이요, 안내서를 가진 것은 너희뿐이며 너희부터 시작함이니,
27 이 세상에 그 어떠한 백성보다도 가장 성공한 백성이요, 기업을 이룬 백성이요, 축복과 영광을 받은 백성이 너희라는 것을 오늘 이후 가슴속 깊이 새기며,
28 나 여호와에게 감사하며 나 여호와를 경배하며 오늘의 너희들의 위대함을 스스로 깨우쳐,
29 너희 자신이 한 점의 부끄럼이 없이 바로 서는 백성으로서 나의 뜻에 거역하지 않는 그와 같은 백성으로 살도록 그리하라, 사랑하는 나의 아들딸들아!

5,613 번째 하나님 말씀

2003년 3월 20일 06시 19분

1 사랑하는 나의 아들아!
2 "네, 아버님! 말씀하옵소서."
3 인간인 너희가 살아가면서 목표를 세우는 것, 그 목적이 있는 것도 가고 가다 보면 그 끝이 있고 답이 있느니라.
4 그리고 그 결과가 있고 목적지에 도착하게 됨이니라.
5 너희들의 사는 육신의 생명 또한 죽는 그날을 벗어나지 못하며 누구나 다 그 죽음 앞에 굴복하게 되어 있느니라.
6 그리하여 인간 세상에서 너희가 살아가는 것은 끝이 있는 것이니라.
7 그러나 끝이 없는 것은 나 여호와 창조주밖에 없음을 너희는 알아야 할 것이며,
8 그러니 영원히 끝이 없는 나 여호와에게 올라와 너희가 영원히 끝이 없는 그 세상의 삶을 살기 위하여 지금 육의 세상에서 살면서 노력하는 그것만이 끝이 없음이니라.
9 너희가 진리를 찾아 하늘에 오르려고 변하고자 하는 그 마음과 행동하고자 함은 끝이 없음이니라.
10 그리하여 믿음의 길이요, 하늘에 오르는 길을 오는 백성 너희는 끝이 없는 길을 가고 있으며, 끝이 없는 그 길을 위해 달려가고 있음이니,
11 끝이 없다는 것은 무엇을 말하는가?
12 중단이 없으며 쉬는 것이 없음이니라.
13 끝이 없기에, 너희가 하늘에 오르는 길은 중단이 없으며 멈추는 것이 없으며 돌아서는 것이 없으며 쉬는 것이 없음이니라.
14 꾸준히 그저 그 길을 위해 오다 보면, 진정 아름답게 육의 세상에서 살았다면 나에게 와 영원히 사는 그 세상과 연결될 것이며,
15 그렇지 못한다면 지옥이라는 곳에 가 너희가 지은 죄의 대가를 받는 그와 같은 형국의 대가를 치러야 하느니라.
16 그러니 믿음의 길은 영원히 끝이 없느니라.
17 그리하여 세상사에 살던 모든 재물이요, 명예요, 부귀영화는 너희가 하나도 가지고 오지 못하나,
18 심판을 받는 죄의 대가와 선행의 대가 그것은 영원히 너희 곁에서 떠나지 않

으며 너희가 그걸 가지고 온다 그리
하였음이니라.
19 그리하여 그로 하여금 심판을 받아 너
희가 그 대가에 따라서 살고, 나에게
오고 못 오는 그와 같은 변화가 이루
어진다 하였음이니,
20 믿음의 길을 가는 너희 제자들은 잠시
도 멈춰서도 안 되며 쉬어서도 아니
되니,
21 끝없이 달려가는 것이 너희가 나를
향하여 오는 길이니라.
22 그리 달려오고 달려와도 너희가 선함
을 가슴에 안고 살아도 부족한 것이
너희이니,
23 그를 잊지 말고 생활하고 그리 살아가
라 전하라, 사랑하는 나의 아들아!

5,614 번째 하나님 말씀

2003년 3월 20일 06시 26분

1 사랑하는 나의 아들아!
2 "네, 아버님! 말씀하옵소서."
3 지금 믿음의 길을 간다는 그 종교 집
단의 지도자, 그리고 거기서 신도라
하여 구원을 받겠다고 달려가는 그들
은 나의 아들 예수를 판 가룟 유다의
후손들이며,
4 가룟 유다가 한 그 행위를 그대로 지
금 철저히 답습하며 행하고 살아가는
것이 그들의 믿음임을 내가 오늘 나의
법전에 기록하여 전함이니,
5 그들은 그것이 아니라 거부할 것이며
욕할 것이나, 그들은 알아야 할 것이
니라.
6 유다는 그 향유 사건에서부터 인간의
욕심이요, 재물을 앞에 생각하는 그와
같은 나의 아들 예수의 제자로서, 인
간의 욕심을 가지고 있었음이니라.
7 그리하여 그는 무엇 때문에 나의 아들
을 팔았는가?
8 그는 재물에 연연하며 그 믿음의 길을
가고, 그 세상 속에서 살아가는 그와
같은 자가 되었느니라.
9 그리하여 유다는 세속의 부귀영화와
인간 세상에 연연하는 그 자세를 버리
지 못한 자이기 때문에,
10 그는 은 30개에 제 스승을 팔았으며,
만백성을 구하고자 하는 나의 아들을
적에게 팔아넘겼음이니라.
11 그러니 지금 모든 종교 집단의 지도자
너희가 가는 지금의 행위는 과연 어
떠하던가?
12 너희는 재물을 거둬 모으려고 오늘날
단상에서 설교하는가, 만백성을 구원
하고자 설교하는가?
13 너희가 나에게 오는 것은 두 가지를
다 가지고 올 수 없으며 두 가지를 행
할 수 없다 하였음이니라.
14 너희가 나 여호와의 존재함을 가르치
며 믿음을 가르치는 그것은 아름다운
행위이나,
15 그를 가르치고 난 다음에 그 대가로써
재물을 받아들이는 그와 같은 행위를
함이니라.
16 더 큰 성전을 지으려고, 더 많은 재물
을 모으려고 너희는 모든 설교의 그
끝맺음을 재물을 거둬들이고 재물을
많이 바치도록 유도하는 결론을 내림
이니,
17 너희가 재물에 연연하며 나의 백성을

가르치는 그와 같은 행동과 행위는 과
연 무엇이던가?
18 유다와 똑같은 행위를 너희가 하고
있음이니라.
19 그러니 내가 너희 중에서 구원할 자
없으며, 너희가 부르짖고 기도하는 것
은 나에게 하나도 들리지 아니한다 그
리 말하지 아니하였는가?
20 너희는 재물에 연연하는 집단이 되었
으니,
21 유다가 은 30개를 받고 저희 스승을
판 것이나, 너희가 우리 부자의 이름
을 그저 팔고 또 팔면서 금화와 은화
를 거둬들이는 그와 같은 행위를 하는
것이나 같으니,
22 정녕 유다의 후손이요, 유다의 역할을
하지 아니하려거든 재물을 거둬들이
지 말며 재물을 받지 말라.
23 재물을 받고 재물을 거둬들이며 더 큰
성전을 짓고자 하는 것은 인간의 욕심
에서 하는 행위임을 알아야 할 것이니
라.
24 너희가 아무리 아니다 그리 말하여도,
25 재물에 연연하며 금화와 은화를 거둬
들이고자 얼마나 계산하는가?
26 너희가 이룬 성전이요, 많은 신도를
가진 것을 너희는 사고파느니라.
27 그 머릿수와 거둬들이는 재물이요, 헌
금의 액수를 가지고 팔고 삼이니,
28 너희가 바로 유다의 후예요, 유다의
후손으로서 재물만을 거둬들이며, 재
물을 위해 모든 것을 다 버릴 수 있는
그와 같은 종교 집단이요, 재물의 노
예가 되어 있는 것이 지금 종교 집단
너희들이니라.
29 그러니 너희가 어찌 되겠는가?
30 또한, 유다는 그 사탄으로서 그리 넘
어졌으며 무너졌음이니라.
31 그러니 지금의 종교 집단의 지도자 또
한 구원을 받지 못하며,
32 지금 재물에 무너지고 사탄에게 넘어
가 있는 행동이라는 그 무서운 사실을
알아야 할 것이니라.
33 너희는 아니라 발버둥칠 것이나, 나
여호와가 이리 명하는 것을 한번 들여
다보고 너희 스스로 진단해 보는 그와
같은 변화의 시간을 가져야 할 것이니
라.
34 너 자신을 두드려 보지 아니하며 너
자신을 들여다보지 않으며 너 자신을
냉정히 분석하는 그와 같은 현명함을
얻지 못할 때,
35 너희는 나의 백성까지 죽음의 길로 인
도한다는 것을 알아야 할 것이니라.
36 그러한 속에 서 있는 너희가 어찌 구
원을 받으며 어찌 나에게 오를 수 있
단 말이던가?
37 너희도 구원을 받지 못하며 사탄의 자
식으로 되어 있으니,
38 유다와 동일한 행동을 하는 지금의 종
교 지도자 너희와 더불어 가는 나의
사랑하는 백성까지도 구원을 받을 수
없다는 것은 당연함을 알아야 할 것
이니라.
39 돈 때문에 실패한 가룟 유다는 철저히
사탄이 되었으며, 그리고 사악한 자가
되었으며,
40 그리하여 저도 구원을 받지 못하였으
며, 그 심판의 결과에 따라 그가 지금
도 어떠한 길을 가고 있는가를 너희가

죽어 왔을 때 알게 될 것이니라.
41 너희도 돈 때문에, 금화와 은화 때문에 그와 같이 사탄이요, 사탄의 자식으로서 살다 나에게 와 심판을 받을 때, 그 심판이 얼마나 무서운 것인지를 알게 될 것이니라.
42 그러니 너희가 그와 같은 길을 가지 아니하려거든 어떠한 형국에서도 헌금이요, 감사 헌금이라는 것을 받아들여서는 아니 될 것이니라.
43 그를 버리지 못하고 그 짓을 계속하는 한, 너희는 은 30개에 나의 사랑하는 아들 예수를 판 유다의 후손이요, 유다가 되어 있다는 것을 잊지 말라.

5,615 번째 하나님 말씀

2003년 3월 20일 06시 33분

1 사랑하는 나의 아들아!
2 "네, 아버님! 말씀하옵소서."
3 나의 아들을 따르는 백성이요, 그리고 나의 법전을 읽고 깨우쳐 나로부터 전사요, 또한 지도자로서 명받아 바로 서야 할 백성은 지도자의 길을 알아야 할 것이니라.
4 나의 뜻에 따라 만백성을 구하는 진정한 지도자는 지금까지 살아왔던 잘못된 습관이요, 잘못된 모든 관습을 털어 버려야 하며,
5 세상의 잘못된 모든 줄을 끊는 그와 같은 결단이 없이는 아무것도 이루어질 수 없음이니라.
6 어미 소에게 젖을 먹고 자라던 송아지가 어미 소에게서 분리될 때 몸부림치며 어미 소를 부르는 것보다도 수십배 더 어렵고 힘든 길이라 할지라도,
7 너희가 지금까지 잘못된 관습이요, 그 습관의 뿌리를 과감히 뽑아내야 하며, 그 모두를 잘라 내지 아니하면 너희는 지도자로서 갈 수 없음을 알아야 할 것이니라.
8 과실을 맺지 못하는 나뭇가지요, 필요 없는 나뭇가지를 잘라 내듯이,
9 매섭게 너희 자신의 마음속에 있는 그 잘못된 행함을 잘라 내는 그와 같은 어렵고 힘든 고통의 역사를 이루지 아니한다면, 너희는 정녕 지도자로서 갈 수 없음을 알아야 할 것이니라.
10 그리하여 지도자란 너희가 다시 태어나는 삶이니라.
11 나로부터 선택된 백성이 하늘에 오를 수 있는 길이요, 너희가 내 품에 올 수 있다는 말이 무엇이던가?
12 너희가 육에서 살면서 잘못된 모든 습관이요, 악습을 잘라 내고 펴내고 뽑아내며,
13 새로운 성령으로써 아름다움이요, 선함이요, 사랑을 실천하며 다시 태어나는 생명으로 변하여, 육에서 한 번의 그 역사를 이루는 삶을 살다 오면 너희가 하늘에 오를 수 있다 함이니,
14 육의 세상에서 잘못된 것이요, 잘못된 관습이요, 그리고 세속에 젖어서 부귀영화를 누리고자 하는 그 모든 생각을 다스리고 잘라 내지 못한다면 나에게 오를 수 없음을 알아야 할 것이니라.
15 매섭게 잘라 내야 하느니라.
16 그리고 네 마음속에 잘못된 모든 것을 매섭게 뽑아내고 매섭게 펴내야 하느니라.

17 진실한 삶을 살며 정직한 삶을 위하여
자신과 싸워서 자신을 이기지 못하는
자, 마음을 다스리지 못하는 자, 그리
고 각종 유혹을 뿌리치지 못하는 자,
육이 약하여 현혹되어 넘어지는 그와
같은 자,
18 그리고 오늘의 실수는 나 여호와가 인
정하며 이해하겠지, 그리고 모르겠지
하고 생각하는 자,
19 오늘의 죄를 치른 다음부터 바르게 살
겠다는 그와 같은 나약한 생각으로는
전사요, 지도자가 될 수 없음을 너희
는 알아야 할 것이니라.
20 그저 과일을 맺지 못하는 가지를 잘라
내어 그 몸통을 보호하며 과일을 열게
하기 위하여 농부가 자르는 것보다도
더 무섭게 잘라낸 그와 같은 변화를
이루지 아니한다면 너희는 하늘에 오
를 수 없음이니라.
21 그러니 겉모양만 변하는 것도 아니 됨
이니라.
22 외형적으로 천사와 같은 짓을 하며 외
형으로 변화되는 것이 아니라,
23 진정한 속마음이 변하고 속생각이 변
하는 그와 같은 역사가 이루어져야 함
을 알아야 할 것이니라.
24 그와 같이 너희가 속의 마음이 변하
지 아니하며 겉의 삶이 변하지 아니
한다면,
25 너희가 육의 생각에서 그 교만함을 벗
어나지 못하며 위선적인 행동을 버리
지 못하며 모든 악습을 다 버리지 못
함이니라.
26 너희가 악습을 버리지 못했을 때 그는
지도자로서 자질이 없으며 지도자로
설 수가 없으며 그는 진정한 지도자가
아님이니라.
27 모든 악습과 인간의 잘못된 고리를 자
르지 못하며 저 자신을 다스리지 못하
며 새로 태어나는 생명으로 새 생명의
역사를 이루지 못한 자들이 지금 종교
지도자요, 그 집단 속에서 웅얼거리니,
28 거기가 다 썩었으며 죄의 온상이며,
썩은 냄새가 하늘을 진동한다 내가
그리하였음이니라.
29 너희는 육의 세상에서 자를 수 있는
것은 모두 자르며 악습을 버리고,
30 속과 겉이 하얀 눈과 같은 마음으로
다시 태어나는 그 역사를 이룰 때,
31 육에서 다시 태어나는 자요, 하늘에서
다시 태어나는 그 영광을 얻음을 잊지
말라.
32 육에서 받아 태어나지 못하며 육에서
새로 역사하지 못하며 육에서 변하는
삶을 살지 못하면,
33 너희는 하늘에 오를 수 없으며 하늘에
와 영혼의 새 생명이 태어날 길이 없
으며 태어날 수 없다는 엄연한 사실을
이제 알아야 할 것이니라.

5,616 번째 하나님 말씀

2003년 3월 20일 06시 39분

1 사랑하는 나의 아들아!
2 "네, 아버님! 말씀하옵소서."
3 믿음의 길이요, 믿음의 길을 가는 자
세요, 나를 향하여 기도하는 그 순간
만이라도 잡생각이 있어서는 아니 되
느니라.
4 믿음이요, 나의 법전을 공부하며 나의

아들에게 내가 내리는 강론을 듣는 너
희는 어떠한 잡생각도 해서는 아니 되
며,
5 그와 같은 생각을 하고 공부하며 기
도하는 것은 하나도 얻어지는 것이 없
으며 이루어지는 것이 없음을 너희는
알아야 할 것이니라.
6 그러나 지금의 종교 집단의 지도자들
이 가는 것은 무엇이던가?
7 그들은 저희 신도를 머릿수로 따지며
재물로 따지며,
8 그리고 오늘의 설교요, 강론이 끝난
다음에 과연 재물이 어느 정도 걷힐
것인가, 그것부터 생각하고 기대하고
강론을 하는 종교 지도자가 있다면,
9 그 잡생각을 하는 그와 같은 자의 가
르침이 어찌하여 진리며 나의 뜻이라
그리 말하는가?
10 그리하여 너희가 재물을 거둬들여서
는 아니 된다 내가 함이니라.
11 나의 아들은 강론하며 너희를 가르치
며 나의 법전의 뜻을 전하나 그는 재
물을 거둬들이지 아니하며,
12 그리하여 그는 재물을 거둘 생각을 하
지 아니하며, 오늘은 과연 얼마만큼
금화와 은화를 거둬들일 것인가 그와
같은 생각을 하지 아니하고,
13 오로지 나의 성령의 뜻으로 나의 법
전으로 내가 내리는 그 성령의 강론을
하는 데 최선을 다하며, 그것에만 전
념하고 가는 것이 나의 아들이니라.
14 그러나 모든 종교 집단의 지도자 너희
는 생각해 보라.
15 너희는 기도하고 설교하며, 그리고 사
람들을 모으며 안식일을 지키라 하는
모든 행위를 하면서, 거기에 금화요,
그날의 수입이 얼마나 되며 얼마나 걷
히는지 그것부터 먼저 생각하고 가지
는 아니한가?
16 그것을 하나라도 생각해서는 아니 됨
이니라.
17 그리고 새로운 자가 얼마나 왔으며 새
로 온 신도가 얼마나 늘었는가, 그리
고 수입이 얼마나 더 늘 것인가 그와
같은 것을 생각하며 가르치는 종교 지
도자의 집단으로써는 만백성을 하늘
에 오르게 하는 길이 아니며 나와 관
계없다 함이 여기 있음이니라.
18 너희가 정녕 나 여호와에게 하늘에 오
르는 백성이요, 진정한 믿음의 길을
가고자 한다면,
19 나의 피조물 만백성을 재물로 계산하
지 말며,
20 강론하고 설교할 때 거둬들일 수 있는
재물의 액수를 생각해서는 아니 됨이
니라.
21 아무런 잡생각 없이 오로지 기도하고
경배하고 설교하며, 그 설교를 듣는
인간관계가 형성되어야만 진정한 진
리를 가르칠 수 있음이니라.
22 종교 지도자가 재물을 거둬들이면, 거
기에 계산하며 재물을 거둬들이는 쪽
으로 강론하게 되며 설교를 하게 되니,
23 나 여호와의 참진리요, 참뜻을 가르치
지 못하고 전하지 못하게 되어 있는
것이 너희들이니라.
24 그러나 나의 아들은 그와 같은 생각이
없으며 그와 같은 뜻이 없음이니라.
25 나의 진리를 가르치며 나의 뜻을 가르
치는 데 최선을 다하며,

26 재물이요, 금화와 은화를 거둬들이는
것은 쳐다보지도 아니함이니,
27 그리하여 내가 가르치는 그 진리요,
나의 뜻이 그대로 전해짐을 알라.
28 나의 아들도 또한 재물을 거둬들이며
금화와 은화를 모으고자 하면 내 뜻을
그대로 전하지 못하며,
29 금화와 은화를 거둬들이고자 자극하
는 이야기, 그리고 금화와 은화를 많
이 낼 수 있도록 유도하는 그와 같은
설교요, 강론을 해야 할 것이니,
30 그것이 잘못된 것이며, 사탄의 뜻이
며, 사탄의 자식이 하는 짓이라 그리
말하였느니라.
31 이제 너희는 알아야 할 것이니라.
32 정녕 너희가 구원을 받고자 하며 하
늘에 오르고자 한다면,
33 나의 아들 예수의 보혈로써 구원받았
다는 허무맹랑한 소리를 지껄이지 말
라.
34 예수가 죽음의 길을 간 그 고통을 그
대로 가 따르고 답습하며 그의 삶을
그대로 사는 것이 너희가 하늘에 오
르는 진리요, 하늘에 오르는 길을 보
는 눈을 뜨게 될 것이며, 하늘의 음성
을 들을 것이며 나를 보게 될 것이니
라.
35 너희가 말로써 수다를 떠는 것은 아무
것도 아니며 아무것도 이루어지는 것
이 없다 내가 나의 법전에 기록하여
수없이 너희에게 깨우쳤음이니 그 뜻
을 알라.
36 이제 너희가 호화로운 성전이요, 더
큰 성전이요, 교회를 지으려고 연연하
지 말라.
37 넓은 들에서 비를 맞지 아니하며 비바
람 막을 수 있는 장소에서 그저 나의
뜻을 가르친다면,
38 너희는 재물을 거둬들일 필요가 없으
며 금화와 은화에 연연하는 그와 같은
종교 집단이요, 지도자가 되지 아니하
였을 것이니,
39 다 훨훨 벗으라.
40 너희가 지금 호화로운 교회요, 호화로
운 성전이라 짓는 것은 다 너희에게
무거운 짐이니라.
41 너희는 어찌하여 그 가벼운 마음이요,
아름다운 마음이요, 깨끗한 마음으로
나의 진리를 가르치려는 것이 아니요,
42 혼탁하고 더러운 것으로써 뭉쳐진 교
회요, 성전이라는 그 무겁고도 무거운
짐을 일어설 수도 없을 만큼 어깨에
짊어지고 있으면서,
43 너희가 어찌 바른길을 걸어갈 수 있
으며, 나에게 오르는 멀고도 먼 길을
올 수 있다고 말하는가?
44 이제 너희가 짊어진 그 금화와 재물
에 대한 욕심의 무게를 벗어 놓으며
그 끈을 놔야 할 것이니라.
45 그걸 놓지 아니한다면 너희는 재물의
노예가 되며 재물의 종이 되어,
46 나의 사랑하는 백성의 귀한 생명을 구
원하는 하늘에 오르는 길이요, 참진리
를 가르칠 수 없음을 알라.

5,617 번째 하나님 말씀

2003년 3월 20일 06시 46분

1 사랑하는 나의 아들아!
2 "네, 아버님! 말씀하옵소서."

3 지금의 종교 집단의 지도자들이 가는
길은, 나의 성령이요, 나의 뜻을 가르
친다 하여 안식일이라 정해 놓은 그날
에 모이느니라.
4 그리고 나의 백성에게 새벽 기도라는
것을 하며, 밤과 낮을 가리지 아니하
며 때를 가리지 아니하고 기도하며 나
를 찾으라 함이니라.
5 무슨 기도회요, 무슨 기도회요, 새벽
기도회요, 또는 무슨 감사의 기도회
요, 수없는 명칭을 붙여 가면서 나의
피조물 만백성에게 그리 기도하고 경
배하라 하느니라.
6 그렇다면 그 속에는 나의 진리요, 나
의 뜻을 가르치며, 예수의 고통이요,
나 여호와의 사랑을 음미하며,
7 너희들의 잘못을 회개하고 반성하며
그 약속대로 지켜 가는 그와 같은 시
간을 갖는 것이 나에게 바치는 시간이
요, 믿음의 길을 가는 시간이니라.
8 그러나 너희는 찬송이라는 것을 불러
대느니라.
9 누가 지은 것인지도 모르며, 하늘에서
지은 것도 아닌 그 찬송을 그저 부르
며, 너희는 그 소중한 시간을 그 노래
로써 시간을 보냄이니라.
10 그리하여 나의 백성의 중추 신경을
자극하며 모든 생각을 자극하여 그들
을 광란의 도가니로 몰아넣고, 그들이
은혜 받았다 그리 소리 지르고 가느니
라.
11 그러면서 하늘에서 지은 것도 아니요,
하늘의 뜻도 아닌 그 찬송이라는 걸
부르면서, 모든 적을 물리칠 수 있는
용기가 생기며 너희가 무슨 천군이나
되는 것처럼 광분하고 흥분하며 부르
는 것이 지금의 찬송이 아니던가?
12 그러면서 종교 지도자들은 말하느니
라.
13 찬송을 부름으로써 적을 물리치며 나
로부터 총명한 지혜와 판단력을 얻는
다 그리 말하나,
14 너희가 말하는 '가요 무대'에서 노래
를 부르는 것이나 찬송을 부르는 것이
나 마음의 자극은 똑같음이니라.
15 그와 같이 하며 나의 백성을 이끌어
가고 있음이니라.
16 그러면서 찬송을 불러 댐으로써 기적
을 이룬다 함이니,
17 너희가 얼마나 어리석고 불쌍한 백성
이던가?
18 찬송을 누가 지은 것인가?
19 하늘의 뜻도 아니며 하늘에서 내린 것
도 아니거늘,
20 인간이 지은 것이요, 인간이 만들어
놓은 그것을 부르며 기적을 이룬다고
말한다면, 그것은 인간으로서 기적을
이루는 것이요,
21 나 여호와에게 기적이요, 역사함을 바
라는 것이 아니라 인간에게서 이루는
것을 바라는 것이 아니던가?
22 그리 악을 쓰고 소리를 지르며 스트레
스를 풀고 난 다음에 기분이 좋을 때
너희는 무어라 말하느냐?
23 기쁨이 충만하여서 기쁨을 얻었으며
영광을 얻었으며 축복의 은혜를 얻었
다 그리 말하느니라.
24 그 찬송을 부르면서 나 여호와가 같이
하며 나의 아들 예수와 더불어 같이한
다는 그와 같은 말로써 나의 피조물

만백성을 우롱하며 그리 가르침이니
라.
25 그러나 너희가 나에게 정해진 시간이
요, 나의 성령을 가지고 공부하는 것
이며 나의 뜻을 가르친다는 그 시간은
가장 엄숙하고 가장 근엄해야 함을
알라.
26 그와 같은 형국으로써 기도를 드리고
깨우쳐도 그 짧은 시간에 나의 진리를
가르칠 수 없건만,
27 너희는 어찌하여 내가 하늘에서 내린
것도 아니요, 내가 지어 내린 것도 아
닌 그 찬송이라는 가사를 만들어,
28 적을 물리치며 총명한 지혜를 얻으며
영광된 복을 얻으며 기적을 이루는 것
이라 그리 말하는가?
29 인간이 약을 쓰고 난 다음에 땀 흘리
고 나니 시원한 것처럼,
30 오늘날 그와 같은 형국으로 나의 피조
물 만백성을 찬송이라는 것으로 그리
끌고 가고 현혹하여 이용하는 수법이
니,
31 너희는 그와 같은 광란의 짓을 함으로
써 구원을 받으며 믿음의 길을 가는
것이 아니라는 것을 알라.
32 그건 믿음의 길이 아니요, 너희가 부
르는 그 찬송 소리에는 나의 진리요,
나의 뜻이 거기에 없음을 알라.
33 인간이 지어 놓은 만백성이 부르는 대
중가요 속에도 그와 같은 느낌이요,
그와 같은 깨달음의 내용은 있음이니
라.
34 '불효자는 운다'는 동양의 너희 작은
나라의 노래가 찬송에 있는 것보다 더
감미로우며 음미할 만한 뜻이 있듯이,
35 그와 똑같은 것을 나의 성전에서 악을
쓰고 불러 대며, 영광이요, 축복이요,
기쁨이요, 나와 같이한다 그리하고 있
음이니,
36 그와 같은 짓을 할 시간이 있다면 진
리를 공부하고 나의 성령을 한 자라도
만백성에게 더 가르치는 그와 같은 노
고를 해야 할 것이니 그리 알라.

5,618 번째 하나님 말씀

2003년 3월 20일 08시 56분

1 사랑하는 나의 아들아!
2 "네, 아버님! 말씀하옵소서."
3 지금 동양의 작은 나라요, 선택된 민
족 너희처럼 믿음이라는 가짓수가 많
으며 그 믿음에 광분하며 이성을 잃고
살아가는 백성은 없음이니라.
4 너희가 제정신을 차리지 못하며 제자
리를 잡지 못하니,
5 나의 성령이요, 나의 뜻이 전해져 심
판의 시대가 역사한다 해도, 그를 믿
지 아니하며 나의 아들을 핍박하며 나
의 법전을 핍박하는 그와 같은 행위로
써 지금 이어짐이니,
6 그 대가는 반드시 너희에게 있다는 것
을 잊어서는 아니 될 것이니라.
7 나의 아들을 따르는 제자들이요, 나의
법전을 읽고 깨우치는 그 백성이 고통
과 시련을 당하는 만큼,
8 너희가 어렵고 힘든 시련 속에서 모든
것을 포기하게 될 것이며, 그와 같은
고통을 겪게 된다는 것을 알아야 할
것이니라.
9 너희가 지금이라도 나의 법전을 읽고

깨우치며, 이건 창조주 나 여호와의
뜻이요, 하늘에서 명하는 것이라 생각
하여,
10 지금까지 가던 믿음을 다 청산하며 새
로운 길로써 역사할 때,
11 너희는 편안한 여생을 살 수 있으며
편안한 삶을 마치며 고통이 없을 것이
나,
12 너희가 끝까지 나의 법전을 태워 버리
며 이를 짓밟으며, 나의 아들을 사탄
이요, 이단이라 그리 계속 몰고 갈 때,
13 너희가 말하지 못하도록 내가 그 입을
봉할 것이며, 너희가 행동하지 못하도
록 내가 체벌을 할 것이니,
14 그때 너희가 받는 모든 죄의 대가는
너희가 다 만든 것이라는 것을 잊지
말라.
15 이제 나의 법전에 기록하여 이 무서운
나의 뜻을 전함이니,
16 너희가 나의 법전이 지금 내려가는 것
을 보고 이는 여호와 하나님의 뜻이
요, 창조주의 뜻이라 하여 깨닫고 이
길을 가는 그와 같은 백성은 고통이
없을 것이며,
17 이를 거부하며 지금까지 수많은 종파
속에서 그것만이 믿음의 제일이요, 구
원을 받는 길이라 하여 나의 아들을
핍박하며 그 제자들을 핍박하며 나의
법전을 찢어 버리고 태우는 그와 같은
사악한 짓을 할 때,
18 그와 같은 행동을 못 하도록 내가 제
재할 것이며, 그를 직접 다스릴 것이
니,
19 그때 가서 무서운 그 재앙 앞에 후회
하지 말라.
20 이제 내가 너희에게 말함이니, 대장정
의 160권의 법전이 하루아침에 이루
어질 수 없으나,
21 단시일 내에 이 역사를 이루려는 것은
너희를 구원하고자 함이며,
22 동양의 작은 나라의 백성이 선택된 백
성이라 그리 말하였거늘, 너희가 나로
부터 선택된 그 감사함이요, 나의 법
전이 너희 글과 문화로써 내려가는 것
을 감사하게 생각하지 아니하며, 이를
찢어 버리고 태워 버린다면,
23 너희는 바로 너희 것을 태워 버리고
남의 것을 받아들이는 그와 같은 상태
의 마음을 버리지 못함이니라.
24 진정한 나 여호와요, 하늘에 오르는
뜻이라는 참진리를 내가 너희에게 가
르쳐 주나,
25 이를 듣지 아니하고 따르지 아니하는
것은 사탄이요, 사악한 자를 받아들이
려 하는 것이며,
26 내가 준 너희 것을 관리할 줄 모르는
그와 같은 우를 범하고 있음이니,
27 그리하여 너희를 깨우치며 다스리고
자 어떠한 힘들고 어려운 길이요, 너
희가 말하는 인간으로서 감당하지 못
할만한 환란이 있다 해도 그 모두는
너희 탓이니라.
28 너희가 나의 법전을 평하지 못하며
태우지 못하며 사탄이라 이단이라 말
할 수 없는 것은, 너희가 고통과 시련
속에 앞을 보기가 어려웠을 때만 그와
같은 말을 하지 못할 것이니,
29 그와 같은 체벌을 내가 내렸을 때, 그
는 너희가 자초한 것이며 너희가 원한
것이라는 것을 알라.

30 이제 내가 마지막으로 나의 아들을 통
하여 나의 이 뜻을 전함이니, 만백성
너희는 알아서 행해야 할 것이며 알아
서 깨우치라.
31 인간의 머리로써 지금 가는 믿음이 최
고요, 너희 머리로 생각하는 것이 하
늘의 뜻이라 그리 생각하지 말라.
32 너희가 찬송가라 울고불고 부르는 그
것까지도 너희 머리로 만든 것이지
내가 내린 것이 아니니,
33 너희는 그를 보고 은혜 받았다 말하는
자들이니 얼마나 생각을 잘못하며 어
리석은 자들인가?
34 그와 같은 백성 너희들의 그 사악한
마음의 심리는 무엇으로도 잡을 수 없
음이니라.
35 그리하여 내가 법전으로써 너희를 다
스리며 편안하게 깨우치고자 하나, 이
를 듣지 않고 거부하다,
36 내가 이를 다스릴 때에 그 환란은 인
간으로서 참기 어려우며 견디기 어려
운 고통이 너희에게 닥칠 것이니,
37 너희가 나의 아들을 사탄이요, 이단이
라 말을 하지 못하게, 나의 법전이 잘
못된 것이라 말하지 못하도록 내가 그
를 다스릴 때는 너희들의 그 고통은
상상할 수 없으며 인내할 수 없으며
너희가 그를 쳐다보지도 못하느니라.
38 법전의 위대함을 모르면서 법전을 폄
하지 못하게 하며 나의 아들을 폄하지
못하도록 내가 너희에게 환란을 내려
다스리는 그와 같은 길을 선택할 수도
있음을 알라.

5,619 번째 하나님 말씀

2003년 3월 20일 08시 59분

1 사랑하는 나의 아들아!
2 "네, 아버님! 말씀하옵소서."
3 너희가 고통과 환란의 그 역경 속에서
딛고 일어설 수 있는 것은,
4 나의 법전을 쉬지 아니하고 꾸준히 정
독하며 그를 가슴에 안고 너희 것으로
만들도록 그리하라 전하라.
5 그리고 너희가 나의 법전을 읽고 깨우
치는 그 속에서, 읽고 깨우치는 것으
로만 만족함이 아니요, 나의 법전에
기록된 그 내용대로 배우고 열심히 실
천하고 사는 것이 너희가 환란에서 헤
어나는 길이며
6 고통과 시련에서 벗어나는 길이라 그
리 전하라.
7 그러니 너희가 나의 법전을 정독하며
나의 법전대로 행하는 삶을 살며, 그
리하여 깨달음을 얻었을 때,
8 만백성에게 나의 법전의 뜻을 전하며
내가 원하는 것을 전하며 만백성을 깨
우쳐 인도하는 그 역사를 하도록 그리
하라.
9 그것이 너희가 해야 할 일이며 너희가
가야 할 길이며 이루어야 할 대명이라
는 것을 잊지 말라.
10 너희가 쉬지 말고 나의 법전을 정독하
라.
11 그리하면 그 내용을 알 수 있으며, 거
기에서 내가 너희에게 전하고자 하는
것을 알 수 있으며,
12 그리하여 깨달은 것은 바로 실천에 옮
기라.

13 그리하여 실천에 옮긴 자는 내가 다시
한 번 너희에게 강조함이니,
14 너희가 실천하는 생활 속에서 너희가
변하는 모습을 알게 될 것이며, 너희
스스로 변화되는 그 모습을 알 수 있
으니,
15 남들 앞에서 부끄럽지 않다는 자신의
깨달음이 있을 것이니라.
16 그와 같은 깨달음을 얻었을 때 만백성
을 인도하는 전사로서 한 점의 부끄럼
없이 법전을 전하는 데 최선을 다하는
삶을 계획하여 인생의 삶을 그리 살도
록 하라, 나의 아들딸들아!
17 너희는 그리 알고 살라.
18 그리고 나의 아들 너는 너의 제자들에
게 나의 이 뜻을 간곡히 전하도록 그
리하라.

5,620 번째 하나님 말씀

2003년 3월 20일 12시 30분

(강론을 마치며)

1 사랑하는 나의 아들아!
2 "네, 아버님! 말씀하옵소서."
3 이제 너의 제자들이 소리 없이 내리는
비에 옷이 젖어 가듯이, 나의 강론을
들으며 법전을 들으며 어렵고 힘든 길
을 묵묵히 걸어왔음이니,
4 깨달음의 깊이가 한없이 높이 와 있음
을 알아야 할 것이니라.
5 너희는 모르느니라.
6 한 번에 쏟아지는 비에만 옷이 젖는
것이 아니요, 서서히 내리는 비에도
옷에 다 젖듯이,
7 너희 자신이 나의 성령으로 충만되기
시작하며 나의 뜻으로써 채워지기 시
작하며 나 여호와에게 부끄럽지 않은
삶을 살고자 하는 그 마음의 변화 속
에서 너희가 경지에 오르며 나의 성
령이 너희 몸에 임한다는 것을 알아
야 할 것이니라.
8 세상사 살아가는 너희가 재물을 모으
는 기술을 배우는 데는 투자를 아끼지
아니하며, 세상사 공부를 하는 곳에는
투자를 아끼지 아니하는 것이니라.
9 그 모두가 과연 몇십 년이요, 몇백 년
을 사는 곳에 투자를 하는가?
10 나의 사랑하는 백성이 영리하고 똑똑
하며 지혜가 높다 하나, 너희처럼 어
리석은 자가 없음을 알아야 할 것이
니라.
11 가장 어리석은 것이 나의 백성이니라.
12 너희가 가장 지혜로우며 똑똑하며 유
능하며 세상사 모르는 것이 없는 체하
나, 가장 어리석은 자들이니라.
13 너희가 백 년도 안 되는 그 삶을 위해
서 부귀영화요, 안락한 삶을 위해서
그 밀알을 던지기를 아낌없이 다 던지
며 투자하느니라.
14 아이들 교육에 투자하며, 자신의 교육
에 투자하며, 재물을 버는 기술을 가
르치는 곳에 투자하는 것은 아끼지 아
니하나,
15 너희가 영원히 사는 구원의 길을 볼
수 있는 이곳에, 또 나의 법전을 읽고
전하는 곳에 투자하는 것은 무가치하
며,
16 하나를 투자하면 하나를 잃는 것같이
생각하며, 하나를 투자하면 하나가 돌
아오지 않는 것 같은 마음이요, 다 무

익한 것이며 관계없는 것이라 그리 생
각하는 백성 너희는 약으면서도 어리
석고, 똑똑하면서도 얼마나 불쌍한 백
성인지 알고 있는가?
17 구원의 길이라는 것은 나의 성령이요,
나의 뜻대로 행하며,
18 나의 법전이 심판의 기준이라 하였음
이니, 그를 보고 배우지 않는 자는 심
판의 자격을 박탈한다 그리 말하지 아
니하였던가?
19 그와 같은 뜻을 너희는 모름이니라.
20 그리고 하늘에 오르는 길이요, 진정한
심판의 길이요, 나에게 오르는 것이
가장 큰 소망이며 소원이면서,
21 그 길을 보고 깨우치라는 것에 투자하
며 거기에 봉사하는 것은 모르고 있음
이니라.
22 그저 앞에 보이는 육의 부귀영화를 위
하여 투자하는 것은 서슴없이 모두 다
던지고 갖다 바치나,
23 하늘에 오르는 길이요, 나에게 오는
길을 위해서 너희는 과연 무엇을 투자
하며 무엇을 던져 봉사하는가?
24 그러나 그중에서 선택된 것이 너희며,
그 길을 가는 것이 너희니라.
25 너희는 여기서 스스로 깨우쳐 옳고 그
름을 너희 자신이 판단해야 할 것이니
라.
26 나의 법전에 구약과 신약을 거부하며,
나의 아들 예수의 죽음을 헛되이 하는
내용이 있으며, 말로써 너희에게 하늘
에 오르는 가르침이 있는가?
27 구약을 인정하며 내가 내리는 신약 시
대요, 나의 아들 예수의 죽음을 인정
하며,
28 그리고 나 여호와에게 '저의 죄를 용
서하여 주옵소서.' 기도하며,
29 감히 그 말을 하는 것도 황송하게 생
각하며, 그 말을 할 수 있는 것이 너희
에게 가장 큰 영광이요, 축복이라 생
각하는 마음을 갖고 살아가지 아니하
던가?
30 서서히 내리는 비가 옷을 적시듯이,
31 너희가 나의 법전을 읽고 나의 아들을
통하여 내리는 강론을 듣고 깨우치니,
너희 옷이 축축이 젖어져 있구나!
32 이제 머지않아 피부로 느끼게 되어 있
음이니, 곧 이는 무엇이던가?
33 너희가 성령으로 충만해지니, 내가 너
희에게 상을 내리고자 함이며 그 상을
받게 될 것이니라.
34 육의 세상에서 모두를 다 바쳐도 뜻을
이루지 못하는 백성이 수없이 있지 아
니하던가?
35 너희는 짧은 기간에 나의 법전을 접하
며 공부하며, 그리하여 구원의 역사를
보며 육의 삶의 세상에서 변화를 보며,
36 나 여호와가 존재하는 그것이 얼마나
위대한 것이며 그 위력이 어떤 것인가
를 살아서 체험하며 다 본다 말하지
아니하였던가?
37 지금 수백수천의 믿음의 길을 가는 집
단 속에서 아우성치며 몸부림치나,
38 제가 원하는 것, 제가 이루고자 하는
것을 얼마나 이루고 사는지 한번 보라.
39 나의 법전을 읽고 깨우친 모든 백성은
육의 세상에서 소원하는 것이 하나하
나씩 다 이루어질 것이며, 그 영광을
보게 될 것이니,
40 너희보다 더 축복받은 사람이 없으며

축복받은 백성이 없음을 알라.
41 육의 세상에서 나의 성령이요, 나의 뜻을 체험하게 되며, 나와 더불어 살아가는 삶을 살 것이며,
42 그리 살다 영원히 사는 나의 나라에 그대로 들림을 받아 올라옴이니,
43 바로 들림을 받는 자들이 너희요, 나에게 올라오는 자들이 너희들이니라.
44 예수의 이름으로써 구원을 받는 것이 아니요,
45 휴거라 하여 산 채로 들림을 받는 것이 아니요,
46 너희처럼 마음이 변하며 삶이 변했을 때, 그리고 서서히 내리는 비가 너희 옷을 적시며 너희 살결에 닿도록, 나의 성령이 너희 마음 구석구석 자리 잡는 것이 들림을 받는 것이요, 구원을 받는 것이라는 것을 알라.
47 말로써 예수의 보혈로써 구원을 받는다 하며 소리 지른다 하여 구원을 받는 것이 아니요,
48 선행을 베풀고 변하는 삶을 사는 것이 구원을 받는다 하였으니,
49 너희가 하나를 깨우치고 하나를 변하기 위해서 얼마나 어렵고 힘든 길을 가더냐?
50 그리하여 진리의 길이요, 하늘에 오르는 길이요, 나 여호와를 따르는 것이 얼마나 힘들고 어려운지를, 너희 자신을 얼마나 버려야 하는지를 다 체험하고 깨닫지 아니하였던가?
51 그것 하나 아는 것만으로도 너희는 세상의 무엇과도 바꿀 수 없느니라.
52 너희는 물속에 들어가야 고기를 잡는다는 그 이치를 깨달은 백성이니라.
53 물속에 들어가지 아니하고 물속에 있는 고기를 잡겠다고 설치며 잡을 수 있다고 말하는 자는 그 손에 잡히는 것이 없음이니,
54 그들이 얼마나 허송세월을 하는가?
55 너희는 물을 말리며, 물속에서 고기를 잡는 기술을 배우며, 노력해서 그 고기를 유인하지 아니하면 잡을 수 없다는 것을 체험하고 깨우치며 살지 아니하더냐?
56 나에게 오는 길이 무엇이라는 것을 아는 너희는, 바로 물을 말려서 고기를 잡으며, 장비를 이용해 고기를 잡는 방법을 알며, 잡는 즐거움을 알며 잡는 기쁨을 알지 않느냐?
57 그러니 너희는 잡지 아니하여도 행복한 자며, 물고기를 죽이지 아니하여도 행복함을 느끼고 알듯이,
58 나에게 오르는 길이요, 나를 향하여 오는 것을 아는 너희들의 그 행복함을 누가 알겠느냐?
59 그것이 현실로 곧 이루어진다면 그것보다도 더 큰 영광과 축복이 어디 있겠는가?
60 너희야말로 내가 선택한 백성이기 전에 너무나 크나큰 은혜와 영광을 얻었음이니라.
61 선을 행하지 아니하면 나에게 올 수 없으며, 악을 행하면 지옥으로 간다는 그 이치 하나를 깨우쳤으며,
62 선행을 하는 것이 얼마나 힘들며 나 여호와가 지키라는 그 길을 지키는 것이 얼마나 힘든 것인가?
63 그래도 그 길을 지켜야만 구원을 받는다는 것을 알고, 그 길을 기쁨이요,

영광으로 생각하고 살아가는 너희 제
자들이야말로 이 세상에서 가장 행복
한 자며,
64 하늘을 보며 나에게 감사의 눈물을 흘
리고 흘려도, 그 눈물이 마를 때까지
흘려도 나에게 감사의 표시를 다 할
수 없는 은혜를 받은 것이 너희들이
니라, 사랑하는 나의 아들딸들아!

5,621 번째 하나님 말씀

2003년 3월 20일 12시 46분

1 사랑하는 나의 아들아!
2 "네, 아버님! 말씀하옵소서."
3 나 여호와가 하늘에서 땅으로 너희에
게 나의 법전을 내림이니, 오늘 그 길
을 가는 자요, 그 뜻을 따라가는 백성
너희가 나로부터 선택된 얼마나 영광
된 백성인가를 알아야 할 것이니라.
4 너희가 세상사 살아가며 구겨진 삶이
요, 너희 자신의 삶을 모르며 그저 오
늘 하루를 살고자 매진해 살아가던
그와 같은 삶 속에서,
5 나 여호와의 법전이요, 나의 뜻이요,
나의 성령이라 하여 나의 성령을 모두
태워 내려보낸 나의 법전을 너희가 접
하게 됨이니,
6 그리하여 하늘에 오르는 길이라 하여
이 진리를 듣고 너희가 처음 읽었을
때, 그 순간의 놀랐던 그 마음과 느낌
을 영원히 지속하며 그리 살아가야
한다는 것을 잊어서는 아니 될 것이니
라.
7 나의 법전이 세상에 내려옴이니, 너희
가 처음 접했던 그 순간의 놀라웠던
마음이요, 감사했던 마음이요, 은혜의
눈물을 흘렸던 그 마음을 영원히 지
속하며 그 마음을 간직하고 살아가야
만 하느니라.
8 그 마음을 잠시라도 버리며 그를 잊어
버리며 그를 기억 속에서 지워 버리고
살아서는 아니 됨을 알아야 할 것이
니라.
9 나의 법전을 정독하고 전하는 백성 너
희 머리 위에 나 여호와가 손을 얹어
무어라 말을 했던가?
10 너희들의 지난날 어두운 삶이요, 너희
자신이 도저히 용서받을 수 없는 모
든 아픈 과거를 가진, 사랑하는 나의
백성의 그 모든 죄를 내가 다 용서해
준다 그리 말하지 아니하였던가?
11 너희가 나의 법전을 읽고 정독하는 그
순간에 창조주 나 여호와가 너희들의
죄를 용서하여 준다 하였으며, 나는
너희에게 확실히 이야기를 했느니라.
12 너희가 나의 법전을 읽고 접하는 순간
에 내가 너희 머리 위에 손을 얹어 너
희 죄를 다 용서해 준다 하였으니, 너
희는 지금부터 어린아이처럼 살라 내
가 그리 말하지 아니하였던가?
13 이 내용을 내가 기록하여 전했으며,
너희가 그를 다 들었음이니,
14 나의 그 소중한 말의 뜻이요, 은혜를
항상 기억하고, 잊지 말고 살아야 하
는 것이 너희들의 삶이라는 것을 잊지
말라.
15 하늘에 오르는 길이 무엇이며, 어떠한
형태의 믿음이 나 여호와에게 기쁨을
주고 사랑을 받는 것인가를 너희는 알
고 있지 아니한가?

16 너희가 그와 같은 마음을 버리지 아니
할 때 모두를 알게 됨이니라.
17 너희는 이제 깨우쳐 나름대로 서야 할
길을 알며 가야 할 길을 알고 있음이
니라.
18 그러나 너희가 변하면 변할수록 너희
를 유혹하며 쓰러트리고자 하며 무너
트리고자 하는 사탄이요, 사악한 자들
이 너희 주변에서 항상 호시탐탐 노리
고 있으며, 그리 너희를 엮어 가고자
하는 것이 그들이니라.
19 그 세계에서 지탱할 수 있으며 살아남
는 길은 무엇이던가?
20 너희가 처음 나의 법전을 접했던 그
기쁨의 마음이요, 그 감사한 마음을
항상 간직하며 너희 가슴에 갖고 살
아야 함을 알아야 할 것이니라.
21 일반 백성이요, 또 믿음의 길을 잘못
가는 그 백성과 너희들의 차이는 바
로 거기에 있음이니라.
22 나의 법전이 진정한 나 여호와의 성령
이요, 만백성을 위하여 내리는 마지막
나의 심판의 글이라는 것을 아는 마음,
23 그리고 처음에 만나서 기뻤던 마음,
두려웠던 마음, 그리고 행복했던 마음,
24 너희가 알지 못했던 것을 나의 법전의
내용을 읽으면서 깨우쳐, 이것이 정녕
나 여호와의 뜻이라 하여 눈물 흘렸던
마음을 그대로 지탱하며,
25 버리지 말고 가슴속에 깊이 간직하고
살아가는 것이 사탄이요, 사악한 자들
에게 넘어지지 아니하며 지지 않는 삶
이라는 것을 항상 가슴에 새기고 살아
가도록 그리하라.
26 너희가 그 마음을 버렸을 때, 그 마음
을 지워 버릴 때, 너희가 나태해질 것
이며,
27 너희가 나태해지고 충실치 못하며 열
심히 살아가는 그 마음이 변했을 때,
너희 손에서 나의 법전을 놓는 시간이
점점 길어지기 시작할 때,
28 그때 사탄이요, 사악한 악마는 너희를
낚아채 가며, 그냥 놔두지 아니함이니,
29 거기에 쓰러지는 백성이 되지 말라,
사랑하는 나의 아들딸들아!

5,622 번째 하나님 말씀

2003년 3월 20일 12시 58분

1 사랑하는 나의 아들아!
2 "네, 아버님! 말씀하옵소서."
3 너희는 나의 피조물 만백성을 어찌 이
끌어 가는가?
4 지금의 잘못 가는 종교 지도자가 성서
의 뜻도 모르며 내가 나의 아들 예수
를 통하여 역사했던 그것을 모르기
때문에,
5 나의 사랑하는 백성이 지옥 불로 달려
가는 삶을 살고 있다는 것을 내가 수
없이 나의 법전에 기록하여 전하였느
니라.
6 너희는 나의 아들 예수의 보혈로써 구
원을 받으며 재물을 바치면 구원을 받
는다는 그것 한 가지로 나의 피조물
만백성을 이끌어 갈 수 없기에, 뭐라
말하는가?
7 너희 손으로 지은 그 성전이요, 교회
라는 곳에 오기만 하면 구원을 받으며
모든 악이 너희에게 대적지 못함이니,
8 너희가 악과 싸우려 노력하지 아니하

여도 그 모든 악이 너희에게 대적지
못하며 감히 근접하지 못하기에 너희
는 천사가 되는 것이라 그리 가르치
느니라.
9 내가 나의 아들을 통하여 그 제자들에
게 가르치기를, 모든 것은 행함이 중
요하며,
10 선과 악의 그 마음속에서 너희가 스
스로 악을 선택하지 아니하고 선을 선
택하여 악을 물리치는 피나는 노력이
아니면 그 악의 씨는 너희 몸과 마음
에서 거둬들일 수 없으며 지워질 수
없다 하였음이니라.
11 그리하여 나의 아들의 제자들은 그를
위하여 피나는 노력이요, 눈물 어린
싸움을 하고 있음이니라.
12 그러나 종교 지도자 너희는 무어라
말하는가?
13 너희 손으로 지은 성전에 가 재물을
바치고 기도를 하는 그 순간에 모든
악은 너희를 대적하지 못하며 이기지
못한다고 말하느니라.
14 그러니 그리 깨우친 자들이 한 형제자
매라는 너희가 살아가는 속에서 무어
라 말하는가?
15 나 여호와가 성서에 기록하여 형제와
이웃에게 송사하지 말며 법으로 시시
비비하지 말라 그리 말하였으나,
16 너희는 그 속에서 재물이요, 물질의
욕망이요, 욕심을 버리지 못하여, 하
나님 나 여호와를 믿는 그 속에서 해
결하지 아니하며 인간의 법으로써 해
결하는 것을 부끄러운 줄 모르며 그걸
당연하다 생각하며 그와 같이 살아가
지 아니하던가?
17 한 자매요, 식구라 해도 몇십 년 동안
같이 흘러왔던 너희가 쪼개져 나가며,
싸움으로써 인간의 심판을 받아 결론
을 지으며,
18 그리하여 재물의 그 욕심 때문에 얽히
고설키고 멱살잡이하며 뒹굴고 삿대
질하며 욕하는 그와 같은 짓을 하고
있느니라.
19 너희 손으로 지은 성전에 감으로 인해
서 너희가 사탄을 제거하며 악이 너
희에게 근접하지 못하기에 그와 같이
아름답고 깨끗한 마음으로 변했단 말
이던가?
20 너희는 이와 같은 방법으로써 나의 피
조물 만백성을 유혹하지 말라.
21 성서의 깨우침의 한 구절도 어려운 것
은 너희 것이요, 자유롭고 행복하고
편한 것은 너희가 가는 길이 아니라
그리 말하였음이니,
22 너희는 이루어지지 않는 일을 이루어
지는 것처럼 그리하지 말라.
23 너희는 성전을 찾음으로 어찌하여 너
희 스스로 마음의 악과 싸워서 이기는
그 고충이 없이 무조건 천사가 된다
그리 말한단 말이던가?
24 그렇다면 너희가 이 세상에서 이루어
지는 것이 모두가 하늘에서 이루어지
는 것같이 그와 같은 역사가 이루어
져야 할 것이니라.
25 서로 시시비비하며 서로 음해하며 서
로 송사하며 새끼를 쳐서 나가듯이 하
나가 나가서 또 만들며,
26 또 감정이 격화되면 보따리를 싸들고
나가 또 하나를 만듦이니,
27 그게 악의 씨이니라.

28 너희가 지금 가는 것은 나의 아들 예
수를 팔았던 유다의 그 후손으로서
재물에 의하여 나의 피조물 만백성의
영혼을 다 팔아먹는 그와 같은 사악한
짓을 하고 있기 때문에,
29 그 씨가 또 나가 하나의 씨앗을 만들
려고 사탄이 그리 작용하며 사탄이 그
리 만듦이니라.
30 너희는 그와 같이 보따리를 싸 가지고
나가 너희끼리 또 하나를 만들며,
31 또 하나의 악의 온상을 만들어 거기서
세월이 지난 다음에 금화요, 재물이
요, 물욕 때문에 서로 치고받고 싸우
며 또 하나의 보따리를 싸서 새끼를
쳐 감이니,
32 너희는 아름다움으로써 그 뿌리를 내
려 가는 것이 아니요, 악에서 악으로
그 뿌리가 악의 선상으로써 만들어
가는 것이 아니던가?
33 이와 같은 이치 하나만 깨우쳐도 성전
이라는 그곳에 갔을 때, 천사의 마음
이요, 아름다운 마음으로 스스로 변하
지 아니한다는 것을 알아야 할 것이
니라.
34 정녕 너희가 노력으로써 악과 선을
구분하며, 고통으로써 악과 선을 구분
하여 악을 뿌리치고 선을 잡았다면,
35 형제지간에 서로 멱살 잡으며 치고받
고 삿대질하며 싸움을 하지는 아니하
였을 것이니라.
36 나의 아들을 따르는 제자들이 성전에
서 과연 그들도 너희 같은 역사가 이
루어지고 있는가 그를 돌이켜 봐야 할
것이니 그리 알라.

5,623 번째 하나님 말씀

2003년 3월 20일 15시 05분

1 사랑하는 나의 아들아!
2 "네, 아버님! 말씀하옵소서."
3 지금 나의 아들을 따르는 제자 너희들
의 미약한 힘을 보면 사람들이 그리할
것이니라.
4 너희가 하나의 연장을 가지고 이 지구
를 갈라놓는다 하며, 그 땅을 찍고 또
찍는 그와 같은 형국으로 보일 것이니
라.
5 이 단단한 지구요, 쪼개질 수 없는 이
땅덩어리를 너희 인간이 이를 쪼개겠
다고 한 사람이 내려와서 연장을 들고
그 땅을 찍고 또 찍는다면, 그 모습을
보는 사람들이 뭐라 하겠는가?
6 정신 나간 자요, 제정신이 아닌 자요,
미친 자라 그리 말할 것이니라.
7 지금 너희가 나의 성령을 받아 나의
법전 열여섯 권을 만들어 세상에 전했
으며, 이제 160권의 법전을 만들어 세
상에 전함이니,
8 너희가 지금 나의 법전을 만들어 세상
에 전하는 그 형태를 보고 만백성은
웃고 있을 것이니라.
9 하나의 삽이요, 곡괭이라는 그 구부러
진 연장을 가지고 이 지구를 쪼개겠다
고 한 사람이 찍고 또 찍는다면, 그는
정녕 웃기는 자요,
10 그와 같은 자를 쳐다보는 자는 아무도
없을 것이니라.
11 그러나 160권의 법전이 세상에 나오
는 것은 그보다 더 위대한 역사라는
것을 너희는 알게 될 것이니라.

12 한 사람이 삽으로 지구를 쪼개지는 못
하지만,
13 그 지구가 쪼개지려고 금이 가는 그
곳에 삽을 꽂는다면 그 지구는 쪼개지
며 천지개벽이 일어날 것이니라.
14 지금 나의 아들을 통하여 열여섯 권의
법전을 세상에 내며, 160권의 법전으
로 세상에 나와 만백성을 심판하며,
15 '하늘에 오르는 길'이요, 너희가 그리
수천 년 동안 흘러오며 구원의 길이라
몸부림치며 역사하며, 그 길만이 구원
의 길이라 하여 너희 조상이 속고 또
속아 지금까지 왔듯이, 너희도 지금
속는 그 집단에 대하여,
16 그를 무너뜨릴 수 없으며 그 문을 닫
게 할 수 없는 것이라 그리 말하며,
17 그를 단죄하며 그 문을 닫게 하며 그
종파의 성전이요, 그 교회라는 곳에
거미줄을 치며, 그 신도들이 그 지도
자를 단죄할 때가 올 것이라 그리 말
하나,
18 그것을 너희는 믿지 아니하며 비웃을
것이니라.
19 그리고 지구를 쪼개겠다고 삽질하는
사람보다도 더 우습게 볼지 모르나,
20 너희는 이제 썩을 대로 썩었으며 무너
질 때까지 왔음이니라.
21 너희는 더 이상 올라갈 수가 없으며
더 이상 날 수도 없는 그와 같은 형국
이니, 이제 추락하고 무너지는 것밖에
없음이니라.
22 썩을 대로 썩고 부패할 대로 부패했음
이니라.
23 나 여호와요, 나의 아들 예수보다도
너희가 높이 있고 위에 있으며, 만백
성을 그리 함부로 다루고 그들을 우롱
함이니라.
24 여호와요, 창조주인 나도 백성을 너희
처럼 그리 이용하지 아니하며, 그들을
짐승처럼 고리에 묶어 끌고 가는 그와
같은 행위를 아니 하였느니라.
25 너희를 기쁘게 하는 자, 너희에게 재
물을 바치며 너희를 행복하게 하는
것이 저희 생명을 구하는 것이며, 부
모·형제요, 이웃까지 생명을 구하며
온 백성의 생명을 구하는 것이라 내가
가르친 적이 없으며,
26 감히 아무도 그리할 수는 없는 것이
니라.
27 나도 나를 경배하고 나를 따르라 하기
전에,
28 너희에게 나의 성령이요, 내가 내린
진리를 따르며 그를 보고 가르치라 그
리하였음이니라.
29 오로지 진리의 법이요, 심판의 기준은
나 여호와로부터 내려감이니,
30 내가 내리는 것을 보고 깨우쳐 구원을
받고 하늘에 오르라 그리하였거늘, 너
희 자신을 그와 같이 받들고 모시라
너희가 그리함이니,
31 나 여호와도 감히 부끄러워 그 말을
할 수 없으며 나도 얼굴이 뜨거워 말
할 수 없는 그와 같은 사악한 행위요,
포악한 짓으로써 나의 피조물 만백성
을 우롱하며 끌고 가니,
32 너희가 더 올라갈 데가 어디 있으며
더 썩을 데가 어디 있는가?
33 나의 아들 예수보다도 더 높아져 있으
며 나보다도 더 높이 가 있으니, 그 이
상 올라갈 곳이 없으며 더 이상 발버

둥칠 곳도 없으니,
34 썩을 대로 썩은 너희가 무너지는 것만
남아 있음이니, 한번 들여다보도록 그
리하라.
35 모든 종교 집단이 수천 년 동안 올라
온 그 물질적인 힘이요, 인구의 힘이
요, 그 모두를 그 누구도 무너뜨릴 수
없으며 깰 수 없으며 문을 닫게 할 수
없다 그리 말하며,
36 한 사람이 삽으로 지구를 파며 이 지
구를 쪼개겠다는 어리석은 백성이라
말하나,
37 그 지구가 곧 쪼개질 때가 되어 금이
간 곳에, 그가 삽으로 거기를 누른다
면 그는 힘없이 갈라질 것이니라.
38 바로 그와 같은 역사의 위대함이 지금
부터 시작되는 것이며,
39 썩을 대로 썩은 곳에 새로운 나의 성
령의 칼이 그를 치고 갈 것이니,
40 그것이 무슨 힘이 있으며 저희가 어
찌 반항하며 어디에 견딜 힘이 있다
하는가?
41 나의 160권의 법전이 세상에 나왔을
때, 그는 무서운 칼날이 되어 그 썩은
것을 가르고 갈 것이니,
42 갈라지는 너희는 부서지고 파손될 것
이며,
43 뿌리요, 꼬리 끝까지도 없어지며, 너
희들의 모든 처음과 끝이 없어지며 근
거가 없어지는 그와 같은 소용돌이요,
대변화의 회오리가 불 것이니 그리 알
라.

5,624 번째 하나님 말씀

2003년 3월 20일 15시 11분

1 사랑하는 나의 아들아!
2 "네, 아버님! 말씀하옵소서."
3 너희가 어찌하여 두려워하며 겁을 먹
으며 용기를 잃으며, 그와 같이 삶의
마음 자세가 나약해지는가?
4 그리해서는 아니 될 것이니라.
5 내가 나의 아들을 통하여 너희에게 전
했으니, 이 지구는 한 사람이 연장으
로 그를 가를 수 없으나,
6 내가 지구를 가르고자 하여 금을 그었
으니, 그 금 위에 삽을 놓고 연장을 놓
음으로써 갈라지는 그 역사가 이루어
질 수 있다 말하지 아니하였는가?
7 나의 법전이 그와 같은 역사를 이룰
수 있는 것이라 그리 말하였음이니라.
8 이제 썩을 대로 썩은 곳을 가르며 내
가 치고 나간다 그리하였음이니,
9 지금 너희는 모닥불을 지피려고 많은
나무를 쌓아 놓았으며 거기에 기름을
부었음이니라.
10 이제 너희 손에 든 그 불꽃을 거기에
대기만 하면 될 것이니,
11 너희가 지금 솜방망이에 기름을 묻혀
들고 있음이니, 나의 아들이 성령의
불로써 점화하면 너희가 들고 뛰며
전국 방방곡곡에 불을 지를 때, 세상
은 하루아침에 재가 될 것이니라.
12 이게 바로 나의 법전이요, 내가 역사
하는 기적임을 알아야 할 것이니라.
13 너희가 이 세상의 모든 나무요, 모든
곳에 기름을 묻혀 불을 피우고자 지
금 쌓아 놓고 가고 있음이니라.

14 이제 너희는 솜방망이에 기름을 묻혀
들고 있음이니,
15 나의 아들이 하나의 불씨를 던져 너희
에게 붙이면 너희가 책임진 곳에 뛰어
가서 불을 지필 때, 이 지구는 시커멓
게 타는 그와 같은 변화의 역사가 일
어날 것이니라.
16 그걸 반대로 생각한다면, 너희가 나의
법전을 들고 달릴 때 이 세상을 하얀
물결로써 다 덮는 역사가 이루어진다
는 것이니라.
17 나의 법전이 하얀 눈처럼 세상을 덮는
다는 것을 너희가 실감하지 못하며
마음으로 피부로 느끼지 못하나,
18 장작을 쌓아 놓고 거기에다 기름까지
부어 놓았음이니, 이제 불씨만 댕기면
그게 활활 타올라 무서운 역사로 변
할 것이니라.
19 그대로 태울 수도 있는 것을, 기름까
지 부어 놓고 점화할 시기만 기다리
고 있음이니, 곧 점화할 때가 되었음
을 알아야 할 것이니라.
20 그것이 점화되었을 때는 그를 끄지 못
하며 그를 감당하지 못함이니라.
21 너희가 점화할 수 있는 장작더미를 지
금 쌓고 또 쌓는 것이니,
22 이것이 바로 나의 피조물 만백성이 나
의 법전을 읽고 깨우치며 깨우치는 자
가 늘어남이니라.
23 그리하여 이번에 내가 너에게 법전을
낼 수 있도록 명령을 내릴 것이며, 내
가 너에게 모든 준비를 해 줄 것이니,
24 이번에 법전이 세상에 전해지면 곧 너
희가 바로 장작불에 불을 붙이는 그와
같은 역할을 하게 됨이니, 그 불의 위
력이 얼마나 무서운 것인가를 보게
될 것이니라.
25 그리하여 세상을 다 태울 것이니라.
26 타들어 가는 그 불의 작은 불씨는 별
것이 아닐 것이니라.
27 나의 아들이 든 그 불씨는 별것이 아
니나,
28 너희가 솜방망이에 그를 붙임으로써
네 주변을 밝힐 것이며,
29 그 솜방망이로 너희가 기름 부어 쌓
아 놓은 장작더미에 불을 붙일 때, 그
불의 위력은 누구도 막을 수 없으며
누구도 끌 수 없으며,
30 그는 세상에서 꺼지지 아니할 것이니
라.
31 오로지 내가 하늘에서 물이요, 비로써
내렸을 때 그를 끌 수 있으나,
32 나 여호와가 내려 준 그 불 위에 물은
내리지 아니할 것이며, 그 불을 끄는
역사는 있지 아니할 것이니라.
33 모든 것을 다 태우고 그 태운 위에서
새로운 싹이 올라오듯이, 그 새싹만을
너희가 감사해야 할 것이며,
34 썩고 냄새 나는 것을 다 태우고 새로
운 싹은 새로운 싹대로 그대로 성장하
여 나에게 하늘을 향하여 치솟아 오를
것이니,
35 그게 바로 내가 이루고자 하는 아름다
운 세상의 역사라는 것을 알라.
36 이제 나의 아들이 불을 댕길 것이니라.
37 그 불씨를 너희들의 솜방망이에 붙여
줄 것이니, 너희가 그를 가지고 뛸 날
이 머지않았음이니,
38 그리 뛸 때 너희를 두려워할 것이며,
세상이 무서운 것을 알 것이며, 너희

들의 위력을 알 것이며,
39 나 여호와의 전사요, 나 여호와의 백성이 얼마나 무서운 것인가를 알게 될 것이며, 다 태워 버릴 것이며, 다 태워 재가 될 것이니 그리 알라.

5,625 번째 하나님 말씀

2003년 3월 20일 15시 22분

1 사랑하는 나의 아들아!
2 "네, 아버님! 말씀하옵소서."
3 내가 너희에게 하늘의 종이요, 만백성의 종이라 그리 가르쳤음이니,
4 지금 수천 년 동안 빛과 소금이 되어야 한다고 부르짖고 있지 않은가?
5 그 빛과 소금이라는 것이 무엇인 줄 알겠는가?
6 너희가 빛과 소금을 제대로 인식하지 못하며 알지 못함이니,
7 너희는 하늘의 종이요, 지상의 만백성의 종이라 하였음이니라.
8 종교 지도자요, 하늘에 오르는 그 백성은 위로부터는 성령의 깨달음이요, 하늘의 뜻을 받아 너희가 실천하는 것이니, 그 빛은 하늘에서 내려가는 것이요,
9 그 받은 빛을 받은 백성은 만백성을 위하여 그 빛을 비춰 그들을 또다시 나에게 인도하는 그와 같은 역할을 하는 것이 빛이니라.
10 빛이라는 것은 바로 무엇이더냐?
11 내가 내리는 그 성령을 너희가 그대로 받아들여 그대로 지키고 행하여 너희가 빛과 같이 빛을 발하는 종교 지도자요, 믿음의 길을 가는 백성이 되어,
12 너희가 비추는 그 빛을 보고 만백성이 너희를 따라 하늘에 오를 수 있도록 인도하는 자들이니, 하늘의 뜻을 실천하는 자요,
13 아래 소금이라는 것은 무엇이더냐?
14 소금이 녹지 아니하면 음식의 맛을 낼 수 없으며 그 원하는 것을 역사할 수 없음이니,
15 각 음식에 녹아 속속들이 배어들어 그 음식이 제 맛을 낼 수 있게 하여, 나의 피조물 만백성의 가렵고 힘들고 어려운 것을 찾아가 그리 역사하라는 것이 소금의 뜻이니,
16 지금의 종교 지도자요, 나에게 오르는 백성이라 하여 울부짖는 너희가 과연 소금의 역할을 하는가?
17 소금이 저 자신이 존재하면서 어찌 맛을 내는가?
18 종교 지도자요, 믿음의 길을 가는 신도라는 백성 너희는 너 자신이 지금 살아 있는가, 죽어 있는가?
19 네가 더 아름다운 것을 걸치고 있으며 네가 더 호의호식하며 네가 더 편안하게 살아가는 것은 없는가?
20 너희는 과연 녹아서 형체가 없는가?
21 내가 뭐라 하였던가?
22 모든 마음을 다 비워야 한다 하였음이니, 바로 마음을 비우는 것이 소금이니라.
23 너희가 나의 피조물 만백성에게 설교하고 강론하며 천 원한 장 벌고자 모든 노력을 다하는 그 불쌍한 백성에게서 거둬들이는 것이 양심에 하나의 거리낌도 없으며, 감사한 마음도 없으

며, 부끄러운 마음도 없으며 죄스런
마음도 없이 그저 거둬들이는 그와 같
은 자들이 되어 있음이니, 과연 너희
가 소금이 되겠는가?
24 지금 내려가 소금 역할을 하는 자들까
지 녹지 못하게 하며 그를 거둬들이면
서 소금이라는 성곽을 더 단단히 하
여, 제가 물에 녹으며 만백성에게 녹
을까 봐 그 소금을 제 앞에 놓아 진을
치라 그리 말하며, 나의 피조물 만백
성, 그 소금을 긁어모아 성곽을 치며,
25 물로써 그를 공격하여 녹여서 필요한
자들이 올 때, 저 자신을 녹이지 아니
하고 저희 제자요, 신도를 먼저 녹여
저를 끝까지 보호하고 지키려는 그와
같은 욕심 때문에,
26 소금이 되어 만백성의 어렵고 슬프고
괴로운 그 속에 들어가 그들을 위하
여 소금의 짠맛이요, 그 음식의 맛을
발휘할 수 있도록 생명수가 되는 것
이 아니라,
27 그와 같은 역사를 하고자 하는 나의
백성까지 긁어모아 성곽을 이루어 그
들에게 보호를 받으며, 그 안에서 호
의호식하며 자신을 보호하고 사는 것
이 지금의 종교 지도자요, 구원을 받
았다 하는 신도라는 자들이 하는 생각
이니라.
28 내가 소금이라 함은 녹여서 음식의 근
본이요, 기초요, 기본이 되라 하여 모
두를 희생하여 바치라 하는 것이거늘,
너희를 지키려고 그를 거둬들임이니,
29 이 세상에 소금이 없음으로 짠맛이
없는 모든 음식이요, 생명체가 썩어
가는 것이 아니던가?
30 그 소금을 빨아내어 다 썩게 하는 것
이 지금의 종교 집단의 지도자이니라.
31 그러니 썩은 것은 아무런 가치 없이
냄새만 풍기며 다 쓸데없이 되니,
32 나의 사랑하는 백성에게서 소금을 빼
내는 사악한 짓을 하여, 내가 하나도
쓸 자가 없으며, 살아서 나에게 오를
자가 없으며, 구원받을 자가 하나도
없다 그리 말하였음이니라.
33 소금은 무엇을 말하는가?
34 음식의 맛을 발휘하며, 그 준비된 음
식이 썩지 않도록 그를 받치는 엄청난
기둥의 역할을 하는 것이 바로 소금이
니라.
35 썩지 않고 맛을 낼 수 있도록 지켜 주
는 그 소금을 너희가 다 빼내고 또 긁
어냈음이니,
36 그들이 다 썩고 또 썩어 이제는 그 썩
은 덩어리가 이 지상을 덮어 지울 수
가 없기에 내가 그들을 다 태우고자
함이니라.
37 너희가 소금이 되기 전에, 소금을 거
둬들이는 사악한 짓을 했으니,
38 나와 관계없는 사탄이요, 악마라 내가
그리 말함을 알라.

5,626 번째 하나님 말씀

2003년 3월 20일 15시 50분

1 사랑하는 나의 아들아!
2 "네, 아버님! 말씀하옵소서."
3 죽고 사는 그 모두는 네 육신이요, 정
신세계에서 이루어짐이니, 너희는 그
를 정확히 알아야 하는 것이 답이며
정상이 아니던가?

4 그러나 그 죽고 사는 것을 아는 자가
어디 있으며, 그걸 연장하고 단축하는
그와 같은 능력을 갖춘 자가 어디 있
는가?
5 너희는 아무것도 모른다 하였음이니
라.
6 그러니 너희 자신의 가장 소중한 생명
에 대한 것도 알지 못함이니,
7 앞에 있는 나무의 그 잎이 언제 떨어
질 것이며 언제 꽃이 피어 과일이 열
릴 것인지 그와 같은 것도 정확히 모
르지 않는가?
8 그러나 나 여호와는 그것을 알고 있느
니라.
9 알지 못하는 자가 아는 자가 행하는
것을 능가하려 하며 그를 지배하려 하
며 그 위에 서려 한다면, 과연 그것이
맞으며 정답이며 이루어질 것이라 생
각하는가?
10 너희는 들어야 할 것이니라.
11 모두는 나 여호와가 주관하며 모든 변
화의 역사를 나는 다 알고 있다 하였
으니, 너희는 오늘의 현실에 최선을
다하는 그와 같은 삶을 살라.
12 나의 법전을 정독하며 나의 아들을 통
하여 내리는 강론의 뜻을 너희 것으로
만들어,
13 오늘의 너희가 나의 법전을 전하며 만
백성을 구하는 그 대명 앞에 그보다
더 소중하고 더 크고 더 위대한 것은
없다는 것을 어찌 그리 모르는가?
14 너의 제자들에게 네가 그리 물어보도
록 하라.
15 너희가 지금 살아가는 것 중에서 가장
소중한 것이 무엇이며, 가장 먼저인
것이 무엇이며, 가장 위대한 것이 무
엇인지 물어보라.
16 과연 나의 법전을 세상에 전하며 160
권의 법전이 세상에 나오는 것을 저희
모든 것과 바꿀 수 있다 그리 말할 수
있는지 물어보라.
17 그들은 말로써는 그리 말하나, 바꾸라
면 바꾸지 못할 것이니라.
18 바꾸지 못하는 자가 바꾼 길을 가는
자를 보고 평한다면 어찌 되는가?
19 잎이 떨어지는 것이요, 열매가 열리는
시간의 초까지 아는 나 여호와 앞에
서 제가 안다고 말하는 것과 무엇이
다르던가?
20 '가르치는 선생 앞에 문자 쓴다'는 말
이 있듯이, 너희는 아직도 모르며 알
수가 없거늘,
21 너희 인간의 머리와 생각으로써 무엇
인가를 평가하며 판단하여 행하려는
오류를 범하지 말라.
22 너의 제자들에게 물어보라.
23 너희가 지금 가장 소중하며 가장 위대
한 것이 무엇인가?
24 말로는 그리 말할 것이니라, 법전이
세상에 나오는 것이요, 선지자를 통하
여 강론을 듣는 것이 가장 위대한 것
이며 그보다 소중한 것이 없다 하나,
25 너희는 하나를 놓으라 해도 놓지 못하
며, 너희가 잡은 문고리 하나도 놓으
라면 놓지 못할 것이며,
26 그것도 열번 백번 생각해서 놓을 것이
니라.
27 나의 아들 예수를 따랐던 그 제자들은
어찌하였던가?
28 그 생업을 놓고 따르라 할 때 그들은

두말없이 놓고 따랐음이니라.
29 그것은 바로 무엇이던가?
30 그들의 따름이요, 순종함이었음이니
라. 그러나 그 제자들도 나의 아들 예
수에게서 등을 돌렸음이니라.
31 너희는 과연 어떠하던가?
32 문고리 하나도 놓기를 주저하며 생각
하는 너희가 어찌 나의 아들을 따라
내가 이루고자 하는 새 시대의 역사를
이루며 심판의 새 시대를 건설하는 역
군으로서 설 수 있는가?
33 내가 너희에게 재물과 믿음의 두 길을
갈 수 없다 하였으며, 두 마음이 존재
할 수 없다 하였음이니,
34 정녕 나 여호와의 뜻이요, 내가 내리
는 성령이요, 새로운 성경이요, 법전
이라 믿는다면 여기에 너희들의 모두
를 다 던지고 바치는 그와 같은 마음
의 자세가 아니라면 역사할 수 없음이
니 그리 알라.
35 내가 그리하여 너희에게 뭐라 물었느
냐?
36 너희 마음이 어디 있느냐 그를 결정하
라 하지 아니하였던가?
37 네가 과연 선택될 자격이 있는지 물어
봐서,
38 선택될 자격이 없는 자가 선택되었다
면 최선을 다하여 나의 뜻에 순종하며
나의 뜻을 역사하는 대로 가는 길밖에
없다 내가 그리 말하였음이니,
39 믿음의 마음이 흔들리면 안 되며, 믿
음의 마음이 부는 바람에 흘러가듯이
그와 같은 생각으로써 이 어렵고 힘든
역사의 고비를 갈 수 없음이니라.
40 과연 너희가 지금 나의 성전이요, 나
의 법전을 손에 놓고 나가 새로운 역
사의 삶을 산다 할 때,
41 너희가 남을 위하여 과연 무엇을 할
수 있으며 너희가 남의 생명을 구할
길이 있던가?
42 아무것도 없으며, 그저 인간으로서 먹
고살다 죽어 나에게 와 심판을 받아,
죄를 짓지 않은 자는 나에게 올 것이
며 죄지은 자는 지옥으로 갈 수밖에
없음이니라.
43 그걸 선별하는 책임을 졌으며, 선별할
수 있도록 그들에게 천국에 오는 길을
볼 수 있도록 가르치고 지옥이 무엇인
가를 가르치며 선과 악을 행하는 것이
무엇인가를 가르치는, 나에게 대명을
받은 너희는,
44 자신의 손톱 밑에 찔린 가시의 아픔을
보지 말라.
45 세상의 그 모두를 다 보고 가야 하는
것이 너희이니,
46 너희 마음 자세가 바람처럼 흔들려서
는 아니 됨을 알아야 할 것이니라.

5,627 번째 하나님 말씀

2003년 3월 20일 16시

1 사랑하는 나의 아들아!
2 "네, 아버님! 말씀하옵소서."
3 이 세상의 모든 백성의 한계를 이제
는 짊고 넘어가야 할 때가 되었음을
알아야 할 것이니라.
4 지금 나의 법전을 접하며 나의 법전을
가지고 공부하며 이를 만들어 내며 이
를 전하는 백성 너희는 진정 나에게
선택된 백성이며 나의 대명을 받아 움

직이는 백성임을 알아야 할 것이니라.
5 그렇지 않은 백성은 지금 그 길을 가지 못하고 있음이니라.
6 모든 종교 집단이요, 신도라는 그들도 지금 내가 원하는 길이 아니며, 종교 지도자들 또한 내가 원하는 길이 아니니,
7 나와는 관계없는 길을 간다 하였음이니라.
8 여기서 너희는 하나를 깨우치고 가야 할 것이니라.
9 너희가 나에게 부름을 받았으며 나의 대명의 역사를 수행하는 것은 무엇을 한다고 생각하는가?
10 너희가 나에게 봉사하며 나에게 희생하며 너희 자신을 희생하면서 살아간다 생각하는가?
11 그것이 아니니라.
12 너희는 나로부터 받은 은혜를 갚을 줄 아는 자며, 그 은혜를 갚고자 노력하는 것이요,
13 너희는 나를 위하여 봉사하며 나를 위해 역사하는 희생양이라 그리 생각하지 말라.
14 다만, 너희가 여기서 알 것은, 나의 법전을 읽고 깨우치며 법전대로 살려는 자, 그리고 이웃에게 법전을 전하는 자는 너희가 나로부터 받은 은혜요, 그 모든 영광에 대한 감사함에 보답하는 삶을 살아가는 것뿐이니라.
15 법전을 세상에 만들어 내는 백성 너희 또한 그러니라.
16 그러니 그것으로써 너희가 영광된 백성이라 함이니라.
17 너희는 나에게 은혜를 받으며 축복을 받은 만큼 나에게 그를 갚는 길을 가는 것이요,
18 잘못된 종교 지도자요, 나의 법전을 읽지 않은 백성은 그 은혜를 모르며 은혜를 갚을 줄 모르고 살아가는 백성이니,
19 너희와 그들이 과연 얼마나 차이가 나는가?
20 너희가 인간 세상에 살아가면서 남에게 신세 지고 은혜 입은 것을 모르는 사람을 뭐라 말하더냐?
21 짐승만도 못하다 너희가 그리 말하지 아니하던가?
22 너희는 짐승의 형태는 벗어난 것이 아니던가?
23 나의 법전을 접하며 이를 만들어 만백성에 전하는 너희는 나에게 희생하고 봉사하며 살아간다는 그와 같은 생각을 하지 말라.
24 나로부터 생명을 받아 세상에서 내가 만든 모든 동식물을 취하며 살아온 그 은혜에 감사하고 보답하는 그 길을 가니,
25 정상적으로 너희가 해야 할 일을 하며 은혜를 갚는 길을 노력하며 가는 것이 아니던가?
26 그것으로써 너희가 위대한 자며 선택된 백성이라 내가 그리 말하는 것이니라.
27 그러면 인간 세상에서 무엇인가 이루고자 하는 그 목적을 위하여 생각하는 건 인간 세상에서 욕심으로 사는 것이니라.
28 그렇다면 여기서 네가 목표한 인간의 육신의 삶을 위해 살아가는 것이 인간

의 도리라 생각하는가,
29 인간 육신의 도리를 접어 두고, 너희
가 창조주 나 여호와에게 신세 진 것
이며 은혜 입은 것이며 축복받은 것을
먼저 갚고 산다는 마음으로 사는 것이
인간 너희들의 순리요, 도리던가?
30 너희는 희생하고 봉사하며 가정을 접
어 두고 모두를 저버리고 나의 법전을
위해 희생하는 선택된 백성이요, 위대
한 자라 생각하지 말라.
31 다만, 그것으로써 정확히 판단하고 가
는 백성일 뿐이지, 나에게 특별히 봉
사하고 희생하는 것이 없음을 알라.
32 다만, 너희는 현명한 자이니라.
33 나로부터 받은 은혜를 갚은 다음 그
속에서 너희가 인생의 설계를 하며
더불어 살며 너희 자신을 돌아다볼 수
있는 그와 같은 삶을 산다 말함이니,
34 남에게 빚을 진 자가 먼저 빚을 갚지
아니하고 호의호식하며 숨어 살며 도
둑질하는 사람과,
35 아무리 힘들고 어려워도 남의 빚을 먼
저 갚으려고 피나는 노력을 하는 사
람 중에,
36 어떠한 사람의 삶이 아름다운 것이며
진정한 삶이라 말할 수 있는가?
37 너희는 나에게 진 빚을 갚으려고 피
나는 노력을 하는 것뿐이지,
38 너희가 위대한 것이요, 봉사하고 희생
하는 것이 아니니라.
39 너희가 나에게 진 빚을 갚고 너희 인
생의 작은 가정이요, 너희 소망이라도
이끌어 가고 꾸려 가고 싶다는 것이
너희 생각이라면, 그것은 정상적인 생
각이요, 아름다운 생각이 아니던가?
40 그러나 세상의 모든 백성은 나에게 받
은 은혜의 빚을 갚기 전에, 육의 향락
이요, 육의 즐거움을 위해 모두를 다
바침이니, 바로 무엇이던가?
41 은혜를 모르는 자들이요, 감사함을 모
르는 자들이니,
42 이제 너희 가슴에서 느낌이 있으며 생
각이 있을 것이니,
43 나에게 받은 은혜에 감사함을 먼저 갚
고 살아가고자 하는 것이 선택된 백성
이요,
44 그마저도 던져 버리고, 의식하지 아니
하며, 잊어버리고, 생각지 않고 사는
것이 지금 잘못 가는 종교 집단이요,
나의 법전을 접하지 않는 백성의 삶이
니,
45 너희 자신을 돌아다보라.
46 남에게 진 빚을 먼저 갚고자 하는 삶
이 정당하거늘, 그것 때문에 눈물지으
며 괴로워하며 고통스러운 삶을 사는
것은 그 또한 욕심이니,
47 마음을 편히 다스려 나가도록 그리하
라.

5,628 번째 하나님 말씀

2003년 3월 20일 16시 07분

1 사랑하는 나의 아들아!
2 무성한 나뭇잎이 언제 떨어질지 모르
는 것이 너희라 하였으며, 또한 생명
을 언제 거둬들일지 모르고 사는 것이
너희라 하였음이니라.
3 그리고 그 죽음의 한계를 넘지 못한다
그리하지 아니하였던가?
4 나의 법전을 만들어 전하는 백성이 힘

들고 어려워 고통스럽다 좌절하거든,
그에게 물으라.
5 '너는 죽을 날이 몇 시간 남지 않았다.'
그리 말하면 그는 어찌 생각하겠는가?
6 걷지 못하고 달리지 못하는 자도, 사
자가 공격할 때 그는 다리 아픈 것도
모를 것이며 결린 것도 모를 것이며,
7 있는 힘을 다하여 뛸 것이며, 절벽도
기어오를 것이니라.
8 그리하여 너희 제자가 지치고 힘들거
든 '네 운명이 머지않았다.' 그리 말하
면 그가 어찌 생각하겠는가?
9 그는 법전을 손에 들고 매달릴 것이
며, 울며불며 그 법전을 정독하여 읽
고 또 읽을 것이니,
10 그러나 그리 가르쳐서는 아니 되지 않
겠는가?
11 너희 운명이 과연 얼마나 남았으며
언제 숨을 거둘지 모르는 너희 제자들
이 나의 법전을 접하며 나의 법전의
내용을 깨우쳐 아름답게 사는 그 시간
이 얼마나 소중한 것인지 알겠는가?
12 너희들의 그 운명의 시간이 짧으면 짧
을수록 나의 법전을 너희가 소중히 읽
을 것이며 더 깊이 읽을 것이며 더 정
독할 것이며 잠을 자지 않고도 그 손
을 놓지 못하며,
13 선하고 착한 일이 어디 있는가 하여
그를 찾아 헤매며 밤잠을 설칠 것이
니라.
14 그러나 너희는 반드시 죽음의 그 시간
이 있음이니라.
15 멀고 가까울 뿐이니라.
16 그러나 멀다 하여 그 세월이 멈추지
않음이니, 먼 것이 내일 운명한다고
생각하라.
17 그리하여 너의 제자들에게 '내일에 죽
음이 너에게 닥쳐온다.' 그리 말하라.
18 당장 그는 죽지 아니한다 해도 시간이
감이니, 내일이요, 내일에 끝나는 것
이 아니지 않던가?
19 그와 같은 이치를 너의 제자들에게 깨
우쳐,
20 '너는 내일 죽으며 네 명이 다하였다.'
그리 깨우쳐 주고 가르쳐 준다면,
21 그들은 나의 법전을 놓고 인간 세속에
서 살아가며 얽히고설킨 인간 세속에
젖어 가는 그 마음에서,
22 법전이 소중하며, 법전을 전함에 선택
된 백성이 남들보다 게으른 그와 같은
마음을 갖지 아니하며 두 마음을 먹지
아니할 것이니, 그와 같은 마음으로
다스리라 전하라.
23 그것만이 그들을 바로잡을 수 있을 것
이니,
24 그리하여도 그들이 다스려지지 아니
하거든, 정녕 스스로 제가 얼마만큼
살 수 있는지 그 명의 시간을 아는지
한번 물어보라.
25 모른다 하거든, 내일 죽을지 모레 죽
을지 모름이니, 그 깨우치는 시간이
얼마나 소중한가를 깨닫도록 그리하
라.
26 너희가 죽어 나에게 와 심판을 받을
때, 딱 1초라도 생각할 수 있는 시간
을 주고 용서를 빌 수 있는 시간을 달
라 애원하는 것이 너희이니,
27 단 1초요, 0초도 허용되지 않는 그 시
간을 너희가 지금 이와 같이 많이 가
지고 함부로 쓰고 남용함이니, 이 시

간을 값지게 쓸 수 있도록 그리 말하
며,
28 내가 언제 너희들의 손을 놓으며, 너
희가 나에게 심판을 받는 육의 죽음의
시간이 언제일지 모름이니,
29 오늘의 삶이요, 대명을 이루는 데 게
을리하지 말라 그리 전하라.

5,629 번째 하나님 말씀

2003년 3월 21일 05시 37분

1 "너는 나 외에는 다른 신들을 네게 있
게 말지니라.
2 너를 위하여 새긴 우상을 만들지 말
고, 또 위로 하늘에 있는 것이나, 아래
로 땅에 있는 것이나 땅 아래 물속에
있는 것의 아무 형상이든지 만들지 말
며 그것들에게 절하지 말며 그것들을
섬기지 말라.
3 너는 너의 하나님 여호와의 이름을 망
령되이 일컫지 말라.
4 안식일을 기억하여 거룩히 지키라.
5 네 부모를 공경하라.
6 살인하지 말지니라.
7 간음하지 말지니라.
8 도적질하지 말지니라.
9 네 이웃에 대하여 거짓 증거하지 말지
니라.
10 네 이웃의 집을 탐내지 말지니라.
11 나 여호와가 존재함을 믿는 그 자체가
구원의 길에 들어서는 기본이요, 근본
이며, 나의 법전을 가슴에 안고 정독
하는 자, 반석 위에 서서 하늘에 오르
는 찬란한 빛을 보게 되는 영광을 얻
게 됨이니라."
12 사랑하는 나의 아들아!
13 "네, 아버님! 말씀하옵소서."
14 너희가 그리 갈구하고 원하던 구원의
길을, 내가 내리는 나의 법전이요, 새
로운 성경을 읽고 정독하는 자, 반석
위에 서서 하늘에 오르는 찬란한 빛을
보게 되는 영광을 얻게 된다 하였음이
니,
15 너희가 하늘에 오르는 그 찬란한 영광
의 빛을 보기 시작한다면 너희는 쓰러
질 수 없으며 넘어질 수가 없음이니라.
16 오로지 그 찬란한 빛을 위하여 살아가
는 그와 같은 완벽한 사람으로서 변화
되기 시작함이니,
17 그 모든 기틀을 잡을 수 있으며 그 역
사를 이룰 수 있는 것이 나의 법전을
정독하는 것이라 했거늘,
18 어찌하여 그것 하나를 정독하지 아니
하며, 너희는 그저 험한 길, 비뚤어진
길, 그리고 너희가 갈 수 없는 가시덤
불 같은 길을 가면서 그것이 하늘에
오르는 길이요, 역사하는 길이라 그리
말하는가?
19 너희가 가시덤불이요, 그 험악한 들판
이요, 산길을 건너서 간다는 것은, 인
간의 한계가 있으며 능력의 한계가 있
기에 너희는 정녕 오를 수 없음이니라.
20 평탄한 길이요, 아주 편안한 길을 갈
수 있는 것, 그리하여 나의 법전을 읽
고 정독하는 자, 그 길을 볼 수 있으며
편안하게 갈 수 있다 하였거늘,
21 어찌하여 편안하게 올 수 있는 그 길
을 저버리고 가시덤불 속이요, 인간이
헤쳐나갈 수 없는 그 길을 하늘에 오
르는 길이라 하여 만들어 가고자 하는

것인지, 나 여호와도 너희들의 그 사
악한 심리를 알 수 없음이니,
22 이는 너희가 사탄에게 넘어졌으며 사
탄의 유혹에 넘어가 있기 때문이니라.
23 이제 바로잡아야 할 때가 되었음을
너희는 믿으라.
24 나의 법전 속에 너희에게 전하는 것
이 구약을 거부하며 신약을 거부하는
것이 어디 있던가?
25 그 모든 것은 다 하늘에 오르는 길이
요, 나에게 구원을 받을 수 있기에 내
가 세상에 내려보낸 것이라 그리 말하
였음이니,
26 그를 다 인정하며 그와 같은 것을 다
여기에 옳고 그름을 구분하여 너희에
게 깨우쳐 준 역사가 이루어지고 있지
않던가?
27 내가 예수를 나의 아들이 아니라 하여
여기에 기록하여 전하던가, 나 여호와
가 존재하지 아니한다 너희에게 그리
가르치던가?
28 너희가 알지 못하는 것, 이해하지 못
하는 것을 깨우쳐 나의 법전에 기록해
깨우쳐 주며,
29 그리고 너희가 살면서 행해야 하는
길, 하늘에 오르는 길이 무엇인지를
하나하나 조목조목 상세히 기록하여
너희에게 전하거늘,
30 어찌하여 그것 하나를 보려 하지 아
니하는가?
31 너희가 이를 보지 아니하며 이 성경이
요, 내가 새로 내리는 법전대로 살지
아니하면 구원받을 수 없다 내가 그리
말하거늘,
32 이는 곧 심판의 시대에 내가 심판의
원본이요, 그 법에 대한 모두를 다 기
록하여, 너희가 해서는 안 되는 일, 또
너희가 해서 하늘에 오를 수 있는 길
을 모두 상세히 기록하여 전하였으니,
33 이를 보지 아니하고 읽지 아니하면 그
를 알 수 없다 내가 말하였음이니라.
34 그리하여 '나의 법전을 가슴에 안고
정독하는 자 반석 위에 서서 하늘에
오르는 찬란한 빛을 볼 수 있다' 하였
음이니,
35 법전을 읽고 행하는 것이 하늘에 오르
는 구원의 길을 볼 수 있는 것이라 하
였음이니라.
36 그리하여 그 기초를 다지고 그 기초가
섰을 때, 변할 수 있으며 하늘에 오르
는 영광을 얻을 수 있다 하였음이니,
37 나의 법전을 들여다보며 너희가 사탄
이요, 이단이라 그리 말하지 말라.
38 그리고 너희가 변하지 않고 마지막 시
대에 오는 거짓 선지자의 현혹하는 일
이라 계속 그리 부르짖는다면, 그 대
가를 치를 것이라 내가 그리 말하였음
이니,
39 그 환란의 대가는 너희들의 상상을 초
월할 것이니 그리 알라.

5,630 번째 하나님 말씀

2003년 3월 21일 05시 51분

1 사랑하는 나의 아들아!
2 "네, 아버님! 말씀하옵소서."
3 지금 종교 지도자가 수천수만 가지 방
법으로써 헌금이요, 감사 헌금을 거둬
들이며 나의 백성이 가진 재산을 갈취
하느니라.

4 너희는 그것도 모자라 다음과 같은 말
로써 나의 피조물 만백성에게 거둬들
이는 사악한 행동을 하느니라.
5 모든 행사를 할 때마다, 무엇을 역사
할 때마다 감사 헌금을 거둬들이며 십
일조를 거둬들이며 나의 피조물 만백
성의 고혈을 빨면서,
6 세상사 그 이상의 것을 바치고 또 너
희에게 상납하는 그와 같은 문구를 만
들어 그를 강조하고 가르치고 있음이
니라.
7 너희는 이 세상의 토지에서 너희가 관
리한 그 모든 것의 첫 번째 나오는 것
은 나 여호와에게 바쳐야 한다 그리
말하느니라.
8 그리고 너희가 수확한 과일이요, 열매
요, 그 모든 것의 첫 번째 생산되는 것
은 나 여호와에게 미리 바치라 말함이
니, 그것은 귀신을 믿는 그와 같은 형
국이니라.
9 모든 것은 나 여호와의 것이니,
10 너희가 그와 같이 정할 때마다 나에게
바치는 것이 아니요,
11 너희가 수시로 이루는 그 모든 것을
나에게 바치는 그와 같은 정성스러움
이요, 나에게 감사하는 마음으로 너희
가 갖고 쓰고 관리하면 되는 것이니라.
12 너희는 첫 번째 나오는 것만 나에게
바치는 것이요, 그다음 것은 나와 관
계없다는 그와 같은 생각을 하고 사
는 것이며, 그리 지금 가르치느니라.
13 너희는 7일 중에 그 첫날이라 하여 그
를 안식일이라 정하여 모든 시간을 나
에게 바친다고 말하나,
14 그것은 너희가 6일 동안에 열심히 살
아왔으며, 또한 열심히 나의 뜻에 따
라 경배하고 기도하며 살아온 그 피로
하고 지친 몸과 마음을 쉬는 시간이며,
15 너희 각자의 시간이요, 개인이 활용할
수 있는 시간이지,
16 그것을 성전이라는 곳에 와서 그 모두
를 바치는 그와 같은 형국으로 이끌어
가지 말라.
17 너희가 지금 하는 짓이 귀신을 모시는
자, 귀신을 섬기는 자, 귀신을 받드는
자들이 하는 행위와 똑같은 짓을 하고
있음이니, 그것이 얼마나 잘못된 것인
가를 알아야 할 것이니라.
18 사업의 첫 수입도 너희가 나에게 다
바친다 하여 거둬들이며,
19 연중의 첫날에 번 그 수입도 또한 나
에게 다 바쳐야 한다 그리 말함이니,
20 그 바치는 것은 누가 가져가며 누가
챙기는가?
21 너희가 그것을 하늘에 어찌 보내며 하
늘에 어찌 쌓아 놓는가?
22 너희가 그리하면서 그것을 누가 갖는
가?
23 너희가 나에게 바치는 것은 내가 현물
을 가져감이 아니요, 너희가 마음으로
정성을 바치면 되는 것이니, 너희가
토지에서 생산된 가장 첫 번째 것을
나에게 바친다 하자.
24 그렇다면 너희가 그를 놓고 경배하고
기도하면 그 물질은 살아 있으며 그
현물은 손에 만질 수 있으니,
25 그것을 종교 지도자 너희가 받아들이
고 거둬들이는 것이 아니라 그가 도로
가져가서 쓰면 되는 것이니라.
26 그렇다면 너희는 잘못된 것이 없다

내가 말할 수 있음이니라.
27 그러나 그와 같이 해서 역사하는 것을
거둬가는 자가 있으며 챙기는 자가 따
로 있음이니 그를 어쩌란 말이던가?
28 너희가 1년 동안 처음 생산한 그 모두
를 나에게 바친다 할 때, 너희들의 그
정성은 내가 갸륵하게 받아들일 수 있
으니, 그것은 나에게 바친 자가 도로
가져가 그가 쓰면 되는 것이지,
29 그것을 왜 종교 지도자라는 그 사악한
자들이 챙겨야 하며 거둬들여야 하는
가?
30 그들이 너희 고혈을 빨려는 방법이요,
수단이라는 것을 알라.
31 너희는 방법론에서 틀렸느니라.
32 너희가 첫 과일을 땄을 때, 그것을 나
에게 놓고 기도하고 경배하면 되는 것
이니,
33 그것을 종교 지도자에게 바치도록 하
며 거둬가는 것이 잘못되었다 함이라
는 것을 알라.
34 그리하여 귀신을 섬기며 귀신을 받드
는 자들이 나의 백성에게 죽은 조상
의 천국 가는 노자라 해서 거둬들이
는 그와 같은 사악한 짓을 하는 자들
과 무엇이 다르던가?
35 방법만 교활하게 바꿔서 너희가 그리
함이니라.
36 그리하여 연중의 첫 수입 또한 먼저
그것을 나 여호와에게 바쳐야 한다고
하나, 그 수입을 어디에 바치는가?
37 너희가 그걸 놓고 나에게 기도하면 되
느니라.
38 '아버님께서 주신 오늘의 수입을 감사
합니다.' 하고 그것을 너희가 쓰면 되
지, 그것을 왜 사악한 종교 지도자 앞
에 갖다 바치는가?
39 너희는 그 사기극에 넘어가지 말라.
40 모든 것은 내가 너희에게 준 것이니,
그리 기도하고 너희가 그걸 갖다 쓴
다면 내가 너희에게 말할 이유가 없
느니라.
41 너희가 음식을 차려 놓고 나에게 기도
할 때, 그 음식을 나눠서 먹으면 되는
것이지,
42 그 음식을 들고 종교 지도자에게 바쳐
야 한다는 그 논리요, 가르침은 그들
이 사악한 자며, 신이 되고자 하는 자
며, 나보다 높이 있고자 하는 자이니
라.
43 이것은 선한 종교 지도자가 하는 짓이
아니며, 나 여호와의 뜻에 따라서 하
는 짓이 아님을 알아야 할 것이니라.
44 그리고 내가 너희에게 말하지 아니하
였는가?
45 너희가 식사할 때 대표 기도라는 것을
하지 말라 내가 그리하였음이니라.
46 너희가 각자 하고 싶은 이야기로 기도
하며 마음속으로 나에게 진심으로 드
리는 기도면 되지,
47 어찌 생각이 다른 자가 같이 음식을
먹으면서 한 사람이 대표로서 어쩌고
저쩌고 수다를 떨고 '아멘!' 하며 밥을
먹는가?
48 그것은 잘못되었음이니라.
49 너희가 그와 같은 것을 하나하나 시정
하지 아니하는 한,
50 너희는 나에게 오를 길이 없으며, 하
늘의 문이 네 앞에 열리지 않는다는
것을 알아야 할 것이니라.

51 지금 모두 다 좋으니라.
52 첫 번째 토지에서 얻은 것, 그리고 첫
번째 얻은 과일, 그리고 첫 번째 생산
하는 짐승의 새끼들까지, 그리고 첫날
의 수입까지 그 모든 것을 다 놓고 나
에게 감사하는 것은 상관이 없느니라.
53 그러나 그것을 남에게 갖다 바치며,
종교 지도자 앞에 갖다 바쳐야 한다고
하며,
54 그와 같이 거둬들이는 자, 노력하지
아니하는 자, 역사하지 않은 자가 거
둬들이는 그와 같은 사악한 방법으로
써 고혈을 빨아 가는 것이 지금의 종
교 지도자들이요, 사악한 자들이니,
55 그 말에 현혹되지 말며, 그와 같이 행
동을 하지 말라는 것이 내가 너희에게
가르침이니 그리 알라.

5,631 번째 하나님 말씀

2003년 3월 21일 06시 03분

1 사랑하는 나의 아들아!
2 "네, 아버님! 말씀하옵소서."
3 내가 너희에게 뭐라 말하였느냐?
4 한 가정이요, 한 가족을 이끌어 가는
너희는 모든 힘을 합쳐 의식주를 먼저
해결하는 삶을 사는 것이 나를 기쁘게
하는 것이며, 나 여호와의 자식으로서
서는 길이라 그리 말하였느니라.
5 너희가 잘못된 형태요, 흥청망청 쓰는
것이요,
6 그리고 알코올 중독자로 저 자신을
지키지 못하며 가정을 지키지 못하며
의식주를 해결하지 못하는 백성은 내
가 사랑하는 아들딸이 아니라 하였음
이니라.
7 그러나 지금의 종교 지도자들은 과연
어찌 가르치는가?
8 그들은 나의 피조물 만백성이 상상할
수 없는 그 무서운 방법으로 그들을
세뇌시키며 그들의 재물을 갈취하고
있음이니라.
9 그들은 나 여호와를 만나러 올 때, 빈
손으로 오는 자, 빈손으로 와서 나를
뵙고자 하는 것은 안 된다고 그리 말
하느니라.
10 그리하여 빈손으로 오지 말라 그리 말
함이니, 이 얼마나 가슴 아픈 일이던
가?
11 사랑하는 나의 아들딸이 나를 만나기
위하여 기도하며 경배하는 마음을 가
지고 오면 되는 것이거늘,
12 어찌하여 자식이 부모에게 오는 것까
지도 너희가 빈손으로 오지 말라 그리
말하는가?
13 인간 세상의 너희 부모도 자식이 부모
를 만나러 올 때 빈손으로 오지 말라
는 그 소리는 하지 아니하는 것이니라.
14 그러니 빈손으로 나 여호와를 만나러
오지 말라 함은 무엇이더냐?
15 저희가 교회라는 것을 지어 놓고, 성
전이라는 것을 지어 놓고, 거기에 올
때는 반드시 재물을 가지고 와 나에게
바치며 그리하여 나를 만나러 오라 그
리 말함이니, 그 재물을 과연 누가 가
져가는가?
16 너희 성경이라는 책이요, 네 주머니에
재물과 금화를 넣고 성전에 왔다가,
그대로 기도하고 그냥 가져가 너희가
쓴다 하면 이는 잘못된 것이 없을 것

이니라.
17 그러나 너희는 가지고 온 것을 어디
에 바치는가?
18 사악한 종교 지도자요, 잘못된 자들이
거둬들이니, 사탄에게 바치는 것이니
라.
19 그리하여 사탄이 감히 거둬들이려고
빈손으로 나를 만나러 오지 말라 하
여, 저희 성전에 오는 것이 나 여호와
를 만나러 오는 것이니 거기에 빈손으
로 오지 말라 그리 가르치지 않는가?
20 그러면서 그들은 뭐라 말하는가?
21 나 여호와는 나의 아들을 통하여 너희
가정의 의식주가 우선이라 그리 말하
였으며, 그 아들딸을 내가 사랑하며
그게 효성스런 자식이라 그리 말하였
거늘,
22 너희는 가난한 중에서도 바치라 말하
며, 가난한 중에서도 빈손으로 오지
아니하는 자가 축복을 받으며, 가난한
속에서 가난한 만큼 그 어렵고 힘든
속에서 가져오는 것만큼 축복을 받으
며, 너희에게 영광을 내려 준다 그리
가르치는 자들이니,
23 그러니 가난한 중에도 가져오라, 환란
중에도 갖다 바치라, 너희가 어떠한
환란에 허덕이는 그와 같은 형국에서
도 교회라는 곳에 올 때는 빈손으로
와서는 안 된다, 그리고 환란 중에 갖
다 바치는 것이 더 영광이요, 축복이
라 그리 가르침이니라.
24 그 모두는 너희가 믿음의 마음 하나를
나에게 바치면 나 여호와는 더 바랄
것이 없다 말하였거늘, 너희는 그리
사악한 짓을 하고 있음이니라.
25 그러면서 너희는 뭐라 하는가?
26 인색한 마음으로써 바치지 말라 함이
니라.
27 적은 생각으로써 바치면 풍족하게 갖
다 바치는 것이 아니며, 체면치레요,
조금만 내는 그와 같은 행위를 하지
말라 함이니,
28 너희가 거둬들이기 위해 안 하는 짓
이 어디 있으며, 동원하지 않는 방법
이 어디에 있는가?
29 그러니 너희가 참진리를 연구하고 하
늘에 오르는 길을 가고자 하는 것이
아니요,
30 나의 사랑하는 피조물 만백성에게서
재물을 거둬들이는 데 혈안이 되었으
며, 거기에 나의 피조물 만백성을 이
끌어 가고 그들을 사랑한다는 것이니
라.
31 너희가 나 여호와를 믿고 하늘에 오르
는 것이, 정녕 나 여호와가 너희들의
영혼을 구원해 준다는 것이 아니면 믿
지 않을 자들인 것처럼,
32 지금의 종교 지도자들은 나의 사랑하
는 백성에게 재물을 거둬들이는 즐거
움이 없다면 그들은 남을 위하여 내
백성을 위하여 가르친다 나서지 아니
할 것이며 기도하지 아니할 것이 그들
이니라.
33 그러니 그들이 얼마나 사악한 방법으
로써 말하는가?
34 제일 좋은 것은 먼저 갖다 바치라 그
리 말하느니라.
35 그러면서 그들은 뭐라 말하느냐?
36 풍성하게 바치라, 그리고 인색한 마음
으로 바치면 축복을 받지 못한다 하

니, 인색하여 적게 바치는 것을 너희
가 막고자 함이며,
37 체면으로 드리는 짓을 하지 말라, 체
면치레로 어쩔 수 없이 조금 내는 그
와 같은 것은 축복을 받지 못한다 함
이니,
38 그저 많이 갖다 바치라 그와 같이 얘
기하고 거둬들이는 것이 지금의 종교
집단이요, 지도자들이 수천 년 동안
흘러온 역사니라.
39 그리하여 많이 바치는 자는 열배 백배
물질의 축복이 너희에게 있다 그리 말
함이니,
40 이는 나에게 와 용서받지 못할 짓임을
너희는 알아야 할 것이니라.
41 내가 너희에게 원하는 것은,
42 변하지 않는 그 황금의 색깔처럼, 너
희가 나를 경배하고 나에게 기도하며
나 여호와가 존재함을 알며 나에게 오
르고자 매일매일 변하는 아름다운 마
음으로 살아가는 그것을 내가 너희에
게 원하며 받고자 원하는 것이니,
43 너희들의 변하지 않는 그 믿음이니라.
44 그 믿음은 제쳐 놓고, 너희가 그저 환
란 중에도 재물을 바치라, 가난한 중
에도 바치라, 죽어 가는 순간에도 재
물을 바치는 데 역사하라,
45 그리고 나 여호와를 만나러 올 때는
빈손으로 오지 말라 하여, 제 성전에
사람들을 모아 놓고 나 여호와를 만나
러 성전에 왔으니 그 대가를 치르라
하여 수없이 거둬들이는 그 사악한 행
위는 내가 정녕 용서치 않음을 알라.
46 재물을 바쳐 구원을 받고자 하는 자,
재물을 바쳐서 구원을 받는다 하여 그
구원을 받고자 재물을 바치는 자, 그
와 같은 형국으로써 구원의 길이요,
하늘에 오르는 길이라는 생각을 하는
자는 정녕 구원을 받을 수 없음이니
라.
47 너희는 황금과 같이, 변하지 않는 믿
음이요, 나에게 경배하는 그와 같은
변함없는 마음을 나에게 드리는 것이
가장 위대한 것임을 알라.
48 너희가 지금 빈손으로 오지 말라 그리
말하는 자는 바로 무엇이던가?
49 저희가 하늘에 오르기 위하여, 너희가
구원을 해 준다 하여 너희 손으로 지
은 성전에 나가는 그와 같은 심성의
신도들이며,
50 재물을 받지 아니하고 바치지 아니하
면 하나도 가르친다 나서지 않을 자
요, 그리고 나의 진리를 가르친다 전
하지 아니할 자가 바로 지금의 종교
지도자들이니,
51 너희가 똑같은 자들끼리 똑같은 짓을
하고 있음이니, 썩은 자들끼리 어울려
서 썩은 냄새를 풍기며, 그것이 썩은
냄새인지도 모르고 살아가는 것이 지
금의 종교 집단이 가는 형태요,
52 구원을 받고자 하여 눈물 콧물 짜며
기도하는 자들과 똑같은 자라는 것을
잊지 말라.

5,632 번째 하나님 말씀

2003년 3월 21일 06시 18분

1 사랑하는 나의 아들아!
2 "네, 아버님! 말씀하옵소서."
3 너희는 찬송이라 하여 소리 지르고

악을 쓰는 그와 같은 행위를 하느니라.
4 그러나 나에게 기도하며 경배하는 소
중한 시간에 찬송이라는 것으로 소리
질러 악을 씀이니,
5 그건 과연 누가 만들어 냈으며 누가
지어냈는가?
6 하늘에서 내린 것이 아니요, 나의 성
경에 기록되어 너희에게 내려간 것이
아니니라.
7 나의 뜻을 공부하는 소중한 시간에 너
희가 그와 같은 행위를 함이니,
8 그러면서 종교 지도자 너희는 뭐라
가르치더냐?
9 찬송이라는 것은 나 여호와에게 감사
요, 헌신과 회개를 표현하는 기도라
그리 말함이니,
10 나에게 기도하는 자세를 뭐라 하였느
냐?
11 다락방에서 조용히 기도하는, 나에게
경배하는 자의 그 기도 소리를 들어준
다 하였거늘,
12 너희는 찬송이라는 소리를 들으면서
나에게 감사와 헌신과 회개를 표현하
는 기도와 똑같다 그리 말하고 있음이
니,
13 그것은 어느 인간이 만들어 놓은 내용
이던가?
14 나의 아들 예수가 만백성을 깨우치면
서 그와 같이 소리 지르며 광란의 짓
을 먼저 하고서 설교를 했던가?
15 그와 같은 찬송을 만들 줄 모르며 노
래를 부르지 못하여 나의 아들이 그리
했다 생각하는가?
16 나의 아들 예수의 보혈로써 구원을 받
았다 하는 자들은 예수가 한 그 역사
를 그대로 행하며 자기 십자가를 지고
그가 행한 그 고행의 길을 그대로 가
는 것이 하늘에 오르는 길이라 내가
그리 말하였거늘,
17 너희는 어찌하여 나에게 기도하며 경
배하는 그 시간 속에 그와 같이 찬송
이라는 소리를 지르는 것으로 헌신하
며 회개하고 또 기도를 드린다 말하는
가?
18 그리고 너희는 뭐라 말하였느냐?
19 너희들의 신앙 고백을 노래로써 간증
한 것이라 그리 말하느니라.
20 그 간증이라는 것을 누가 만들었으며
누구의 간증이란 말이던가?
21 한 인간이 만든 그 노래의 가사를 가
지고 나에게 간증했다 말하는가?
22 그리고 나 여호와를 찬양하며 영광을
드리는 것이라 그리 말함이니,
23 너희가 찬송을 부르며 광란의 짓을 하
며 눈물을 흘리고 콧물을 흘리는 것도
다 좋으니라.
24 그러나 그대로 행하지 아니하며 그 역
사를 하지 아니하는 것이 문제이니라.
25 그러면서 은혜를 받았다, 영광을 받았
다 말하는 너희들이니,
26 너희는 여기서 이제 알아야 할 것이니
라.
27 조용한 다락방에서 기도하는 방법으
로써 나에게 기도하고 경배하는 시간
을 너희가 가져야 할 것이니라.
28 누가 작사·작곡한 것인지도 모르는
것을 가지고 신앙 고백이요, 헌신이
요, 회개요, 감사의 기도라는 그와 같
은 소리를 하며 광란의 짓을 하지 말
라.

29 그것이 나와는 아무런 관계도 없음을
너희는 알아야 할 것이니라.
30 너희는 찬송을 부르면서 뭐라 말하는
가?
31 찬송을 부르는 것은 나 여호와를 찾으
며 나의 아들을 찾으며 나에게 이루는
모든 열매의 결과를 입으로써 열매를
맺는 그와 같은 역사라 그리 말하는
것이니라.
32 나를 따르며 나의 아들을 생각하는 증
거요, 그리하여 믿음의 열매를 입으로
맺는다 함이니라.
33 너희 말이 맞느니라.
34 너희는 입으로써 모든 열매를 맺으며
모두를 거둬들이는 그와 같은 행위를
하고 있음이니,
35 그다음에 이루어지는 것은 하나도 없
으며, 그 찬송은 내가 너희에게 내린
뜻이 아니니라.
36 그러니 입으로써 열매를 맺고자 흥분
하여 소리 지르는 그것으로 나에게
회개의 기도요, 신앙 고백의 기도요,
헌신적인 감사의 기도요, 회개의 기도
라는 그와 같은 쓸데없는 소리로써 나
의 피조물 만백성을 현혹하지 말라.
37 그러면서 너희가 소리를 지르는 것은
살아 있는 증거라 하니 맞느니라.
38 너희가 살아 있기에 소리를 지르고 악
을 쓰나, 그건 나와 관계없는 것이니,
그와 같은 형국으로써 소중한 시간을
낭비하지 말라.
39 너희가 가르칠 것이 없으며 나의 백성
에게 심어 줄 것이 없으며 참진리가
무엇인지 모르기 때문에,
40 노래 부르고 손뼉 치고 악을 쓰며 시
간을 보내는 것이 나에게 감사하는 길
이요, 하늘에 오르는 길이라 그리 말
함이니,
41 그와 같은 식으로 나를 경배하며 나에
게 오르고자 하는 짓을 하지 말라.
42 소리 높여 악을 쓰고 목청 높여 소리
지르는 그와 같은 자는 믿음이 대단한
자며, 그저 손뼉 치고 온몸을 흔들면
서 찬송을 부르는 자, 춤추면서 노래
하는 그와 같은 자들을 너희는 축복
을 받은 자라 그리 말하며, 믿음이 강
한 자라 그리 말하니,
43 너희는 입으로써 찬양하지 말라.
44 입술로써 찬양이요, 입안에서 모든 열
매를 맺는 그와 같은 형국에 빠져 있
는 자,
45 입술로 나를 찬양하며 입술로 모든 걸
맺어 봐야 너희 손에 남는 것이 하나
도 없다는 것을 알라.
46 이루어지는 것이 없음이니, 이제는 너
희가 온몸을 흔들며 미친 듯이 손뼉
치며 광란의 찬송을 부르는 그와 같은
행위를 하지 말라.
47 그 시간에 너희가 조용히 기도하며,
하나의 성경의 뜻이라도 바로 외우고
깨우칠 수 있는 그와 같은 시간을 갖
도록 하라.
48 찬송의 의미를 너희가 그와 같이 부르
지 말라.
49 찬송의 의미라는 것은, 너희의 헌신적
인 기도요, 회개라는 것은 그 속에 들
어 있는 그 내용의 아름다움을 가지고
행하고 실천하기 위해서 그와 같은 것
을 할 수는 있으나,
50 너희는 누가 지은 것인지 누가 만든

것인지도 모르고 나에게 회개하는 내용이라, 그리고 나에게 오르는 열매를 맺는 것이라는 허황된 것으로 나의 피조물 만백성을 이끌어 가지 말라.

5,633 번째 하나님 말씀

2003년 3월 21일 06시 31분

1 사랑하는 나의 아들아!
2 "네, 아버님! 말씀하옵소서."
3 지금의 모든 종교 집단에 있는 종교
지도자들이 나의 사랑하는 백성에게
그와 같이 재물을 갈취하며, 또한 그
들이 재물을 바치면서 울고불고 구원
의 길이라 찬송하며 따르는 그 이유는
무엇이던가?
4 곧 구원을 받는다는 그 한 가지 뜻 때
문이 아니던가?
5 종교 지도자들이 너희에게 그리 전하
느니라.
6 하늘의 문이 웅장하게 열리고 나팔 소
리가 들릴 것이며,
7 나의 아들 예수가 '너는 이리 올라오
라.'하고 그 명령이 떨어지는 그와 같
은 역사가 이루어질 것이라 생각하며,
8 지금 교회라는 곳에 나가는 자, 교회
라는 곳에 가서 예배하고 재물을 바치
는 그와 같은 자는 공중에서 나 여호
와가 '너는 구원된 자들이니 하늘에
오르라.' 그리 명하여 너희 이름을 부
를 것이라 그리 생각하고 그 기대 속
에서 가고 있느니라.
9 그리고 그것만을 위해서 그 사악한 종
교 지도자가 지시하는 대로 그들을 신
처럼 받들며 너희를 인도하는 자라 그
리 생각하느니라.
10 그리하면 종교 지도자는 뭐라 말하는
가?
11 너희가 지은 교회요, 성전이라는 곳에
서 몸을 맡기는 백성, 모든 것을 다 바
치는 자들은 두 번 다시 심판을 받지
않고 나에게 무조건 구원의 길에 올
수 있다 그리 말하느니라.
12 그리하여 죽은 자도 부활하여 내가 끌
어올려 주며,
13 산 자는 산 자대로 영광되게 나에게
끌어올려진다고 말하느니라.
14 지금 너희가 지은 성전이요, 교회라는
곳에 재물을 바치며 눈물로써 기도하
는 자는 구름 속으로 하늘에 올라올
것이며, 구름을 타고 올라올 수 있는
자며, 절대 심판을 받지 않는다,
15 즉 교회라는 그곳에 다니는 것으로써
심판이 끝난 자라 그리 말하는 것이
너희가 아니던가?
16 그러면서 뭐라 말하느냐?
17 하늘에 오르는 자의 그 근본의 자세는
무엇인가를 또 가르치지 않는가?
18 너희는 죄가 없는 자, 죄와는 아무런
관계없는 자가 하늘에 들림을 받는다
그리 말하느니라.
19 그리고 나 여호와에게 책망 들을 것이
없는 자, 그리고 진실한 믿음이요, 사
랑을 베풀며 살아온 자, 그와 같은 자
는 나로부터 들림을 받는 백성의 근본
의 자세라 말하느니라.
20 그리고 항상 너희는 기다리는 자라
말하느니라.
21 그렇다면 여기서 한번 내가 물어보고
자 함이니라.

22 너희가 들림을 받는 자들은 죄가 없으
며 죄와는 상관없는 자라 그리하였음
이니,
23 죄 없는 자가 어떤 자며 죄와 관계없
는 자가 어떤 자라 말하는가?
24 너희는 육의 세상에 살면서 남을 울
리며 남의 것을 도둑질하며 간음하고
간통하며 사악한 죄를 짓고 살면서 너
희 손으로 지은 성전에 와서 기도하고
눈물로 회개함으로써 죄가 없다 그리
말함이니,
25 그리해서 죄가 없는 자라 말하며, 회
개한 자는 죄와 관계없으니 무조건 들
림을 받는다고 말하나,
26 너희가 행동으로 한 그 죄는 용서받지
못하며 그 죄는 씻어지지 않는다는 것
을 알라.
27 너희는 사악한 짓을 하면서 너희 손
으로 지은 교회요, 성전에 가 기도하
고 경배해 그 죄가 사해져서 깨끗한
자며, 죄와 관계없는 자로 들림을 받
아 하늘에 오른다는 생각을 하고 있음
이니,
28 이는 착각을 해도 너무나 큰 착각 속
에서 헤매고 있다는 것을 알라.
29 너희가 그와 같이 죄를 짓고도 죄를
사하고 씻으면 죄 없는 자요, 죄와 관
계없는 자가 되어 하늘에 오른다는 그
와 같은 사악한 방법으로써 금화와 재
물을 거둬들이고 나의 백성을 종처럼
부리나,
30 죄가 없는 자요, 죄와 관계없는 자는
행함에서 바르게 사는 자며, 행함에서
한 점의 부끄럼이 없는 삶을 살아가는
자가 바로 그와 같은 자라는 것을 알
라.
31 너희는 바늘구멍으로 낙타가 통과하
기보다 더 어렵고 힘든 것이 하늘에
오르는 길이라 하였음이니,
32 너희가 지금처럼 기도하고 회개하기
가 그리도 어렵단 말이던가?
33 기도하고 회개하며 용서를 비는 것으
로 죄가 하나도 없이 하얀 눈처럼 깨
끗해진다면, 누가 바늘구멍을 낙타가
통과하는 것보다도 더 어려운 것이 하
늘에 오르는 길이라 하였겠는가?
34 너희가 육의 세상에서 유혹을 뿌리치
며 육의 세상에서 죄악이요, 도덕이
요, 질서에 어긋나는 짓을 하지 않고
살아야 하는 것이니, 그리하여 그 마
음을 다스리기가 그리 어렵다 하였음
이니라.
35 그리고 책망받을 것이 없으며 나에게
원망들을 것이 없으며 혼날 일이 없는
자가 구원을 받으니,
36 이 세상에 나에게 죄 없는 자가 어디
에 있으며, 나에게 책망받지 않는 자
가 어디에 있는가?
37 너희는 말로써 회개하는 것이 구원을
받는 것이라는 말을 하지 말라.
38 이제 내가 나의 아들을 통하여 너희에
게 깨우쳤으며, 내가 법전을 내려보낸
것 또한 무엇이던가?
39 너희가 죄와 관계없는 삶을 사는 방법
을 내가 내려보내어 그를 지키고 살라
하였거늘,
40 너희가 회개하는 것으로 눈물로써 기
도하는 것으로 죄가 없어졌다는 착각
속에 살지 말라.
41 너희가 울고불고하며 기도하는 것으

로, 성전에 와서 재물을 바치는 것으
로 죄를 사할 수 있다면,
42 낙타라는 것이 바늘구멍을 통과하는
것보다 어려운 것이 하늘에 오르는 길
이라는 말을 하지 않았을 것이니,
43 너희는 한 입으로 두말을 하지 말라.
44 교회라는 것을 세우는 자는 심판을 받
지 아니하며, 죄를 지어도 된다고 가
르치는 것이 모든 나의 피조물 만백성
이 죄를 짓게 하는 것이며,
45 그리고 죄를 짓지 않는 자가 하늘에
오를 수 있다는 것은, 너희가 지은 교
회에 가서 눈물짓고 회개함으로써 죄
가 없어졌다고 말하는 것이니,
46 한 입을 가지고 되지도 않는 말을 지
금 지껄이고 있다는 것을 너희는 알
아야 할 것이니라.
47 이제 이와 같은 뜻을 알았다면 행함을
바로 하며, 삶에서 한 점의 부끄럼이
없는 육의 세상의 삶을 먼저 살라.
48 육의 세상에서 천사라는 소리를 듣는
자는 하늘에 오를 것이며,
49 육에서 저주받는 소리요, 인간 이하
요, 짐승만도 못하다는 소리를 듣고
사는 자는 아무리 울고불고 회개하고
씻어도 씻을 수가 없으며, 그 죄가 용
서되지 아니하며, 하늘에 오를 수 없
다는 걸 알라.
50 너희가 들림을 받으며, 죽은 자 중에
서 나의 아들 예수가 올라오라 할 때,
너희가 올라오는 것이며, 산 자는 올
라오라 할 때, 구름 타고 하늘에 오른
다는 그 영광된 꿈은 이제 버려야 할
것이니 그리 알라.

5,634 번째 하나님 말씀

2003년 3월 21일 06시 46분

1 사랑하는 나의 아들아!
2 "네, 아버님! 말씀하옵소서."
3 지금의 종교 지도자들이요, 그 종교
집단들이 나의 백성에게서 재물을 거
둬들이는 방법이 얼마나 사악하게 준
비되어 있으며, 얼마나 철저하게 각본
이 짜여 있으며, 숨을 돌릴 수 없도록
그리 몰아가는가?
4 십일조라는 것을 예를 하나 들어 내가
나의 아들을 통하여 너희에게 전하고
자 함이니,
5 너희가 이것이 지금 행하는 것과 맞지
않거든 나의 법전을 던져도 될 것이며,
6 종교 지도자가 행하는 짓이 내가 지금
나의 아들을 통하여 내리는 그 행위와
같다면 너희 자신을 이제 깨우쳐야 할
것이니라.
7 너희는 십일조를 바치는 백성에게 그
리 말하느니라.
8 너희가 열심히 일하여 번 그 돈을 한
푼도 횡령하지 말고 떼먹지 말고 바쳐
야 한다 그리 말하느니라.
9 너희는 그 십일조라는 것을 엄격히 지
켜야 하며, 단돈 몇 푼이라도 떼어먹
어서는 아니 되는 것이요,
10 그것은 나 여호와의 것을 도둑질하는
것이며 횡령함이니 그 죄가 무서움을
알라 그리 말하느니라.
11 그리고 다른 곳에 쓰지 말라 그리 말
함이니라.
12 절대적으로 십일조라는 것은 네 가정
사요, 또는 네 이웃을 돕는 것이요, 어

려운 자를 위해 사용하든 어떠한 이유
를 불문하고 다른 데 쓰는 것은 너희
가 유용하는 것이라 하며, 그래서 그
를 금지 하고 있음이니라.
13 길거리의 배고픈 자에게 주어도 안 되
며, 죽어 가는 자를 살려도 안 되며,
그리고 불쌍한 이웃을 도와줘서도 안
되니,
14 십일조는 무조건 떼어서 그저 움켜쥐
고 교회라는 곳으로 달려와야만 하며,
그리 안 할 때 너희는 나에게 용서받
을 수 없는 죄를 짓고 그 벌을 받는다
그리 말하느니라.
15 그리고 적은 돈 몇 푼도 떼지 말고 원
리원칙대로 바치라 하느니라.
16 더 바치는 것은 몰라도 단돈 일전 한
장이라도 십일조를 적게 바치는 것은
효력이 없으며 너희 마음이 인색함이
니,
17 그것은 나 여호와에게 축복을 받을 수
없으며, 끝전까지도 다 챙겨서 십일조
는 엄히 계산해서 바쳐야 할 것이며,
더 바치더라도 적게 바쳐서는 아니 되
며, 그것은 바치나 마나 하며 죄를 짓
는 것이니 그리 알라 가르치느니라.
18 그리고 십일조를 낼까 말까 궁리하지
도 말며, 생각하지도 말며, 아깝다는
마음을 갖지도 말라 너희는 그리 말하
느니라.
19 그와 같이 생각하는 것도 죄이기에,
그저 십일조는 무조건 떼어 놓고 먼
저 바치라 함이니라.
20 그래서 여기서 얼마나 웃지 못할 웃
음거리가 생기는가?
21 십일조라는 것은 너희가 다니는 그
본 교회요, 본당에 와서만 바쳐야 하
며, 다른 교회요, 다른 곳에 써서도 아
니 된다 그리 말함이니,
22 똑같은 나의 성경을 가지고 공부하면
그 교회는 똑같은 너희 형제와 같음이
니, 너희가 그 십일조를 갖다 더 급하
고 더 긴요히 쓸 수 있는 곳에 주면 그
것이 어째서 안 된단 말이던가?
23 너희는 어찌하여 그 십일조가 무엇이
기에 나의 백성이 죽어 가는 곳에 써
도 안 되며, 그들이 어려운 자를 도와
줘도 안 되며, 이웃의 어려운 성전에
내도 안 되며, 교회에 내도 안 된다 하
는가?
24 제가 속해 있는 그 본당이요, 제 목사
라 하는 종교 지도자가 속해 있는 거
기에만 바쳐야 하며 그리해야 십일조
의 위력이 발휘된다 그리 말하는 것
이니, 너희들의 결론은 무엇이던가?
25 횡령을 하지 말라, 떼어먹지 말라 하
는 것도 무엇이냐?
26 본당에 갖다 바치게 하기 위한 짓이
요, 다른 곳에 쓰려는 생각조차 하지
못하게 하려는 것이 아니던가?
27 종교 지도자요, 목사요, 그들이 거둬
들이려고 하는 짓이 아니던가?
28 그리고 끝전도 떼어먹지 말며, 그리고
생각하지도 말고 주저하지도 말며 무
조건 갖다 바치라고 말함이니,
29 그것은 저희가 거둬들이려는 방법이
요, 저에게 가져오라는 그 뜻이 아니
고 무엇이던가?
30 이와 같이 사악한 방법으로써 십일조
를 거둬들이는 자들이니, 각종 헌금을
얼마나 수단과 방법을 가리지 않고

너희로부터 갈취하던가?
31 그 갈취를 당하는 곳에서 벗어나도록
그리해야 할 것이니라, 사랑하는 나의
아들딸들아!

5,635 번째 하나님 말씀

2003년 3월 21일 06시 53분

1 사랑하는 나의 아들아!
2 "네, 아버님! 말씀하옵소서."
3 지금의 종교 집단이요, 지도자들이 나
의 사랑하는 피조물 만백성에게 영수
증 하나 써 주지 않고 재물을 거둬들
이며 갈취하는 방법이 얼마나 교활하
던가?
4 모든 헌금이요, 이를 많이 갖다 바치
는 자는 하늘에서 물질의 축복을 준다
그리 말함이니라.
5 그러니 내가 너희에게 내려 준 그 재
물을 너희가 알아서 관리하고 쓰면 될
것이지,
6 어찌하여 그 재물을 또 하늘에 바침으
로써 그 많은 축복을 내가 내려 준다
는 것인가?
7 이미 내가 너희에게 많은 축복을 내려
주었음이니라.
8 준 것을 내가 너희에게 다시 거둬들여
또 축복을 내려 준다고 하니, 너희는
계속 달라고 하는 그와 같은 심리가
아니던가?
9 그리고 헌금을 많이 바침으로 하늘의
문이 활짝 열려 하늘의 창고가 그득히
넘쳐 흐르도록 쌓아 놓아야 하며,
10 그리 쌓아 놓은 자는 죽어 내 앞에 왔
을 때 그 축복을 받게 됨이니, 하늘의
문이 열린다 함이니라.
11 너희가 헌금이요, 재물을 바칠 때마다
하늘의 문이 열려 하늘의 창고에 그득
히 쌓아 놓고자 문을 열어 놓고 내가
기다리니,
12 그 창고에 그득히 넘치도록 쌓으라,
그러면 너희가 축복을 받는다 하니,
이것이 과연 있을 수 있는 일이더냐?
13 그 재물이 어디로 오느냐?
14 하늘로 오느냐, 그렇지 않으면 너희가
지금 착복하느냐?
15 너희가 나라에 바치는 그와 같은 귀한
보물이요, 세금을 중간에서 갈취하는
강도요, 살인자보다도 더한 것이 지금
의 종교 집단이요, 지도자가 하는 형
국이 아니던가?
16 국민의 세금을 받아 나라에 바치며 그
법도를 지켜야 하는 자가, 그 재물을
중간에서 가로채는 사악한 악덕 살인
자요, 강도와 똑같은 짓을 하고 있음
이니라.
17 그리하여 재물을 바칠 때마다 하늘의
문이 열려 그 창고에 그득히 쌓아 놓
는 것이 너희가 헌금하는 이유라 하면
서, 제가 받아들여 깔고 앉아 제 마음
대로 유용함이니,
18 그것이 나의 재물을 도둑질하는 강도
요, 살인자임을 너희는 알아야 할 것
이니라.
19 너희는 내 재물을 유용하며 그리고
함부로 쓰고 횡령하는 강도요, 사악한
자에게 바치는 행위를 하지 말라.
20 그것이 너희 죄만 누적된다는 것을
잊지 말라.
21 너희가 헌금을 많이 하며 감사 헌금을

갖다 종교 지도자에게 많이 바칠 때,
하늘에다 재물을 많이 쌓음으로 너희
들의 부족한 것을 다 채워 주며, 너희
가 이루고자 하는 걸 채워 주며,
22 재물을 얻고자 하면 더 주며, 권력을
얻고자 하면 더 높은 권력을 주며, 너
희에게 부귀영화를 모두 채워 준다고
현혹하여 말함이니,
23 너희가 가진 것을 잘 관리하고 뺏기
지 않는 것이 부귀영화를 누리는 길이
니라.
24 너희가 부족한 것을 채워 준다는 그
말 때문에 갖다 바치고 바치는 것은
욕심이 아니더냐?
25 열 개를 주고 백 개를 얻고자 하는 것
이 너희 욕심이니,
26 그리하여 너희가 죄를 짓는다 하였음
이니라.
27 하늘에 쌓아 놓는 것을 그냥 쌓아 놓
는 것이 아니요, 누르고 짓밟고 또 돌
멩이로 누르고 쇠로 꽉꽉 눌러서 넘치
도록 채워 놓아야 한다는 것이며, 그
리 넘치도록 채워 놓는 너희에게 넘
치도록 준다 함이니라.
28 너희가 아무리 써도 다 쓰지 못할 만
큼 내려 준다고 말하는 것이 지금의
종교 지도자들이니,
29 너희가 누르고 밟고 꽉꽉 쇠로 눌러
쌓듯이 하늘에 쌓아 놓으면, 그 배로
지상에서 누르고 짓이겨 쌓을 수 있
도록 준다 함이니,
30 너희가 과연 하늘을 위한 삶을 사는
가, 육을 위한 삶을 사는가?
31 너희가 육의 세상에서 하늘에서 내려
주는 그 재물을 눌러서 받는다는 착각
을 하고 있음이니,
32 백 년도 안 되는 삶을 위해 재물을 쌓
아 놓고자 하는 욕심에서 아직도 그
생각을 버리지 못하고 있다면 너희는
육에서 재물을 위해 살고자 하는 자들
이니라.
33 그리고 너희를 모든 재앙에서 보호한
다 하느니라.
34 재물을 많이 바침으로써 재앙과 환란
에서 구원을 받는다 그리 말하나니,
이것이 종교 지도자요, 사악한 자며,
35 마지막으로 할 말이 없으니 뭐라 하느
냐?
36 갖다 바치는 자가 나 여호와에게 사랑
을 받으니, 물질로써 계산하는 나 여
호와라 그리 말하나니,
37 거기에도 눈이 어두워, 인간의 욕심
때문에, 신도 너희가 각자 가진 욕심
때문에 재물을 갖다 바치고 죄를 짓고
가는 것을 너희는 알아야 할 것이니
라.
38 그것이 얼마나 큰 죄요, 무서운 죄며,
얼마나 욕심에서 벗어나지 못한 것인
가?
39 그와 같은 마음을 가지고 재물을 바치
는 자는 욕심을 버리지 못한 자요, 그
욕심에서 헤어나지 못함이니,
40 그 죄가 얼마나 무서운 것인가를 알
날이 머지않았으니 그리 알라.

5,636 번째 하나님 말씀

2003년 3월 21일 10시 02분

1 사랑하는 나의 아들아!
2 "네, 아버님! 말씀하옵소서."

3 이 세상의 모든 물건은 다 등급이 있
느니라.
4 너희가 주식으로 하는 쌀이라 하는
것도 그 영양가의 분석에 따라 등급이
있지 않던가?
5 그와 같이 천태만상의 등급이 있음이
니,
6 이 세상 나의 피조물 만백성 너희가
살아가는 형태도 그와 같이 등급이 있
는 삶을 살고 있음을 알아야 할 것이
니라.
7 지금 그 등급의 수준이 과연 어디에
있어야 나에게 오를 수 있다고 생각하
는가?
8 천태만상의 등급이 있으니 그 최상급
의 위치를 차지하는 자, 그가 거기에
서 하늘에 오르는 길을 볼 수 있으며
거기에서 변화의 역사가 이루어짐이
니라.
9 그리하여 너희들의 행위가 중요하다
함이니라.
10 지금 나의 아들을 따르는 제자들이요,
나의 법전을 읽고 깨우친 백성 너희는
성령의 공부를 하며, 나의 법전을 읽
고 깨우치며, 내가 나의 아들을 통하
여 내리는 그 강론을 들음으로써 한
등급, 한 등급 지금 올라가고 있다는
것을 알아야 할 것이니라.
11 그리 변하고 또 변하여 최상의 등급에
올라와야만 나의 전사로 하늘에 오르
는 그 영광의 길을 볼 수 있다 함이니,
12 오늘의 그 삶은 바로 등급을 높이는
것이니라.
13 그 등급이란 바로 무엇이더냐?
14 행함이니라.
15 그러나 지금 모든 종교 집단의 그 신
도라 하여 믿고 가는 자들이 스스로
저 자신의 등급을 높이려 하지 아니하
며, 저를 고급화하려 하지 아니하며,
16 그저 말로써만 구원을 받았다며 개구
리처럼 '개굴개굴'하니, 항상 제자리
에서 올라오지 못하는 것이니라.
17 그리하여 그 등급이 하나도 오르지 못
함이니,
18 최상급의 그 멀고도 먼 길을 향하여
올라와야 너희가 나의 빛을 보며 나
에게 올라오는 길을 보며 나에게 오는
영광을 얻음이나,
19 항상 제자리에서 소리만 지르고 뒹구
는 그들은 그래서 올 수 없다 함이니
라.
20 행함이 중요함이니, 살아가면서 하나
하나 변하는 그것이 바로 등급이 한
등급, 한 등급씩 오르는 것이며,
21 최상의 등급에 오르는 그와 같은 백성
이 되어야 함을 알라.
22 그리하여 끝이 없다 하였음이니라.
23 너희가 죽을 때까지 그 최상의 등급에
오르려 노력하고 노력하다 보면, 나로
부터 받아 간 명이 모두가 다 끝나고
종말을 거둘 때,
24 너희가 얼마만큼 최상 등급의 자리를
위해서 하나하나 올라왔는가 그것으
로 내가 평가함이니, 이를 알아야 할
것이니라.
25 그리하여 구약성경도 등급을 올리는
것이며 신약성경 또한 너희들의 등급
을 올리는 것이니라.
26 아름답게 살라 함이니, 너희가 지금까
지 살아온 그 길의 이치를 모르며 그

뜻을 모르며 인간들이 기록하며 변조
하고 또 변화시킨 그와 같은 세월 속
에서 모든 것이 제대로 지켜지지 아니
하여 오늘같이 험악한 세상이 되었느
니라.
27 내가 마지막 심판이라는 것은 무엇이
던가?
28 너희가 하늘에 오르는 길이요, 등급이
오르는 길이요, 마음을 변화시키는 그
것을 내가 원칙에 의해 세세히 기록하
여 너희에게 지금 안겨 줌이니라.
29 그러니 그대로 행할 때 최상의 등급이
요, 최상의 자리에 오르는 길의 방법
이 거기 있기에,
30 나의 법전을 보지 않고 접하지 아니하
면 오를 수 없다는 뜻이 여기에 있음
이니라.
31 오늘도 내일도 나에게 최상급의 판정
을 받고자 부단히 노력하며 변하는
삶을 살도록 하라 그리 전하라.
32 그것만이 너희가 하늘에 오르는 길이
요,
33 말로써 하며 행함이 없는 것은 제자리
에서 항상 다람쥐 쳇바퀴 돌듯이 도는
것이요,
34 절대로 미래가 없으며 전진이 없으며
변화가 없으니, 그것이 일반 백성과
너희들과의 차이점이니라.
35 나에게 선택된 백성은 나의 법전을 읽
고 깨우치며 강론을 들어 깨우치니,
그 등급이 스스로 올라감이니라.
36 그러나 지금의 믿음의 형태는 몇천
년 동안 흘러온 방법으로써 그대로 재
탕하고 또 재탕하고, 거기서 돌고 도
는 그와 같은 믿음으로써는 너희가 등
급을 올릴 수 없음이니 그리 알라 전
하라.

5,637 번째 하나님 말씀

2003년 3월 21일 17시 23분

1 사랑하는 나의 아들아!
2 "네, 아버님! 말씀하옵소서."
3 구약 시대의 그 역사의 흐름을 믿으며
또 그 시대의 기적을 믿으며, 신약 시
대에 나의 아들 예수가 이루었던 그
모든 역사의 기적을 믿으며 그리고 나
의 아들 예수가 존재함을 믿는다면,
과연 그 불가사의한 일이 어떻게 일어
날 수 있다고 생각하는가?
4 나 여호와의 권능이요, 내가 존재하지
아니하면 그 모두는 이루어질 수가 없
음이니라.
5 그러니 너의 제자들은 그 시대의 배경
부터 믿고 마음을 굳혀 가는 그와 같
은 믿음의 길을 가야 함을 잊지 말라
그리 말하라.
6 예수의 시대에 이루었던 역사요, 예수
가 존재했고 그가 이루었던 기적의 역
사요, 성경에 기록하여 전하는 그 모
든 내용은 나 여호와가 존재하며 내가
주관하여 이루었다는 것을 굳건히 믿
는 마음의 자세를 가질 때,
7 너희가 나의 법전이 얼마나 소중한 것
인가를 알며, 또한 너희가 선택된 것
이 얼마나 소중하며 귀한 자녀인지 알
게 될 것이며,
8 그리고 이 법전이 만백성을 구원하는
얼마나 소중한 것인가를 알게 될 것이
니라.

9 우선 그와 같은 마음 자세를 가지면 너희는 불안한 마음이 없으며 두려울 것이 없으며 초조한 마음이 없을 것이니라.

10 내가 너희에게 뭐라 전하였는가?

11 나의 아들의 머리가 하얘졌을 때 그가 완벽히 선다 하였으며,

12 너희가 죽기 전에 육의 세상에서 10년이라는 그 짧은 세월 속에 그 모든 역사를 한다 내가 그리하지 아니하였던가?

13 너희가 예수의 시대를 믿으며 구약의 시대를 믿으며 나 여호와가 존재함을 믿는다면, 오늘날 내가 나의 아들을 통하여 내리는 그 모두를 믿는다면, 너희가 무엇이 두렵고 무엇이 그리도 초조한 것인가?

14 너희는 한번 생각해 봐야 할 것이니라.

15 이 세상의 방대한 지구 위에 모든 동식물이 다 존재하는 그 속에 내가 겨자씨 하나를 세상에 내렸음이니,

16 그 겨자씨가 싹이 트고 자라기도 전에 너희가 무엇인가를 이루고자 한다면 그것이 되겠는가?

17 160권의 법전이 세상에 나감이니, 이제 열여섯 권의 법전이 세상에 나와 걸음마를 시작하는 그와 같은 단계이니라.

18 너희에게 두 손에 쥘 수 없는 많은 양을 주었을 때, 그것을 손에 받쳐 들 수 있는가?

19 넘쳐흘러서 아무런 가치가 없는 것이라 내가 너희에게 말하지 아니하였더냐?

20 익은 과일을 두 개밖에 들 수 없는 손에 열 개를 준다 해도 그 두 손이 열 개를 받쳐 들 수 없지 아니하던가?

21 서서히 자라면서 내가 줄 수 있는 만큼 주며, 너희가 지탱할 수 있는 만큼 지탱해 주면서 그리 가는 것이니라.

22 너희가 10년 세월이 과연 무엇이더냐?

23 지상의 천 년이요, 육의 세상의 천 년이 하늘의 하루라 하였음이니,

24 너희의 10년이라는 세월은 과연 나에게 얼마만큼 되는가?

25 그리도 너희가 조급하게 생각하며, 지금 무엇인가를 이루고자 하는 마음을 가져서는 아니 될 것이니라.

26 이제 겨자씨가 서서히 뿌리를 내려 그 싹이 트니, 그가 자라서 그늘을 지울 때, 그때가 필요하며, 그때를 기다리면서 가야 하는 것이니라.

27 모세가 그 백성을 이끌어 나오기까지 세월이 얼마나 길었는가?

28 몇백 년이라는 그 세월이 흘렀음이니라.

29 그리고 그들이 광야에서 40년이라는 세월이 흘렀음이니라.

30 그와 같은 역사의 흐름 속에서 본다 하면, 너희가 지금 얼마나 조급한 생각이며 서두르는 것인가를 알 것이니라.

31 이제 너희들의 마음을 비우며 바로 서는 그와 같은 변화의 시간이 되었음을 알아야 할 것이니라.

32 먼저 너희를 다스리며, 너희가 기다리는 시간, 내가 너희에게 무어라 말하였느냐?

33 10년이라는 세월을 기다려서 그것이 세상을 덮지 아니하면 나를 믿지 말며

나의 법전을 믿지 말며 나의 아들을 믿지 말라 그리하지 아니하였던가?
34 10년에 모든 역사가 이루어진다면 그 것이 긴 세월이라고 생각하는가?
35 그 세월도 기다리지 못하는가?
36 너희가 60평생 살아가면서 기다리고 역사해도 목적 하나 이루지 못하며, 하고자 했던 소원을 이루지 못하는 너희인데,
37 너희가 10년 만에 너희 손으로 만들어 전한 법전이 세상을 덮으며, 그리고 이것이 나 여호와의 뜻이요, '하늘에 오르는 길'이라 하여 만백성이 너희를 칭송하며 너희를 만나 보기를 원하며 그들이 부러워할 것이며,
38 너희를 찾아오는 자들이 이루 말할 수 없는 그 역사가 이루어지는 그 세월이 10년이라 하였거늘,
39 그 속에서 너희가 초조하고 오늘의 불안함을 느끼는가?
40 죽든 살든 너희가 그 10년이라는 세월을 견디지 못하겠거든 떠날 것이며,
41 아무리 고통스럽고 힘들고 어렵다 해도 그 10년의 세월을 기다릴 수 있는 자는 기다리면 될 것이니 그리 알라.

5,638 번째 하나님 말씀

2003년 3월 21일 17시 27분

1 사랑하는 나의 아들아!
2 "네, 아버님! 말씀하옵소서."
3 너를 따르는 내가 사랑하는 너의 제자요, 나의 법전을 읽고 깨우치는 만백성에게 전하니, 들으라.
4 나 여호와가 선택한 나의 백성, 너희를 내가 선택한 것은 오늘의 너희들의 삶이요, 너희가 살아가는 그 삶을 위해서 너희를 내가 선택한 것이 아님이니라.
5 너희가 지금의 육의 세상에 살아가는 모습이요, 그와 같은 삶을 사는 것이며 법전을 만들며 법전을 세상에 전하는, 그와 같이 너희가 지금 하는 그 모두에 대해 내가 너희를 쓰고자 선택한 것이 아님을 알아야 할 것이니라.
6 나 여호와가 쓰고자 하며 내가 너희를 불러 쓰는 것은, 너희는 생각할 수도 없으며 상상할 수도 없으며 볼 수도 없는 다음의 시대요, 다음의 역사를 이루기 위해 내가 너희를 쓰고자 하는 것이며,
7 새로운 시대를 열어 가는 데 책임이 있으며 해야 할 일이 있기에 내가 너희를 쓰고자 하여 불렀음이니라.
8 오늘의 일반 백성이 살아가는 그와 같은 삶 속에서 너희를 쓰고자 했다면, 내가 평범한 사람 아무나 불러 쓸 것이지, 너희를 선택하여 쓰지 아니하였음을 알아야 할 것이니라.
9 너희는 지금 생각하지도 못하며 볼 수도 없으며, 감히 어떠한 그림으로도 그릴 수 없는 다음의 시대요, 또 그 큰 역사를 위해 너희를 쓰고자 선택한 것이니라.
10 내가 평범한 백성이요, 평범한 삶 속에서 살아가면서 그 생활 속에서 너희를 내가 구원하며 오늘의 생활에 너희를 쓰고자 한다면 나는 너희를 선택하지 아니하였을 것이니라.
11 내가 쓰고자 하는 것은 너희에게 보이

지 않는 다음의 큰 역사이니라.
12 법전을 만들어 전하는 것보다도 더 위
대한 역사를 위해서 너희를 쓰고자
함이니라.
13 그와 같은 쓰고자 함이 있기에 내가
불렀음을 알아야 할 것이니라.
14 나 여호와에게 선택되어 내가 쓰고자
한다는 그와 같은 뜻을 이제 깨달아야
할 것이니라.
15 오늘날 누구나 할 수 있는 평범한 삶
이요, 그리고 내가 내리는 성령을 기
록하여 법전을 만들며 그를 전하는 것
은 보통 백성도 다 할 수 있으며, 누구
나 다 내가 불러 쓰면 쓸 수 있는 것이
니라.
16 그러나 지금 내가 나의 아들을 따르는
제자들이요, 내가 선택한 너희는 그와
같이 쓰고자 함이 아니니요,
17 보이지 않는 다음 시대를 역사하고자
내가 너희를 불러 쓴다는 것을 알아야
할 것이니라.
18 다음 시대의 준비와 다음 세상에 무엇
인가를 이루고 개혁이요, 변화를 이룰
수 있는 그와 같은 중대한 임무를 수
행할 수 있는 자이기 때문에 내가 너
희를 불렀음이니라.
19 다만, 너희가 보지 못하며 지금 듣지
못하며 그 세상을 생각할 수 없는 것
이니라.
20 그리하여 내가 불렀음을 알며, 내가
너희를 불러 쓴다는 것을 잊지 말라.
21 너희는 상상할 수 없는 다음의 시대
요, 다음 세대요, 너희가 한 계단 올라
서는, 그리고 양파라는 것의 껍질을
벗겨 놓고 그 속을 보듯이, 그 벗겨 놓
은 양파를 요리해서 음식에 쓰듯이,
22 너희들의 지금의 삶을 다 벗겨 놓고
벗어난 다음에 너희가 그와 같이 쓰
임이 있다는 것을 잊지 말라.
23 너희는 평범한 인간의 삶이요, 세속의
삶을 살아가는 그 모습에서 쓰고자 하
는 것이 아니니요,
24 일반 백성이 살아가는 생활이요, 습관
이요, 그들의 모든 악습을 다 벗어난
차원 높은 곳에서 너희를 쓰고자 하
며, 그와 같은 세상에 그와 같은 목적
으로 너희를 쓰고자 하느니라.
25 누구도 넘을 수 없는 인간의 삶이요,
누구도 변할 수 없는 인간의 삶이요,
26 누구도 넘으며 변할 수 없기에 지옥
불로 가는 남들이 넘을 수 없는 그 길
을 넘게 하고자 너희를 쓰고자 하며,
27 만백성이 너희를 보고 배우고, 너희를
보고 따라 나의 백성이 변하는 그와
같은 본보기로 너희를 쓰고자 함이니,
28 너희는 언행이 일치해야 할 것이며,
그 누구도 넘을 수 없는 그 고개를 넘
게 하여 너희를 쓰고자 한다는 것을
잊지 말라.

5,639 번째 하나님 말씀

2003년 3월 21일 17시 32분

1 사랑하는 나의 아들아!
2 "네, 아버님! 말씀하옵소서."
3 너의 제자들에게 깨우쳐 전해 줘야 할
것이니라.
4 너희가 음식이라는 걸 접할 때, 눈을
감고 나에게 감사하다는 기도를 드리
며 경배하느니라.

5 그러나 너희는 음식을 먹을 때마다,
또한 먹고 난 다음에 나 여호와에게
감사하다는 기도를 드릴 수 있도록 오
늘부터 한 가지 더 훈련에 돌입하도록
그리하라.
6 너희가 음식을 먹기 전에는 음식을 먹
고자 하는 생각이요, 그 욕심에서 기
도를 드리며 그 생각에서 기도를 드리
느니라.
7 그러나 먹고 난 다음에 나에게 기도드
리는 것은 모든 것이 청산된 다음에
나에게 감사하는 그 뜻을 보임이니,
8 그리하여 나중에 기도함이 더 소중하
며, 거기에 사랑이 있으며, 거기에 나
여호와를 그리는 마음이 있으며, 나에
게 감사하는 마음이 더 깊음을 알아야
할 것이니라.
9 너희가 음식을 먹기 전에 감사하다 기
도하는 것은 건수요, 먹을 수 없는 물
과 같은 것이며,
10 먹고 난 다음에 나에게 감사하는 것은
몇백 미터 지하에서 끌어올린 아주 깨
끗하고 소중한 생수와 같은 마음의 자
세니,
11 너희는 꼭 그와 같이 먹고 난 다음에
나에게 감사하는 기도를 드리라 그리
전하라.
12 그리고 너희가 만백성을 접하고 살아
가면서 음식을 놓고 먹고 행하는 그
모습에서 변하고 변화되지 않은 모습
을 볼 수 있는 것이니라.
13 너희가 일반 행동이요, 일상생활을 할
때는 그를 알 수 없으나, 모르는 사람
과 친구들과 앉아 정좌하여 음식을 먹
을 때는 누구나 마주 보고 상대방을
가장 잘 알 수 있는 시간이며, 눈을 보
고 같이 대화할 수 있는 시간이니라.
14 그러니 가장 근엄한 자세요, 가장 조
용한 자세로 식탁에 학과 같이 앉아서
식사하는 법을 내가 너희에게 최초에
가르쳐 주지 아니하였던가?
15 그 뜻이 거기에 있음이니라.
16 너희가 식탁 앞에서 음식을 먹는 그
자세가 곧고 바를 때, 상대방은 너희
의 그 근엄한 자세를 알 수 있으며, 너
희가 다른 사람과 다른 생활을 하고
있다는 것을 식탁 앞에서 가장 깊이
느끼며 빨리 느끼며 볼 수 있음이니라.
17 그리고 그들 자신도 같은 행동을 하
고자 너희에게 자신을 비춰 봐 그들이
깨우칠 수 있으며 너희를 보고 배울
수 있는 것이 식탁 앞에 앉아 있는 학
이 먹는 자세임을 알아야 할 것이니라.
18 내가 나의 아들을 통하여 그를 가르쳐
주었음이니,
19 나의 아들이 너희에게 육성으로 가르
치는 그와 같은 방법으로써 음식을 대
하도록 그리하라.
20 나의 아들이 너희에게 그리 말할 것이
니라.
21 모든 음식이 '선생이여, 정좌한 자세
로 아주 맛있게 먹어 달라' 그와 같이
부탁한다고 나의 아들은 너희에게 그
리 가르칠 것이니라.
22 너희가 자세를 곧게 하고 먹어 달라는
그와 같은 부탁을 지금 너희가 먹는
그 음식이 너희에게 한다는 것을 잊지
말아야 할 것이며,
23 실제로 그와 같이 그들이 부탁의 역사
가 이루어지고 있다는 것을 잊지 말라.

24 학과 같이 아주 곧은 자세요, 정좌한
자세로써 음식을 취하도록 이제 훈련
에 들어가라.
25 앞사람을 가르치며 말없이 교육하며
말없이 너희를 따라오게 하는 방법은,
음식을 같이 취하는 것보다 더 좋은
시간이 없으며 더 정확한 시간이 없으
며,
26 서로 보고 배우는 그와 같은 산 교육
의 장은 식사하는 시간보다, 음식을
먹는 시간보다 더 정확한 시간이 없음
을 너희는 알라.
27 같이 행동하며 같이 가기 때문이니라.
28 너희가 서로 다른 행동을 하며 다른
대화를 하면 뜻이 일치할 수가 없으
며, 서로 의사소통이 아니 되지 않던
가?
29 똑같은 상에 앉아 같은 음식을 서로
접함이니,
30 같은 행동을 하면서 거기서 차별화를
느끼는 것이 식탁에서 음식을 먹는 자
세에서 사람들을 다스리고 깨우치며,
그곳이 너희가 변하는 모습이요, 행함
을 보여 주기 위한 가장 값진 장소라
는 것을 잊지 말라.

5,640 번째 하나님 말씀

2003년 3월 21일 17시 39분

1 사랑하는 나의 아들아!
2 "네, 아버님! 말씀하옵소서."
3 모든 것이 이루어지고 결행하는 것은
나 여호와가 결행함이요, 내가 집행하
고 시행함이니라.
4 모든 것은 나 여호와가 역사하며 내가
결행하도록 그 모든 준비를 이루는 것
이 나로부터 선택된 백성 너희니라.
5 너희가 어찌 준비하느냐에 따라서, 그
를 따르고 안 따르느냐에 따라서 심판
하고 다스리는 것은 나 여호와가 주관
함이니,
6 너희는 내가 심판하고 다스릴 수 있는
그 모든 역사의 준비를 하는 것이 나
로부터 선택된 아들딸 너희가 해야 하
는 일임을 알아야 할 것이니라.
7 너희가 집행하는 것이 아니니라.
8 너희는 내가 집행할 수 있는 준비를
완벽하게 해야 할 나로부터 선택된 백
성이니,
9 너희와 내가 분담하고 있음을 알아야
할 것이니라.
10 너희는 나의 법전을 만들어 세상에 전
하여 만백성을 구원하고자 하지 않는
가?
11 너희가 나의 법전을 어렵게 만들어 이
를 가지고 동서남북으로 뛰어다니며
이를 시행하여 사람들에게 전하고자
하며 만백성을 이끌고자 함이니라.
12 지금의 종교를 믿는 백성이 이를 거
부하고 이를 찢어 버리고 태워 버리
며, 그리고 백성이 이를 보지 아니하
고 사탄이요, 이단이라 그리 말하고
욕하는 그와 같은 것은 너희와 관계
된 것이 없느니라.
13 다만, 그들이 어떠한 길을 선택하느냐
하는 그 단계만 이끌어 주면, 그들이
벌을 받고 벌을 받지 않는 것은 나 여
호와가 행함이니,
14 너희는 모든 준비의 역사를 이루는 것
이 나로부터 선택된 백성 너희가 해

야 할 일이라는 것을 잊지 말라.
15 너희가 법전을 전하고 또 전했을 때
그를 보고 나 여호와의 뜻이라 깨닫는
자는 내가 그에게 상을 내릴 것이며
그를 내가 거둬들일 것이며,
16 그를 보고 사탄이요, 사악한 자요, 그
리고 말세에 온 거짓 선지자가 만백성
을 우롱하는 짓이라 하여 이를 찢어
버리고 태우는 자, 그들을 벌하고 다
스려 그 죄를 물음은 나 여호와가 함
이니,
17 내가 벌을 줄 자, 상을 내리고 거둬들
일 자, 그와 같은 모든 것을 할 수 있
도록 앞에 가면서 그 준비를 해 놓는
것이 나로부터 선택된 백성 너희가
해야 할 책무며 임무라는 것을 이제
너의 제자들에게 전해 줘야 할 것이
니라.
18 너희가 나의 법전을 가지고 전해 주며
또 전해 주며, 그리고 법전을 만들어
세상을 덮어 나갈 때, 너희는 그것으
로써 임무를 다했으니,
19 너희가 가고 난 다음에 심판하고 심판
하지 않는 것은 나의 권한이며, 내가
벌할 자 벌하며, 벌하지 않을 자 벌하
지 아니하고, 상을 줄 자 상을 줄 수
있게 구분할 수 있도록 너희가 내 앞
에 달려가는 그와 같은 역사를 이루는
것임을 알아야 할 것이니라.
20 그러니 너희들의 소임이 그와 같이
중요하며 너희가 하는 역사가 그와
같이 소중함을 알아야 할 것이니라.
21 너희가 전하지 아니하였을 때 그들은
심판의 기회가 없으며 나로부터 그들
에게 영광의 기회가 또한 없지 아니하
는가?
22 그들에게 죄를 묻고 상을 주는 것은
너희가 나의 법전을 전하고 지나간 다
음에 나 여호와가 뒤따라 그 모든 역
사를 이룸이니,
23 너희는 그와 같은 준비를 하려고 나
로부터 선택된 백성이요, 나의 아들을
따르는 제자라는 것을 잊지 말라.
24 나 여호와로부터 그 대가를 치르고 안
치르는 것은 너희가 나의 법전을 전
하고 지나간 다음에 나 여호와가 결정
하여 그 명을 내릴 것이며,
25 그때 너희는 그와 같은 역사를 하는
일꾼으로서 나에게 선택된 자라는 것
을 알라.
26 그리하여 너희가 얼마나 귀한 나의
아들딸인가?
27 너희가 나의 법전을 가지고 앞에 지나
가지 아니하면, 내가 심판할 기회가
없으며 내가 판정을 내리지 못한다면,
그를 믿겠는가?
28 너희가 나의 성령이요, 나의 법전을
가지고 만백성에게 전하고 전하며 지
나갔을 때,
29 그를 받아들이는 자, 받아들이지 아니
하는 자, 그리고 그를 찢어 버리는 자,
욕하는 자, 불태워 버리는 자, 그리고
가슴에 안고 정독하는 자,
30 너희가 전하고 난 다음에 나 여호와가
심판한다는 것을 알아야 할 것이니라.
31 그리하여 너희가 나의 임무를 대행하
는 것이며, 나를 대신해서 사는 내가
사랑하는 너희라 그리 말하지 않았던
가?
32 이제 두려워하지 말라. 너희는 할 수

있는 자들이니라.
33 그리하여 할 수 있기에 너희에게 명
령을 내렸으며, 너희는 나의 명에 따
라 지킬 수 있으며 충분히 그 역사를
수행할 수 있는, 나로부터 선택된 아
들딸이니라.
34 이제 너희는 겁먹지 말며 두려워하지
말라.
35 심판의 결과는 나 여호와의 몫이며,
법전을 전하여 내가 심판할 수 있는
그 역사의 준비 단계를 완벽히 하는
것은 너희가 해야 하는 일임을 알아
야 할 것이니라, 사랑하는 나의 아들
딸들아!

5,641 번째 하나님 말씀

2003년 3월 21일 17시 49분

1 사랑하는 나의 아들아!
2 "네, 아버님! 말씀하옵소서."
3 나로부터 선택된 백성이요, 나의 법전
을 읽고 깨우친 백성이요, 그리고 나
의 아들을 통하여 내리는 강론을 들은
너희는 과연 어떠한 마음으로 살아가
야 한다 생각하는가?
4 너희는 지금 스스로 노력하며 스스로
변해 가고 있으며, 악이 무엇인가를
알며 선이 무엇인가를 알며 나 여호와
가 원하는 것이 무엇인지, 내가 역사
하고 있는 것을 모두 알고 있음이니라.
5 그리하여 너희는 죄짓는 것을 두려워
하며,
6 말로써 구원받는 것이 아니요, 행함으
로써 구원을 받는다 하여 어렵고 힘
든 길을 가는 것이 나로부터 선택된
백성 너희가 아니던가?
7 그러하니 너희는 나에게 이리 기도할
수는 없는가?
8 '스스로 변하며 나 여호와의 뜻에 살
아가는 저에게 은혜를 내리지 마옵시
고, 오로지 아무것도 모르며 깨닫지
못하며 스스로 서지 못하며 변하지 못
하는 그 백성을 먼저 깨우치시며 그
백성을 먼저 구원하여 주옵소서.'하고
나에게 기도를 드릴 수는 없겠는가?
9 너희는 스스로 변하여 가며 하늘에 오
르는 길이 무엇인가를 알며 역사함을
다 아니,
10 이 육의 세상에서 더 바랄 것이 무엇
이 있으며, 더 얻고자 할 것이 무엇이
있으며, 그보다 더 귀하고 소중한 것
이 무엇이 있는가?
11 그리하여 너희는 나의 법전을 접한
것을 감사드리며, 나의 아들을 통하여
내리는 강론을 듣는 것을 감사하며,
12 그리고 오늘보다 내일의 삶이 아름답
게 변해 가며, 죄의 두려움을 알며, 행
위로써 죄를 짓는 자는 구원을 받지
못함이니 행함이 중요하다는 이와 같
은 나의 뜻이요, 하늘의 나 여호와가
원하는 것을 아는 백성 너희가 이 세
상에서 무엇을 더 얻고 무슨 부귀와
영화가 너희에게 필요하던가?
13 그러니 너희는 그것 하나 얻은 것으로
써 나 여호와에게 감사하며 나에게 기
쁨을 드리고자 한다면, 두 무릎 꿇고
나에게 그리 기도할 수는 없는가?
14 '창조주이신 아버지요, 만물을 주관하
신 아버지께서 저희에게 은혜와 사랑
을 주셔서 저희는 스스로 갈 길을 알

며, 스스로 변해야 할 길을 알며, 죄가
무엇인지를 알며 하늘에 오르는 길이
무엇인지를 알았사오니 저희에게 은
혜를 내리지 마옵시고,
15 지금 스스로 변하지 못하며 깨우치지
못하는 저희 형제요, 그 백성을 위하
여 아버님의 모든 도움을 그들에게 다
주옵시고 그들을 믿어 주시고, 그들을
도와주시고, 그들에게 믿음을 주시고,
그들에게 영광을 주시며,
16 그들의 생활이 변하는 역사를 하시는
거기에만 아버님께서 신경을 쓰시며
그쪽에 마음을 두시옵소서.' 하고 정
녕 나에게 그와 같은 아름다운 기도를
드릴 수는 없는가?
17 너희는 스스로 변해 갈 수 있음이니
이 인간 세상에서 무엇이 필요하겠는
가?
18 너희는 나에게 그와 같은 기도를 드
리며, 너희 스스로 마음의 다짐은, '인
간 세상에서 아직 끊지 못하는 모든
악습이요, 폐습의 그 모든 끈을 놓을
때까지 최선의 노력을 다하겠사오며,
19 저희가 인간 세상에서 붙잡는 그 고
리를 다 끊을 때까지 최선을 다하여
아버님께 달려가는 그 역사의 삶을 살
아가겠사옵나이다.' 하고 나에게 기원
하는 기도를 드릴 수는 없겠는가, 사
랑하는 나의 아들딸들아!
20 너희 마음의 기도가 그리해야 할 것
이며 너희 생각이 그리 가야 하지 않
겠는가?
21 나는 너희를 사랑함이니라.
22 이제 너희가 얼마만큼 무섭게 변해가
는지 나 여호와는 알고 있음이니라.
23 다만, 너희가 세속의 삶의 습관이요,
그 악습이요, 잘못된 것을 아직 모두
를 버리지 못하며 그 길고도 긴 세월
동안 살아온 인간의 잘못된 습성을 버
리지 못하여 얼마나 견디기 어려우며
고통스러워하는지 나 여호와는 알고
있음이니라.
24 사랑하는 나의 아들딸 너희는 들어야
할 것이니라.
25 너희가 지금 인간 세상에서 살아온 그
습성이요, 악습을 버리지 못하여 그를
끊고자 피눈물을 흘려야 한다 해도
중단해서는 안 되며 버려서는 아니 될
것이니라.
26 피눈물보다 더한 고통이 있다 해도 너
희가 붙잡고 있는 세상의 모든 고리
를 두 손 펴 모두를 다 놓으라.
27 그와 같은 길을 가는 것에만 매진하며,
28 모든 영화와 영광이요, 물질의 축복이
요, 모든 은혜요, 이것은 아무것도 모
르며 스스로 깨닫지 못하며 스스로 서
지 못하는 어리석고 불쌍한 너희 형제
를 위해서 나 여호와가 그들에게 집중
하며 그들을 사랑하며 그들에게 은혜
를 내려 주십사 하는 기도를 할 수는
없겠는가?
29 이제 너희는 그와 같은 기도를 할 수
있는 나의 아들딸이라 생각함이니라.
30 다만, 너희가 그와 같은 아름다운 마
음을 가지고 있을 때, 너희가 피보다
진한 그 눈물과 고통으로써 깨닫고 깨
달아 노력하여 나에게 달려올 때,
31 너희들의 뜨거운 눈물 뒤에 너희가
상상할 수 없는 나 여호와의 영광과
축복이 있다는 것을 알게 될 날이 머

지않았음이니 그와 같은 마음으로 살
아가라.
32 내가 너희에게 법전에 기록하여 뭐라
말하였느냐?
33 너희가 선함을 베풀어 지옥에 있는 백
성을 구원하며 마지막 천국으로 가는
그 표 하나를 남에게 주고, 너희가 지
옥 불로 가는 나의 아들딸로서 영원
히 나를 보지 못한다 해도,
34 너희가 남을 위해서 그 길을 선택할
수 있는 그 마음이 나의 마음이요, 나
의 심성이요, 나의 아들딸이 가는 길
이라 하였음이니,
35 이제 너희가 물질이요, 그 축복의 영
광을 받는 것은 다른 사람이 받게 한
다는 그런 생각을 할 수는 없겠는가?
36 그리하여 나의 뜻을 알며 하늘에 오르
는 이치를 깨달은 영광이요, 그 축복
하나로써 세상의 모든 고리의 손을 놓
으며,
37 아직도 깨닫지 못하는 자가 바로 나이
는 먹었다 해도 걸음마도 못 하는 아
이와 같은 자들이니, 그들을 바로잡아
주며,
38 재물이요, 영광이요, 나 여호와의 축
복을 그들에게 주며, 너희는 '더 바랄
것이 없사옵나이다.' 그리 애절한 마
음으로 기도하는 너희 모습을 나 여호
와는 보고 싶으며,
39 그 모습을 바라보고 싶은 것이 나 여
호와의 마음이니 그리 알고 전하도록
하라.

5,642 번째 하나님 말씀

2003년 3월 21일 18시 21분

1 사랑하는 나의 아들아!
2 "네, 아버님! 말씀하옵소서."
3 더러운 그릇에는 귀하고 중요한 것을
결코 담을 수 없음이니라.
4 이제 나의 피조물 만백성을 구하고자
나의 법전을 읽고 깨우치며 나의 성령
을 직접 들으며 내가 새로 내리는 성
경의 그 뜻을 듣고 배우는 백성,
5 너희는 나 여호와가 내리는 모든 성령
의 뜻을 가슴에 담으며, 너희 자신의
그릇에 담기 위해서 얼마나 깨끗하고
아름답게 세상을 살아야 하며 바로
살아야 하는지 알아야 할 것이니라.
6 너희가 인간 세상에 살아가면서도 더
럽고 추한 그릇에는 귀하고 소중한 것
을 담지 못하거늘,
7 나 여호와의 성령이요, 내가 직접 너
희를 깨우치고자 내 가슴을 태워 내
리는 이 성령의 뜻을 너희 가슴에 받
아 변하는 역사로써 만백성을 구하는
길을 가고자 한다면,
8 너희 자신의 그릇이 얼마나 깨끗하고
아름다워야 하는지 너희 스스로 역사
하며 갈고닦아 나가야 할 것이니라.
9 나 여호와의 성령으로써 만든 나의 법
전을 읽으며 변하는 백성, 너희는 생
각이나 마음만 먹는 것이 아니요,
10 선하고 아름다운 행동을 직접 행하고
실천하는 것이 나의 피조물 만백성의
거울이 되며 그들에게 깨우침의 길을
보여 주는 것임을 알아야 할 것이니
라.

11 그러니 그와 같은 성령을 내가 너희에
게 부어 만백성의 빛이 될 수 있는 나
의 선택된 백성으로서 존재케 하려면,
12 너희 스스로 나의 성령을 받을 수 있
는 그와 같은 만반의 준비요, 깨끗한
그릇으로서 너희 자신이 다스려져야
함이니라.
13 너희가 하늘을 향하여 한 점의 부끄럼
이 없는 아름다운 삶을 사는 것, 그와
같이 너희가 바로 섰을 때 나의 성령
을 받을 수 있으며,
14 그렇지 아니한 자는 나의 성령이요,
나의 뜻을 가슴에 받을 수 없음을 너
희는 알아야 할 것이니라.
15 이제 구약 시대요, 신약 시대의 역사
를 흘러오면서 내가 마지막으로 너희
를 심판하는 법전이라 하여 세상에
내려보내는 이와 같은 역사를 시행하
고 집행할 너희요, 나의 뜻에 따라 앞
에 가 모든 길을 열고 가야 할 백성 너
희는,
16 한 점의 부끄럼이 없는 삶을 살아야
함을 알아야 할 것이니라.
17 이제 수천 년 동안 흘러온 종교의 믿
음이요, 지금의 믿음을 가진 그 백성
이 나 여호와를 경배하며 나의 아들
예수의 고통을 따르고 보는 것이 아니
요,
18 저희 종교 지도자 스스로 우상이 되
기에 급급하였으며,
19 저희를 받들고 위하는 것만이 그들 가
정에 행복이 있으며 형제간에 화목하
며 나라까지 행복하고 축복이 있다는
그와 같은 감히 할 수 없는 말로써 종
교 지도자 저희를 받들라, 모시라,
20 그리고 종교 지도자가 기쁘고 영광된
삶을 살아갈 때 이 세상의 모든 부귀
영화요, 그곳의 성전에 와 기도하는
백성까지 축복이 있다 말하여 저희
스스로 우상이 되어 있으며,
21 나의 사랑하는 백성에게 우상을 섬기
게 하는 지금의 종교 집단의 그 형태
를 더는 볼 수 없음이니,
22 그들을 바로 다스리려면 너희가 깨끗
한 그릇으로서 나의 성령을 깨끗이 받
아들여 변하는 삶을 살아가는 그것밖
에는 없음이니라.
23 지금의 굳어진 저희 종교 집단이 지금
의 형국에서 양보하지 아니하려 하며
저희가 왔던 그 폐습을 버리려 하지
아니하며 지금까지 흘러왔던 습관마
저도 버리려 하지 아니함이니,
24 이를 개혁하고 바로잡고자 나의 성령
을 갖고 전하는 너희와 그들의 대혼란
은 이루 말할 수 없는 상태의 회오리
가 불어닥치는 그와 같은 견딜 수 없
는 역사를 한 번은 거치고 가야 함이
니라.
25 그와 같은 환란의 시기가 열릴 때 버
티고 견딜 수 있는 것은, 너희들의 진
정한 깨끗한 마음에 내 성령이 임했을
때만이 너희가 지탱하고 견딜 수 있는
것임을 알아야 할 것이니라.
26 너희는 깨끗한 그릇으로서 네 마음을
깨끗이 씻어 내 나로부터 성령을 받
아 굳건히 섰을 때, 그리된 백성은 어
떠한 환란이 온다 해도 그 그릇은 깨
지지 아니하며 그 그릇은 환란을 맞지
않는다는 것을 알아야 할 것이니라.
27 지금 믿음의 종교 집단이 수천 년 동

안 흘러오면서 저희의 안일을 위해
먼저 생각하며,
28 나 여호와의 진리요, 나의 뜻을 가르
치는 것이 아니요, 저희가 더 큰 성전
을 지으려고 더 많은 백성에게 더 많
은 재물을 거둬들이는 데 연연하고
살아가는 종교 집단으로 변질되어 있
음이니,
29 그들이 기도하는 소리는 내가 듣지 아
니하며 그들은 나와 관계없다 그리
말하지 아니하였던가?
30 너희는 재물과 믿음, 두 가지 길을 같
이 갈 수 없는 것이 인간의 형태라 그
리 말하였음이니라.
31 믿음의 길을 가는 것이 아니요, 재물
을 나 여호와처럼 받들며 금화와 은화
를 나 여호와처럼 받들고 섬기는 잘못
된 지금의 모든 종교 집단, 그들의 뿌
리를 뽑으며 그들을 다스리고자 하는
새 역사가 이루어지는 이 시점에서 나
의 심판이 시작되니, 대환란의 역사를
넘지 않을 수 없는 그 고비임을 너희
는 알아야 할 것이니라.
32 지금 믿음의 길을 가는 모든 종교 집
단이요, 지도자들이 나의 뜻이요, 나
의 성령이요, 나의 아들 예수가 죽어
가면서 너희에게 사랑을 베풀라고 가
르쳤던 것,
33 그를 죽이는 사람들을 용서하여 달라
는 나의 아들 예수의 그 간곡한 기도
요,
34 그리고 '아버지, 저들을 용서하여 주
옵소서.'하고 드린 그 기도를 너희가
생각하며,
35 예수가 죽어 가면서 어머니에 대하여
그 제자에게 '제자여, 나의 어머니를
보살펴 주오.' 그 말을 남기고 예수가
갔던 그와 같은 너희 육의 부모에게
사랑을 실천함을 너희는 과연 얼마나
지키고 살아가는가?
36 나의 십계명에 '네 부모를 공경하라.'
기록되어 있으며, 나의 아들 예수는
그 고통 속에 죽어 가면서 말하였느니
라.
37 '제자여, 우리 육의 어머니를 보살펴
주십시오.' 그리 말하였으니 그게 다
사랑이니라.
38 너희는 과연 낳아 주고 길러 준 부모
앞에 얼마나 사랑을 베풀며 부모에게
감사하는가?
39 너희를 낳아 주고 길러 준 부모에게
감사를 모르는 자는 나 여호와를 사랑
할 줄 모르며 나 여호와의 뜻을 알 수
없음이니라.
40 너희가 육으로 낳아 주고 길러 준 부
모에게 감사하며 그 은혜를 가슴으로
새기는 것은 가장 작은 사랑이나, 그
것이 아름다운 사랑이요, 사랑의 기본
이요, 기초가 되는 것이니라.
41 네 부모를 사랑할 줄 아는 자가 나 여
호와를 사랑할 줄 알며 나 여호와를
진정으로 경배하고 따르는 백성임을
알아야 할 것이니라.
42 낳아 주고 길러 준 부모에 대한 은혜
와 감사함을 모르는 백성은 나 여호와
를 정녕 사랑하는 것이 아니요, 나를
경배하는 것이 아니요, 구원이라는 하
나의 그 소원을 이루려고 나에게 거래
하는 형국이 너희 믿음이니, 그와 같
은 자는 나는 보지도 아니하며 그 기

도는 듣지도 아니함이니라.
43 너희가 나 여호와를 경배하며 나에게
오고자 하는 백성이라면 우선 너희를
낳아 주고 길러 준 부모요, 너희 형제
에게 사랑을 베푸는 그 작은 인간 세
상의 아름다운 사랑부터 먼저 행하고
실천하라.
44 그리 행하고 실천하는 자가 그 기초
위에서 사랑이라는 근본을 알게 될 것
이니라.
45 내가 너희에게 십계명이 뭐라 말하였
느냐?
46 내가 불로 써 직접 세상에 내렸으니,
47 집을 지을 때 터를 닦는 것처럼 십계
명은 그와 같이 소중한 것이라 하였음
이니라.
48 그러니 믿음의 길을 가고 하늘에 오
르고자 하는 자는 십계명은 나 여호
와가 직접 불로 써 내렸으니 목숨을
걸고 이를 지켜야 한다는 생각을 하
고 가야 하는 것이 믿음의 길에 들어
설 수 있는 자이니라.
49 너희가 집을 짓는다 하면서 기초인
십계명을 다스리지 아니하며 그를 행
하지 않는 자는 믿음의 기초를 갈 수
없듯이,
50 나 여호와를 따르며 나를 경배하며 하
늘에 오르고자 하는 백성이요, 나를
전지전능한 아버지라 부르며 창조주
라 부르는 너희는 나를 사랑하기 전에,
51 사랑의 근본이요, 기초인 네 부모요,
형제부터 사랑하는 그 마음을 먼저 가
슴속에 깊이 다스린 다음에 나를 찾
고 나에게 경배하도록 하라.
52 십계명이 믿음의 기초가 되듯이, 너희
가 부모를 사랑하고 형제를 사랑하는
것이 나 여호와를 사랑하는 큰 사랑을
위한 기초라는 것을 잊지 말라, 사랑
하는 나의 아들딸들아!

5,643 번째 하나님 말씀

2003년 3월 21일 18시 31분

1 사랑하는 나의 아들아!
2 "네, 아버님! 말씀하옵소서."
3 너의 제자들이요, 만백성에게 전하라.
4 마음을 비우고 사는 그것이 믿음의 길
의 기본이요, 근본이라 그리 가르쳐
주라.
5 마음을 비우지 못하는 자는 아무것도
이룰 수 없는 자임을 너희는 알아야
할 것이니라.
6 나 여호와가 그리 부르짖는 하늘에 오
르는 기본이요, 근본인 사랑의 실천함
도 너희가 마음을 비웠을 때 그 사랑
을 실천하며 이룰 수 있다는 것을 알
아야 할 것이니라.
7 인간인 너희 가슴속에 이기심과 사행
심과 육의 욕심을 버리지 못하며 가슴
에 그득히 안고 하늘에 오르는 길을
찾으며 나 여호와를 경배하며 예수의
보혈로써 구원받았다 그리 소리 지르
나, 행함이 없는 믿음은 죽은 믿음이
라는 것을 알아야 할 것이니라.
8 예수의 보혈로써 구원을 받았으며 나
여호와를 부르며 창조주 아버지요, 전
지전능한 아버지라 콧물 눈물 흘리며
울고불고 기도하기 전에,
9 너희 마음을 먼저 다스리며 마음부터
비우도록 그리 가르치라.

10 너희 마음속에 이기심과 사행심과 육
의 욕심을 모두 다 버리는 그와 같은
변하는 삶을 살아야 할 것이니라.
11 믿음의 길을 가는 백성은 무엇이던가?
12 믿음의 길을 가지 못하는 백성은 저희
육의 삶이요, 가정의 삶이요, 자기 가
족을 위하여 살아간다 하나, 나 여호
와를 알며 창조주 나 여호와를 아버지
라 부르는 백성은 너희 자신을 위해
서 삶을 사는 것이 아님을 알라.
13 믿음의 길을 가는 백성은, 나 여호와
를 찾으며 깨달은 백성은 저 자신을
위해서 사는 것이 아니요, 남을 위한
삶으로 세상을 살아야 한다 말하였느
니라.
14 너희가 그리 구원을 받기 원하며 하늘
에 오르고자 하는 그 하늘에 오를 자
리가 한 자리밖에 없다면, 너희는 지
옥으로 간다 해도 남에게 그 자리를
양보할 수 있는 그 마음이 나의 마음
이요, 나 여호와의 마음이요, 천사의
마음이라 그리 말하였으니,
15 나 여호와를 찾으며 감히 나 여호와의
백성이요, 나 여호와를 경배한다 말하
는 신도요, 깨달음의 길을 가는 자요,
그리고 종교 지도자요, 가르치는 자는,
16 너희 자신을 위해서 사는 것이 아니
라, 남을 위해 살며 이웃을 위한 삶으
로 살아가는 것이 나로부터 선택된 지
도자요, 백성이 가야 할 길이니라.
17 너희는 이 세상 모두를 정화할 수 있
는 아름다운 행동과 아름다운 말로써
행하고 실천하는 그와 같은 백성이 되
어야 할 것이니라.
18 믿지 않는 백성도 아름다운 마음을 가
지고 살며 형제를 사랑하며 부모를 공
경하고 살아가는 것이니 근본을 아는
자들이니라.
19 그러니 더욱이 나의 이름을 팔며 나의
아들 예수의 이름을 팔아 구원을 받았
다는 백성이요, 지도자는 어찌 살아야
하는가?
20 너희가 하는 한마디의 말은 만백성의
빛이 되어야 하며, 하나하나 행동하는
것은 만백성의 빛이 되고 모범이 되는
그와 같은 백성으로서 살아야 할 것이
며,
21 너희가 살아가는 모습이 나의 어질고
불쌍한 백성의 빛이 되어 너희를 보고
따라갈 수 있도록 그와 같이 아름다운
모습으로 살지 못한다면 너희는 믿음
의 길을 가는 것이 아니요,
22 나의 아들이요, 나의 이름을 빙자하여
나를 우롱하는 그와 같은 짓을 하고
있다는 것을 알아야 할 것이니라.
23 나를 따르는 백성이요, 나의 법전을
읽고 깨우친 백성은 이제는 죄를 짓지
않고 살려고 노력하는 그와 같은 마음
의 자세로,
24 지금까지 살아왔던 그 죄를 '여호와
하나님, 저의 죄를 용서하여 주옵소
서.' 그리 기도를 드리며, '하나님의 뜻
대로 살며 하나님이 기뻐하는 일을 하
며 살아갈 수 있는 용기를 주옵소서.'
그리 기도하며 죄를 짓지 않고 살아가
야 할 것이며, 죄를 짓지 않도록 최선
의 노력을 다해야 할 것이니라.
25 어떠한 이유든 알고 짓는 죄는 내가
용서하지 아니하며, 너희가 지은 죄와
선함을 행한 것은 죽어 나에게 심판을

받을 때까지 따라온다는 것을 내가 누
차 너희에게 깨우쳤느니라.
26 너희가 육의 세상에서 이룬 역사요,
육의 세상에서 가진 부귀영화요, 이루
어 놓은 모든 것은 너희가 죽어 나에
게 와 심판을 받을 때 하나도 가지고
오지 못하나,
27 너희가 악한 짓을 한 것이요, 선한 행
위를 한 것은 끝까지 따라와, 심판대
에 섰을 때 어느 것이 더 무거우냐에
따라서 지옥이냐, 천국의 나에게 오르
느냐 하는 심판의 결과는 너희들의 행
함에 있다 그리 말하였음이니라.
28 이제 너희는 죄를 짓지 아니하고 살
아야 할 것이며, 말로써 죄를 짓지 않
고 산다 생각하지 말고 행동으로 해야
할 것이니라.
29 행동으로 죄를 짓지 아니하며 사랑을
베풀고 살아가기 시작한다면, 그것이
바로 인간의 한계를 넘어 하늘의 빛이
요, 하늘의 뜻을 알며 나 여호와에게
너희가 한 발짝 다가오는 그와 같은
역사가 이루어지는 것이니라.
30 나의 법전을 읽고 깨우쳐, 죄를 지어
서는 아니 되며, 악한 행위를 해서는
아니 되며,
31 이웃을 위해서 살며, 자기를 버리고
사는 그와 같은 마음으로 변하는 삶을
사는 것이 육의 세상의 한계를 넘어
하늘의 뜻이요, 하늘의 길을 보고 살
아가는 길이라는 것을 알아야 할 것
이니라.
32 그와 같은 길에 들어섰을 때, 너희가
그와 같은 삶을 시작할 때, 미숙하고
부족하나 나 여호와가 손을 뻗어 너
희를 거둬들임이니, 그때 영광을 너희
는 알게 될 것이니라.
33 모든 너의 제자는 한 송이의 아름다운
인간의 꽃이 되라 그리 전하라.
34 나의 법전을 읽고 깨우친 백성이요,
나의 아들을 따르는 제자 너희는 인간
이기 전에 아름답게 핀 한 송이 꽃처
럼 한 송이 인간의 꽃이 되어야 한다
는 것을 잊지 말라.
35 움직이는 꽃이 되라.
36 너희는 한 송이 아름다운 인간의 꽃이
되어 너희가 가는 곳마다 아름다운
꽃향기가 피어나며 아름다운 꽃 모습
을 보여 줄 수 있는, 항상 웃고 사는
아름다운 인간의 꽃이 되도록 그리하
라.
37 아름다운 꽃이 되어 사는 것이 너희가
나에게 오르는 길이니라.
38 이와 같이 한 송이 인간의 꽃으로서
아름다운 마음을 갖고 살지 아니하며,
39 말로써 구원을 받으며 너희 손으로 지
은 성전에 와 재물을 바치고 기도하고
울며불며 소리 지르고 광란의 짓을 하
는 것으로 구원을 받았다 그리 생각
하지 말라.
40 지금의 모든 믿음의 종교 집단이 사악
한 종교 집단으로 전락한 것은 너희
가 지은 죄를 재물을 바치고 용서를
빌며 울고불고 기도하면 용서받는다
하니,
41 너희는 죄가 없는 것처럼 착각하며 죄
를 짓지 않는 것처럼 착각하느니라.
42 그리하여 종교 집단이요, 교회라는 곳
에 가서 생각하는 것이 저는 죄를 짓
지 아니하였으며 저는 죄가 없는 백성

이라 너희가 그리 생각함이니라.
43 너희가 울고불고 회개하고 기도한다 해서 그 죄를 지워 준다면 천국에 못 갈 자, 하나도 없음이니라.
44 말로써 울고불고 회개한다 해서 너희가 지은 죄를 용서받는다면, 나 여호와가 낙타가 바늘구멍을 통과하는 것보다 더 어렵고 힘든 것이 하늘에 오르는 길이라 너희에게 명하지 아니하였을 것이니라.
45 너희가 평소 말하는 하늘에 오르는 길은 사막의 낙타가 바늘구멍을 통과하는 것보다 더 어렵다는 그 뜻을 새겨야 할 것이니라.
46 함부로 올 수 없으며 절대 올 수 없거늘, 너희가 말로써 용서를 빌며 죄를 짓고 말로써 회개하며 재물을 바치며 금화를 바쳐서 용서를 받는다고 생각하고 사는 것이 죄의 온상이며, 그로 인하여 너희가 지옥행 열차를 타고 간다는 것을 잊지 말라.
47 너희가 아무리 말로 해도 그 죄는 사해짐이 아님이니라.
48 말로 해서 죄가 사해졌다 그리 생각하기 때문에 '나는 하나님에게 깨끗한 자요, 나는 하나님 앞에 갈 수 있는 자요, 나는 죄를 짓지 않고 산다.' 너희가 그리 말함이니, 너희가 그리 기도할 게 무엇이 있는가?
49 그저 마음대로 사악한 짓을 하고 살다가 죽을 때 마지막으로 기도 한 번 하고 용서를 빌면 되지 않겠는가?
50 그와 같은 사악한 자들의 말에 현혹되어 행동을 함부로 하며, 오늘의 죄를 두려운 줄 모르며, 오늘 지은 죄는 내일 용서를 빌면 씻어져 저는 깨끗한 자라는 착각 속에서 사는 그와 같은 백성 속에서 너희는 깨어나야 할 때임을 알아야 할 것이니라.
51 내가 이제 나의 법전에 모두를 상세히 기록하여 세상에 내려보내니, 나의 법전을 읽고 들은 자가 변하지 못한다면 너희는 나에게 와 심판을 받을 때 기회를 주었음이니 변명하고 핑계를 댈 가치도 없음을 알라.

5,644 번째 하나님 말씀

2003년 3월 21일 21시 09분

(강론을 마치며)

1 사랑하는 나의 아들아!
2 "네, 아버님! 말씀하옵소서."
3 너희 마음이 변하는 것도 좋으며 깨달음을 가는 것도 좋으며 선과 악을 구분하여 악을 버리고 선을 행할 수 있는 그와 같은 마음의 변화도 다 소중함이니라.
4 그러나 지금 나의 피조물 만백성 너희는 모세의 시대에 역사한 구약 시대를 먼저 믿어야 할 것이며,
5 그리고 예수의 시대에 있었던 그 역사의 기적을 우선 믿어야 할 것이니라.
6 그리하여 그를 믿음으로 나 여호와가 존재함을 믿으며, 이 세상 모두를 창조하며 주관한 나 여호와가 있다는 것을 믿어야 할 것이니라.
7 그 믿음을 가졌을 때 너희가 바로 설 수 있으며 바른길을 갈 수 있다는 것을 먼저 깨우쳐야 함을 알아야 할 것이니라.

8 그와 같은 마음을 가졌을 때 너희들의
마음이 변화되며, 너희가 선과 악의
싸움에서 악을 뿌리치며 선을 선택할
수 있는 마음에 자신이 설 수 있음을
너희는 알아야 할 것이니라.
9 이제 너희는 나의 뜻에 따라 만백성
에게 불을 붙여 이 세상을 다 태우는,
나로부터 선택된 나의 아들딸이라 내
가 그리 말하였음이니라.
10 나의 법전이 세상을 덮으며 만백성이
나의 법전을 찾는 그와 같은 시기가
이제 다 왔음을 내가 너희에게 말함이
니라.
11 그리하여 지금 나의 아들로 하여금 촛
불을 켜 들도록 하였음이니,
12 너희가 점화하는 그 시기만 남아 있음
을 알아야 할 것이니라.
13 이제 모든 역사가 이루어질 것이며,
그 역사가 이루어지고 변하는 것은 너
희 마음이 변함이요, 너희가 오늘까지
깨우쳐 나의 계명을 지키며 일반 모든
백성과 차별화되는 그 마음의 노력이
요, 너희들의 그 변화에 대한 답이니
라.
14 그리하여 내가 지금부터 너희에게 그
모든 역사를 이룰 것이며,
15 너희는 내가 존재함을 알게 될 것이
며, 내가 존재하는 그 역사가 얼마나
위대한 것인가를 이제 보기 시작할 때
라 내가 너희에게 전함이니 그리 알라.
16 너희가 비록 가진 것 없으며 능력 없
는 백성이나 너희를 내가 선택한 그
이유와 뜻이 있음이니라.
17 내가 나의 아들을 통하여 말했듯이 내
가 너희들의 오늘의 삶이요, 오늘의
존재함이요, 오늘의 생활 속에서 너희
를 쓰고자 하는 것이 아니라 전했음
이니라.
18 너희는 보이지 않는 다음의 세상이요,
너희가 생각할 수 없는 산 너머에서
이루어지는 역사를 위해 내가 너희를
선택한 것이지,
19 너희 앞에 보이는 오늘의 너희를 쓰고
자 하는 것이 아님이니라.
20 내가 보이지 않는 산 너머에 이루어지
는 그 새로운 역사를 하는 곳에 너희
를 쓰고자 하여 너희를 거기에 보내고
자 하여 선택한 나의 백성임을 알아야
할 것이니라.
21 오늘의 삶 속에서 너희를 구원하는 것
이 아니니라.
22 그리하여 이제 산 너머에서 역사하는
그 시대가 지금부터 시작한다는 것을
너희는 알아야 할 것이니라.
23 이제 너희들의 마음을 다스릴 시간이
없음이니라.
24 너희는 오로지 나 여호와가 명하는 것
을 순종하며, 내가 명하는 것을 알려
하지 말며 들으려 하지 말며,
25 내가 너희에게 내리는 나의 법전에 기
록된 내용대로 행하고 실천하는 마음
만을 가져야 할 것이니라.
26 너희가 무엇인가를 알고자 하며 그
내용을 알고자 하며 그 이유를 알고자
하는 생각을 한다면, 많은 백성이 나
의 법전을 인정하지 못할 것이며 또한
믿지 못할 것이니라.
27 이제 오늘 내가 너희에게 마지막으로
명령을 내리느니라.
28 너희는 의심하지 말며 불안해하지 말

며, 순종하는 마음으로 가라.
29 이제는 시작할 때가 되었음이니라.
30 그러니 너희가 나 여호와가 역사하는
것이 어찌 변할 것인가를 미리 알고
자 하지 말며, 앞으로 법전이 어떠한
역사를 이룰 것인가를 생각하지 말라.
31 다만, 내가 명하는 대로 역사하는 그
길만 가며 믿음이라는 그 속에서 자신
을 다스려 나가는 그와 같은 삶을 살
도록 하라.
32 내가 오늘 나의 아들을 통하여 양초에
불을 붙였다 하였음이니, 너희가 붙여
서 달릴 날이 머지아니하였음이니라.
33 이제 모두를 너희 눈으로 볼 수 있는
그 역사요, 나 여호와의 위대함을 볼
날이 머지않았음을 알아야 할 것이니
라.

5,645 번째 하나님 말씀

2003년 3월 22일 0시 37분

1 사랑하는 나의 아들아!
2 "네, 아버님! 말씀하옵소서."
3 이 세상, 내가 만든 이 지상에 사는 모
든 동식물이 살아가는 역경은 너희가
생각하는 것만큼 아름답고 그와 같이
편안한 길은 없음이니라.
4 인간 너희만이 고달프며 어려운 삶을
살아간다고 말하나,
5 모든 동식물이 그 자리를 지키며 번식
의 씨를 뿌리고 살아가는 것은 그 진
통이요, 고통이 얼마나 있는지 너희는
모를 것이니라.
6 그대로 이루어지는 것은 하나도 없음
을 알아야 할 것이니라.
7 봄에 일찍 피어 너희 마음을 화사하
게 열어 주는 그 꽃은 추운 겨울에 그
몽우리를 피우려고 찬바람이요, 눈보
라 속에서 그를 지키며,
8 그들과 싸워 인내하고 봄에 피어 그와
같은 한 송이의 아름다운 꽃을 너희에
게 보여 주는 것이요, 새 생명이 태어
나게 되는 것이니,
9 그것 하나만 보더라도 얼마나 그가
긴 세월 동안 고통과 시련 속에서 자
기 자신을 버티고 살아가는가?
10 모든 동식물의 살아감이 다 그와 같이
힘들고 어려운 것이니라.
11 그러나 그들은 정해진 것이며 자력으
로 할 수 없으며 제 생각으로 할 수 없
으며 생각이요, 방법을 취할 수가 없
는 것이 그들이니라.
12 그들은 너희처럼 손발이 있는 것이 아
니요, 그와 같이 행할 수가 없으며 마
음대로 움직일 수 없기 때문이니라.
13 그러나 너희는 어찌하던가?
14 내가 모든 동식물을 지배하고 관리하
고 살라 만든 인간 너희는 움직일 수
있으며, 상황 판단을 할 수 있으며, 계
획을 할 수 있으며, 미리 준비할 수 있
으며,
15 그와 같은 모든 것을 다 알 수 있는 지
혜와 움직일 수 있는 몸의 구조로서
너희에게 내려 줬음이니,
16 너희야말로 나에게 얼마나 큰 은혜와
영광을 받았던가?
17 너희는 나로부터 생명을 받아 세상에
나가니, 먹고살 수 있으며 지탱할 수
있는 모든 에너지를 육성할 수 있는
것을 다 내가 세상에 주었음이니,

18 너희가 어찌 노력하여 그를 취하고 사
느냐에 따라서 아름답고 행복한 삶을
살 수도 있으며,
19 너희가 마음을 잘못 먹으며 삶을 부지
런히 하지 못했을 때, 그 대가로써 고
통이라는 걸 치르게 되어 있음이니,
20 너희가 노력하면 다 얻을 수 있게 되
어 있음이니라.
21 그러나 동식물은 노력해서 얻어지는
것이 아니며, 구할 수 없는 것이 있으
며, 얻을 수 없는 것이 있으며, 아무
곳에서나 마음대로 구할 수 있는 것이
아니니라.
22 그리고 또 계획이요, 작전을 짜서 쌓
아 두는 것이며 또 미리 준비해 두며
이와 같은 너희처럼 변하는 역사를
할 수 없는 것이 동식물이니라.
23 그러니 너희가 얼마나 나에게 선택된
백성이던가?
24 그와 같은 모든 은혜와 축복을 내가
너희에게 주었음이니라.
25 너희는 또한 동식물과 하나의 다름이
있으니 그것이 무엇이던가?
26 내가 내려 준 그 영의 삶이요, 내가 내
려 준 나의 나라에 다시 돌아와야 한
다는 것이니라.
27 그리하여 너희가 동식물과 다른 점은,
육의 삶을 마치면 너희를 지배하는
영혼은 나에게 올라와 심판을 받고 영
원히 사느냐, 못 사느냐 하는 그와 같
은 사후의 다음 세상이 있는 것이니,
28 그를 위하여 너희가 아름답게 살라 말
하는 것이며,
29 그리하여 너희가 선한 행동으로써 삶
을 살다 내가 보낸 그 장소에 다시 돌
아오게 하는 것이 나의 뜻이거늘,
30 그와 같은 나의 뜻을 저버리고 살며
그를 역행하며 오늘의 육의 삶에 모두
를 다 바치는 그와 같은 어리석은 삶
을 사는 것이 나의 백성 너희니라.
31 이제 내가 160권의 법전에 세상의 이
치가 무엇이며, 하늘의 뜻이 무엇이
며, 다음 사후 세계에 너희가 역사하
는 것이 무엇인지 모든 것을 상세히
기록하여 너희에게 전함이니,
32 이를 보고 너희가 바로 깨우쳐, 나 여
호와가 존재함을 믿으며 다음 세상의
삶을 위해 오늘의 삶을 살아가야 하는
선택된 백성이요,
33 너희가 그와 같은 길을 벗어날 수 없
으며 동식물과 다르다는 것을 알라,
사랑하는 나의 아들딸들아!

5,646 번째 하나님 말씀

2003년 3월 22일 0시 42분

1 사랑하는 나의 아들아!
2 "네, 아버님! 말씀하옵소서."
3 수천 년 동안 믿음이요, 하늘에 오르
는 길이라 하여 울고불고하는 백성,
그리고 나 여호와가 존재함을 모르고
사는 백성, 이와 같이 너희가 구분되
어 있으나,
4 지금 나의 아들을 따르는 제자들이요,
나로부터 선택된 백성, 너희는 진정한
지도자요, 만백성을 이끄는 지도자임
을 알아야 할 것이니라.
5 나로부터 선택된 지도자요, 만백성을
이끄는 지도자란 그 마음 자세요, 행
동이요, 살아가는 모습이 어떠해야 하

는가를 너희는 알고 있어야 할 것이
니라.
6 너희는 낮에 비추는 태양처럼, 그리고
밤에 비추는 달빛처럼 모두를 똑같이
사랑하는 마음 자세로 살아가는 것이
나로부터 선택된 진정한 지도자요, 만
백성을 이끄는 지도자의 자세라는 것
을 알아야 할 것이니라.
7 진정 나로부터 선택된 지도자는 나에
게 선택된 그 영광이요, 은혜보다 더
위대한 것이 없으며,
8 나의 역사를 이루는 것보다 더 큰 사
업이요, 위대한 역사요, 너희가 이루
어야 할 목적이 없음을 알아야 할 것
이니라.
9 나로부터 선택된 백성이 나의 뜻을
이루며 사는 것보다 세상에 더 중요하
고 귀한 것이 없음이니,
10 가장 중요하고 소중한 사업을 너희가
추진하며 그 역사를 이루어 가지 않던
가?
11 그와 같이 나로부터 선택된 지도자는,
내가 너희에게 말하였음이니, 능력 있
는 자요, 권력 있는 자요, 재물이 있는
그와 같은 자 앞에 가서 행동이 달라
서는 안 되며,
12 너희보다 나은 자에게 아부하는 그와
같은 백성은 지도자가 되어서는 아니
될 것이니라.
13 너희보다 못한 백성, 너희보다 갖추지
못한 백성이나 너희보다 권력을 가진
백성, 금화와 은화를 가지고 우롱하는
그와 같은 사람들 앞에서 너희들의
행함이 변하며 차이가 있고 차별이 있
어서는 아니 된다는 것을 너희는 알
아야 할 것이니라.
14 이 세상에 공기가 흐르지 아니하며 바
람이 거쳐 가지 않는 곳이 없듯이,
15 너희가 사랑하는 마음으로 나의 피조
물 만백성을 깨우치는 그 역사함은 바
로 공기와 같이 온 세상을 다 덮고 가
야 함이니라.
16 그리하여 진정 나에게 선택된 백성은
외형이나 가진 모습에 좌우되지 아니
하며, 외형이나 의례적인 형식이나 이
러한 것에 치우쳐서도 아니 됨이니라.
17 높은 자와 낮은 자, 가진 자와 갖지 아
니한 자의 차이가 없듯이,
18 너희가 어떠한 외형이나 갖춰진 모습
으로 남에게 무엇을 평가받으며 남에
게 무엇인가를 보이고자 하는 그와
같은 자세를 가져서는 안 되는 것이니
라.
19 나의 뜻을 모르는 자격이 없는 종교
지도자들이나 행사에 요란하며 외형
적인 행사에 관심을 두며 의식에 관
심을 두는 것이니라.
20 진정한 진리를 아는 진정한 지도자라
는 것은 외형에 치우치지 아니하며 그
외형을 보고 사람을 평가하는 행위를
하지 아니함을 알아야 할 것이니라.
21 나에게 오르기를 거부하는 자만이 외
형이요, 형식에 치우치는 자요,
22 나에게 오르는 것을 거부하지 않는 백
성은 외형이나 행사요, 격식에 대해서
연연하지 않는다는 것을 알아야 할
것이니라.
23 이제 나의 아들을 따르는 제자요, 나
로부터 선택된 백성 너희는 그저 있
는 그대로 당당한 모습으로 살아가는

것이 나에게 선택된 지도자요, 만백성을 구할 자격이 있는 선택된 자라는 것을 잊지 말라.

5,647 번째 하나님 말씀

2003년 3월 22일 0시 46분

1 사랑하는 나의 아들아!
2 "네, 아버님! 말씀하옵소서."
3 이 세상의 종교 집단의 지도자가 하는 행위요, 신도라 하여 오래된 믿음으로 남 앞에서 기도할 자격이 있다 하여 기도하는 자, 그리고 돈으로 주고 산 직함을 가진 신도라 하는 백성은 여기서 알고 가야 할 것이니라.
4 너희는 나 여호와를 위해서 나 여호와를 경배하며 내 뜻에 따라 살고자 하며 나에게 구원을 받고자 함이니라.
5 그리고 너희는 나의 아들 예수의 그 고통스러운 죽음으로써 구원을 받았다며 예수를 그리 찬양하며 나의 아들 예수를 그리 부르짖음이니라.
6 창조주 예수라고까지 부르짖지 아니하는가?
7 그리고 구세주요, 나의 아들 예수라 그리 부르짖음이니라.
8 그와 같은 것은 나를 위하여 나에게 경배하고 기도하는 것이며, 너희가 하늘에 오르는 길을 위해 살아가는 백성이라 그리 말하느니라.
9 그러나 너희가 종교 지도자가 살아가는 그 형태를 한번 들여다보라.
10 나의 뜻을 위하여 만백성을 일깨우고 깨우치는 백성이 내가 싫어하는 사람이, 개업이라는 것을 하며 내가 싫어하는 사업으로써 사업장을 여는 자, 그와 같은 집에 가서도 축하의 기도요, 경축의 기도요, 성업의 기도를 드리는 것이 아니던가?
11 그것이 진정한 종교 지도자며 나로부터 선택된 백성의 지도자가 할 길이던가?
12 나를 경배하며 나에게 오르고자 하며 내 뜻에 따라 이 세상의 만백성을 구원한다는 자들이 내가 해서는 안 된다는 그 사업을 하는 자, 내가 해서는 안 된다는 업종을 개업하며 역사하는 장소에 가서 축하의 기도요, 축하의 메시지를 그들에게 전한다며,
13 그곳의 성업을 위하여 기도를 해 주고, 재물을 받으며 여비를 받아오며 감사 헌금을 거둬들이니,
14 그와 같은 종교 지도자가 어찌 나의 백성이요, 만백성을 구하는 나로부터 선택된 자라 그리 말하는가?
15 인간에게 누를 끼치는 사악한 사업을 하는 그 사업장에서 기도하며 감사 헌금을 받고 있음이니,
16 그것이 지금의 종교 지도자들이 가는 행위이니라.
17 그러면서도 너희가 어찌하여 내 뜻에 따른 지도자요, 내 뜻에 따라 만백성을 구하는 지도자라 그리 말하는가?
18 이를 보고도 너희는 뭐라 말하겠는가?
19 정녕 너희는 나 여호와가 원하는 그와 같은 사업이 아니며,
20 나의 피조물 만백성에게 고통을 주는 것이며, 도덕적으로, 사회적으로, 윤리적으로 양심에 거리끼는 그와 같은 업종의 사업을 시작하는 곳에 가서도

성업을 이루어 달라 기도를 하며,
21 거기에 축복을 내려 달라 기도를 하며, 나에게 은혜와 영광이 있을 것이라 기도하고 수다를 떨며, 제 마음대로 '개골개골' 지껄이고 나서 감사 헌금이요, 그 대가를 지불받고자,
22 또 그가 너희 성전이라는 곳에 재물을 바치는 그 액수를 생각하며,
23 그것이 해서는 안 되며 잘못된 것을 알면서도, 가서 목에서 넘어오지 않는 그 기도를 해 주고 또 거기에 대해서 감사 헌금을 받는, 일말의 양심이 있는 종교 지도자가 있는가 하면,
24 그 양심마저도 저버리며 당연한 것처럼 그저 수다 떨며 나의 이름을 불러 '아멘, 할렐루야!'를 찾는 종교 지도자가 있음이니, 종교 지도자라는 것은 잘못 가는 것을 바로잡으며 비뚤어진 것을 바로잡아 주는 것이거늘,
25 나 여호와가 원하지 않는 사업이요, 내가 역사하지 않는 사업이요, 나의 뜻에 거역하는 사업으로 장사하는 자에게 가서 축복 기도를 내 이름으로 드리니,
26 이 웃지 못할 형국에서 너희가 과연 나로부터 선택된 지도자요, 만백성을 이끄는 집단의 책임자라 그리 말할 수 있는가?
27 이를 나의 피조물 만백성에게 전하도록 하라, 사랑하는 나의 아들딸들아!

5,648 번째 하나님 말씀

2003년 3월 22일 0시 52분

1 사랑하는 나의 아들아!
2 "네, 아버님! 말씀하옵소서."
3 지금 모든 종교 집단들이 흘러오면서, 구약 시대를 흘러 예수의 신약 시대를 흘러오면서 저희가 지금 나의 피조물 만백성을 구원한다 하여,
4 정녕 나에게 오르는 길이라 하여 성전을 지으며 교회라는 것을 백성의 고혈을 빨아 지으면서 그 속에서 호의호식하며 제왕적인 역할을 하는 그들이 이 세상을 다 지배하고 있으며,
5 이제 내가 나의 아들을 통하여 이 모든 것이 잘못되었으니 바로잡으라 하여 나의 뜻을 기록하여 새로운 성경이라 하여 이 법전을 160권으로 엮어서 세상에 내려보냄이니,
6 그들은 이를 보고 사탄이요, 사악한 자라 찢어 버리며 태우려 발광하고 있음이니, 그들의 형태를 너희에게 하나 전하고자 하는 것이 나의 뜻이니라.
7 그들이 진정한 믿음이요, 진정한 성서의 가르침으로 나의 뜻을 믿고 그 길로 온다면 오늘과 같은 어렵고 힘든 길을 가지는 아니하였을 것이니라.
8 물질적인 그 방대한 힘이요, 방대한 조직을 가진 그들을 바로잡아 하늘에 오르는 길로 인도할 수 있다면 내가 그들을 씀이요, 나의 아들을 통하여 너희를 구원하는 160권의 대장서의 법전을 세상에 내려보내지 아니하였을 것이니라.
9 너희는 구약성경과 신약성경이 있음이니라.
10 지금의 종교 지도자 너희는 어찌 가는가?
11 내가 성서를 읽어 깨우치는 것은 너희

에게 가장 불리한 쪽으로, 그리고 가
장 불리한 형편으로 모든 걸 이해하며
그것으로써 받아들이는 그와 같은 깨
달음을 가지라 하였으나,
12 너희는 구약은 이미 신약의 시대가 왔
기 때문에 그는 지킬 것이 없으며 다
흘러간 것이며 지나간 것이라 그리 말
하면서,
13 구약에서 너희에게 필요한 것은 다
거둬들이니,
14 구약과 신약 성경을 종교 지도자들이
어찌 공부하며 가르치는가?
15 알맹이는 다 빼먹고 속은 다 긁어먹으
며 거죽은 버리는 그와 같은 행위로
지금의 종교 지도자들이 가르치고 있
음이니라.
16 너희가 구약 시대는 필요 없기 때문
에, 내가 직접 불로 쓴 나의 십계명을,
이게 근본이요, 기본이라 하여 지키라
는 것은 구약 시대에 있던 것이기에
다 필요 없다 말함이니라.
17 구약의 율법은 엄하고 지키기가 힘드
니, 나의 아들 예수가 온 그 시대요,
새로운 나의 아들이 왔음이니, 구약의
것은 다 필요 없다 그리 던져 버리느
니라.
18 그러면서 구약에서 너희에게 필요한
십일조요, 또는 모든 헌금이요, 재물
을 바치고 했던, 너희에게 필요한 그
알맹이요, 그 속은 다 빼먹으며,
19 신약에다 요리조리 갖다 붙여 시치미
를 떼고 이용하는가 하면,
20 양심에 거리낌도 없이 그를 갖다 이용
하며 계속 나의 피조물 만백성에게 적
용하여 그들을 그와 같이 어렵고 힘든
삶을 살아가게 하느니라.
21 그리하여 너희는 모든 것을 다 너희
에게 필요한 대로 알맹이를 갖다 붙
이는 것이 지금의 종교 지도자들이 가
는 믿음의 형태니,
22 그러면서도 너희가 정녕 나의 뜻에
따라 만백성을 하늘에 오르는 길로 인
도한다 말할 수 있는가?
23 그러니 너희는 엉터리며 참진리를 모
르니, 그곳에서 배우는 자, 그곳에 있
는 신도, 한 사람도 하늘에 오를 수 없
다 하는 내 뜻이 여기에 있음을 너희
는 알아야 할 것이니라.
24 이제 너희가 구약 시대의 지키기 어
려운 율법이요, 계명은 저버리며,
25 그곳에 있는 달고 맛이 좋은 알맹이
요, 그 속에 있는 속살만 빼서 너희에
게 갖다 붙이는 그와 같은 형국으로써
가는 것이 얼마나 추하고 간사하며,
인간의 도리를 못 하는지 아는가?
26 이것이 오늘의 형국이니,
27 그러면서 너희가 내가 내리는 '하늘에
오르는 길'이요, '하나님! 말씀하옵소
서'라는 이 새로운 법전이요, 성경을
이단이요, 사탄이요, 사악한 자라 그
리 말하니,
28 너희가 그와 같은 행위만 하지 아니하
였어도 이 법전이 세상에 내려오지 아
니하였으며,
29 오늘 나의 아들에게 밤과 낮을 가리지
아니하며 내가 그를 몰아붙이듯이 이
와 같이 고달프고 힘든 역사의 길은
가지 않도록 했을 것이니라.
30 너희는 신약도 마찬가지니라.
31 알맹이요, 속은 다 빼서 먹으며 알은

다 골라서 먹으면서 쭉정이만 버리는
그와 같은 사악한 자들이니, 그 쭉정
이와 거죽이 무엇이더냐?
32 진정한 진리요, 어렵고 힘든 길이요,
너희가 지키고 가야 하는 것이니,
33 그와 같은 위대한 진짜는 다 버리며
입에 단 것만 골라서 빼먹는 형국으
로 나의 백성을 가르치고 이끌어 가
는 것이 지금의 대표적인 종교 지도자
가 하는 형국이니,
34 그리하여 내가 너희는 나와 관계없는
백성이라 하였음을 알라.

5,649 번째 하나님 말씀

2003년 3월 22일 01시

1 사랑하는 나의 아들아!
2 "네, 아버님! 말씀하옵소서."
3 내가 너희에게 뭐라 가르쳤더냐?
4 너희가 남에게 무엇을 줄 수 있으며,
아무런 소중한 것 없이 손을 놓을 수
있는 그 마음을 먹으려면,
5 작은 연필 한 자루라도 남에게 주는
습관을 계속 들이며 남에게 베푸는 훈
련을 계속 생활 속에서 그리하라 하였
음이니라.
6 작은 걸 줄 수 있으면 큰 것도 줄 수
있다 하여 내가 너희에게 그리 가르
치지 아니하였던가?
7 그러나 지금의 모든 종교 집단의 지도
자가 잘못되었다 말하며 나의 뜻을 거
역하고 간다는 것은 내가 왜 그리 말
하는가?
8 너희는 최초의 하나의 잘못이 세월이
흐르면 흐를수록 뿌리에 뿌리를 낳아
지금은 너희를 수습할 수 없는 그와
같은 단계가 되어 있음이니라.
9 믿음의 길을 갔던 너희 조상은 죄를
사하여 준다며 재물을 받아들였음이
니라.
10 몇 가지, 한두 가지를 가지고 나의 백
성에게 재물을 거둬들이는 그와 같은
악습을 시작한 것이 2천여 년의 세월
이 흘러오면서 악이 악을 낳으며,
11 거둬들이는 방법을 가진 종교 지도자
가 그 거둬들이는 방법을 연구하여,
12 그가 죽고 나니 그 후손의 종교 지도
자요, 그 아들 종교 지도자들은 저희
뿌리요, 조상이 했던 것보다 또 몇 가
지를 더 얹어 거둬들이는 그것만 가지
고 훈련에 훈련을 거듭하여 2천여 년
이 흘러오다 보니,
13 2천여 년 전에는 한두 가지로써 나의
피조물 만백성에게 재물이요, 현물을
거둬들이던 것이 지금은 수천수만 가
지 그 수를 헤아릴 수 없이 거둬들이
는 데만 연연하는 그와 같은 종교 집
단이니라.
14 여기서 세월이 더 흐르면 흐를수록 너
희는 거둬들이는 것에만 머리가 기형
적으로 발달하여 그 숫자는 점점 늘
어가게 될 것이며,
15 그리고 수단과 방법을 안 가리고 거둬
들이는 그와 같은 역사가 흐를 것이니,
16 그래서 종교 지도자요, 집단이 잘못된
것이며,
17 여기서 바로잡지 아니하면 바로 세울
수 없다 그리 말함이니라.
18 2천 년 동안에 한두 가지로써 재물이
요, 현물을 거둬들이는 그 사악한 방

법이 2천 년이 흐른 지금은 그 숫자를
헤아릴 수 없으니,
19 갖다 붙이면서 거둬들이며, 또 천 년
이라는 세월이 흐르면 오늘보다 몇천
가지가 더 늘어난 방법으로 거둬들이
고 회수하며 살아가고도 남을 자들이
며,
20 그걸 개발하는 데는 아주 탁월한 지혜
를 가진 자들이니라.
21 그래서 너희가 안 된다 함이 여기 있
음을 알아야 할 것이니라.
22 그리하여 종교 집단이요, 그 성전이라
는 곳에서 나의 피조물 만백성을 무상
으로 1년이요, 2·3년을 가르쳐서 그
들을 종교 지도자로서 만백성을 가르
치는 전사로서 순환 교육을 하여 세상
에 내보내야 한다 그리하였음이니라.
23 그러나 지금 모든 종교 교육 기관이
요, 또 목회자요, 종교 지도자요, 책임
자를 육성하는 곳에 돈을 갖다 바치고
배우기 시작하며, 또 돈을 거둬들이고
물질을 거둬들이는 것부터 배우게 됨
이니,
24 거기서 배워 사회에 나올 때는 배운
것보다 한 술 더 떠 수십 가지를 더 얹
어서 그 본전을 빼려고 거둬들이는
그와 같은 형국을 하고 있음이니,
25 이것이 잘못되었으며 이게 사탄들의
장난이라 함이 여기 있음을 알아야 할
것이니라.
26 너희가 이제 종교 집단이요, 그 모두
는 재물을 거둬들이지 아니하며 재물
을 받지 아니하고 대가를 받지 아니하
고 교육을 해 그들을 세상에 지도자
로 내보낸다면,
27 그들은 바치는 것을 배우지 아니하였
으며 거둬들이는 방법을 배우지 아니
하였기 때문에 그들은 나와서 거둬들
이고 바치는 그와 같은 악순환을 반복
하지는 아니할 것이거늘,
28 너희는 그 무엇인가 하나를 역사할
때마다 감사 헌금이라는 대가를 받아
들이는 그와 같은 방법으로써 가르쳐
왔으며,
29 교육기관에서 거둬들이고 대가를 받
으며 또 거둬들이는 방법을 가르침이
니,
30 그 뿌리가 뿌리를 낳고 그 숫자가 늘
면 늘수록 서로 경쟁하듯이, 같은 물
건을 만드는 제조업이 생기면 생길수
록 서로 경쟁이 생기듯이,
31 종교 집단이 생기면서 서로 살아날 방
법을 찾기 위해 어떠한 수단과 방법
으로든 백성에게 재물을 거둬들이며
금화와 은화를 갈취해야 하기 때문에,
32 신종 방법이 계속 나오다 보니 그 방
법이 헤아릴 수 없는 그와 같은 형국
이 되었음이니라.
33 이제 종교 지도자요, 목회자요, 목사
라 하여 기독교라는 곳에 몸담고 있
는, 모든 종파에 속해 있는 지도자 너
희는 하도 거둬들이고 거둬들이다 보
니, 그 헌금의 숫자를 모르며 그 명칭
을 모를 정도로 지금 그와 같이 만들
어 가고 있음이니, 천 년 후에는 얼마
나 더 많이 늘어나겠는가?
34 그래서 너희를 용서할 수 없으며, 너
희는 나로부터 구원을 받을 수 없는
길을 가며, 나의 백성이 아니라 사탄
의 백성으로서 간다 함을 잊지 말라.

5,650 번째 하나님 말씀

2003년 3월 22일 01시 11분

1 사랑하는 나의 아들아!
2 "네, 아버님! 말씀하옵소서."
3 너의 제자들에게 오늘 내리는 나의 뜻
인 성령을 잘 읽고 깨우쳐 바른 판단
을 하며 살아가도록 그리 전해야 할
것이며, 나를 믿지 않는 만백성도 나
의 법전의 이 구절을 읽으며 깨우침을
얻어야 할 것이니라.
4 내가 너희들의 세상사 살아가는 것을
말하였느니라.
5 하루에 열 가지밖에 죄를 짓지 않는
사람에게 백 가지 죄를 짓는 자가 그
죄를 용서해 준다며 기도할 수 없으며
그를 위하여 기도할 수 없다 내가 그
리 말하였음이니라.
6 그러니 일반 백성보다 더 사악하고
간교한 짓을 하고 사는 종교 지도자가
그 신도를 위해 기도할 수 없거늘,
7 감히 깨끗한 사람 앞에서 더러운 자가
기도한다 나서며 온갖 감언이설로써
현혹하는 그와 같은 사악한 짓을 하고
있음이니라.
8 지금의 모든 종교 집단의 그 지도자들
이 육의 세상에서만 사기극을 벌이는
것이 아니라, 하늘에 영혼의 내 나라
에까지 사기극을 벌이고 있음이니, 그
죄를 감당키 어렵다 하였음이니라.
9 내가 너희에게 뭐라 말하였느냐?
10 너희가 죽어 올 때는 너희들의 육은
세상에서 흙으로 돌아감이요, 영혼은
나에게 와 심판을 받음이니, 육의 세
상과 하늘의 세상이 구분되는 것이라
하였음이니라.
11 그리하여 나에게 와 심판을 받을 때
는, 단 1초라도 너희가 회개하고 용서
를 빌 시간을 나에게 달라 몸부림을
쳐도, 내가 1초도 용서를 빌 시간을
줄 수 없으며 회개할 시간을 줄 수 없
다 그리 말하였음이니라.
12 그리고 너희가 죽어 나에게 왔을 때는
감히 나를 아버지라 부를 수 없으며
나를 창조주라 부를 수 없다 하였음이
니라.
13 너희가 육의 세상에 살아 있을 때 나
를 부를 수 있으며,
14 죽어 와 심판을 받는 것은 심판대에
서는 자이기 때문에 너희에게 그와 같
은 기회를 주지 아니한다 하였음이니
라.
15 그러나 종교 지도자요, 인간인 너희가
감히 어찌하는가?
16 너희가 죽은 자 앞에 가서도 그 영혼
을 축복하는 기도라 하여 그를 구원을
받아 하늘에 올라가는 자요, 나 여호
와가 부른 영광의 죽음이라 그리 기도
하며,
17 또한 재물이요, 감사 헌금을 받아들이
며 그 가족들에게 종교 지도자로서 큰
영광이요, 은혜를 베푸는 것처럼 으스
대는 그 꼴을 나 여호와가 바라다볼
때 얼마나 가소로운지 알겠는가?
18 너희가 나에게 오면 단 1초도 용서를
빌고 회개할 기회를 줄 수도 없다 하
였거늘,
19 그들이 와 심판을 받아 어디로 가는지
도 모르며 어찌 되는지도 모르면서,
20 그들을 위하여 천국이요, 극락에 올라

갈 수 있으며 구원을 받도록 한다 하
여 너희가 기도하며 수다를 떠는 그
와 같은 행사를 함이니,
21 그게 얼마나 웃기는 짓이며 얼마나 어
리석은 짓을 하는 것인지를 알고서 너
희가 그와 같은 행위를 하는가?
22 어찌하여 죽은 영혼의 세상을 들여다
볼 수도 없으며 알지도 못하는 인간인
너희가 나의 영혼의 세상에 와 심판을
받는 그를 무슨 천국이요, 극락으로
보낸다고 기도하고 목탁 두드리며 울
고불고 아우성을 치는가?
23 찬송을 불러 대며 악을 쓰는 그 모습
이 얼마나 가소로운 짓인지 알겠는가?
24 죽어 오면 너희 세상과 이 세상은 구
분됨이니, 그들의 기도가 들리지도 아
니하며 들을 수도 없다 하였음이니라.
25 다만, 천사와 같이 깨끗하고 아름다운
자가 그것을 원할 때, 내가 그 사람의
인격을 봐서 내가 선택한 백성을 위해
서는 그를 들어줄 수도 있으며 내가
볼 수도 있으나,
26 이 세상 그 누구도 나에게 그 죽은 자
의 명복을 위해 기도할 자격이 없다
하였음이니라.
27 또한, 축복이라는 것을 바랄 수 없다
내가 하였음이니라.
28 그러니 너희가 얼마나 어리석은 행위
를 하며, 나의 불쌍한 피조물 만백성
을 우롱하며, 그들을 현혹하며 살아가
는 사탄이요, 사악한 자의 행위인가를
이제 깨달아야 할 것이며,
29 나의 피조물 만백성 너희는 이와 같
은 하늘의 이치와 뜻을 알라.
30 죽어서 나에게 와 심판받는 그 순간에
는 누구도 그를 위하여 아무것도 할
수 없으며 이루어질 수도 없으며,
31 자신도 단 1초도 회개할 수 있는 시간
을 내가 주지 않는다 하였으며 받을
수 없다는 것을 새겨 깊이 연구하고
생각해 보면,
32 나 여호와가 오늘 나의 아들을 통하여
내리는 그 뜻이 무엇인가를 알게 될
것이니,
33 죽은 자 앞에 가서 그 죽음 앞에서까
지도 너희가 기도하며 수다를 떨며 각
종 행사를 치르며 거기에 대한 수고비
요, 대가를 받으며,
34 그 가족에게 큰 은혜를 베푼 것처럼,
그들이 너희에게 와서 경배하고 재물
을 바치는 그 역사를 죽을 때까지 행
할 수 있도록 그리 엮어 끌어가는 사
악한 자들이라는 것을 잊지 말라.

5,651 번째 하나님 말씀

2003년 3월 22일 06시 28분

1 사랑하는 나의 아들아!
2 "네, 아버님! 말씀하옵소서."
3 너희가 세상사에 정도로 가야 할 길이
며 해야 할 일이 있는 것이나, 또한 무
엇을 역사하여 만들어 내는 것도 규정
과 계획에 의하여 모든 역사가 이루어
지게 됨이니라.
4 그러나 모든 것이 다 제자리를 지키며
또 궤도를 지켰을 때 이 지상이 존재
함이요, 이 자연의 순리는 그대로 역
사하게 되어 있음이니라.
5 모든 것이 제자리를 지키지 못하며 제
직분을 다하지 못했을 때, 이 세상의

모든 질서는 깨지게 되어 있으며, 또
한 아름다운 자연이 지탱할 수 없는
것이요, 그리고 내가 내려 준 이 지상
의 낙원이 제 구실을 할 수 없는 것이
니라.
6 이 세상에 내가 만든 모든 동식물은
다 제자리를 지키며 제 위치에서 모
두 충분히 제 직분을 다하며 살아가느
니라.
7 그러나 그중에서 내가 가장 아름답게
만든 인간 너희만이 그 직분을 다하
지 아니하며 그 위치를 모르며,
8 너희가 살아가는 모든 방법이 궤도를
벗어나 지금의 형국으로써 이끌어 가
기에, 세상이 이와 같이 험악한 형국
이 되었으며, 내가 만든 이 지상의 낙
원이 불안과 공포 속에 질서가 파괴되
는 그와 같은 형국으로 살아가는 것을
너희는 알아야 할 것이니라.
9 특히나 지금 나의 피조물 만백성을 구
원하여 하늘의 길로 인도한다는 가장
큰 집단인 종교 집단이 가장 잘못 가
고 있으며, 너희로 하여금 이 세상의
모든 질서가 흔들린다면 너희는 알겠
는가?
10 너희로 하여금 이 지상의 모든 자연
의 것이 다 흔들리며 이 아름다운 지
상의 낙원이 지금 제자리를 찾지 못
하고 있음을 너희는 알아야 할 것이
니라.
11 무질서의 근본이요, 무질서한 행위를
너희가 하면서도 그를 모르고 있음이
니라.
12 지금 모든 동식물은 그저 너희 때문
에 공포와 불안 속에서 살아가며 그
무엇도 편안한 삶을 사는 것이 하나도
없다면, 너희는 이해하겠는가?
13 자연을 마음대로 훼손하는 것이 너희
며,
14 이 자연의 아름다운 내가 내려 준 물
이라는 것도, 그리고 산소라는 것도,
공기의 모두를 오염시키며 죽음의 길
로 인도하는 것이 인간 너희들의 머리
요, 생각이요, 행동에서 그와 같이 이
루어짐이니,
15 모든 동식물까지도 불안과 공포에 떨
고 있다는 것을 너희는 지금 모르고
있느니라.
16 너희가 지금 행하는 삶이요, 너희들의
이기주의요, 너희들의 욕심이요, 육이
편하고자 하는 그와 같은 너희들의 삶
이요, 자신의 명예를 얻기 위해 지금
이 세상을 변화 속으로 이끌어 가고
있음이니라.
17 그 변화는 조용히 지키며 아름답게 살
라 하는 이 지상의 자연을 모두 파괴
하며, 자연을 파괴하는 것은 모든 동
식물을 위협하는 것이니, 그와 같은
삶을 사는 것이 너희니라.
18 그리고 나의 피조물 만백성이 제자리
를 지킬 수 없도록 하고 근본을 지키
지 못하며 근본을 망각하며 살도록 하
는 것이 지금의 종교 집단이니,
19 너희가 방향을 잘못 틀어 놓았기 때문
에 그와 같은 결과가 왔음을 알아야
할 것이니라.
20 인간 너희가 위에서 흐르는 물이 그저
그대로 흘러가는 그 순리에 따라 그리
흘러갈 수 있도록 따라오고 만들었더
라면, 지금 이와 같은 형국이 되지는

아니했을 것이니라.
21 그러나 그 흐르는 방향을 임의대로 틀
고 마음대로 이리저리 흩트려 놓았기
때문에 그 물이 흐르는 길을 잃었으며
강으로 흘러들어 바다로 가는 그와 같
은 순리를 지키지 못하게 한 것이 지
금의 너희들의 형국이니라.
22 그리하여 마음대로 방향을 틀어 놓은
그 물이 온 천지를 다 적시며 물들여
가는 것이 지금의 종교 집단이요, 방
대한 조직과 물질적인 힘을 가진 너
희가 지금 하는 작태며,
23 너희가 방향을 잡지 못하도록 흔들어
놓았음이니, 온 세상을 오염시켰으며
오염되지 아니한 곳이 없는 이와 같은
형국으로 되었음이니라.
24 그리하여 이를 내가 더 이상 보지 못
하며 이를 더 묵인하면 이 세상은 모
든 것이 다 황폐해지는 그와 같은 결
과가 되게 되었음이니라.
25 그리하여 내가 그를 바로잡고자, 바로
세우기 위하여 하늘에서 이룬 것과 같
은 지상의 낙원을 이제 건설하고자 하
여 160권이라는 대장서의 책을 만들
어 너희를 바로잡고자 하는 역사가
시작됨을 알아야 할 것이니라.

5,652 번째 하나님 말씀

2003년 3월 22일 06시 41분

1 사랑하는 나의 아들아!
2 "네, 아버님! 말씀하옵소서."
3 너희가 세상에 생명을 받아서 나갈
때 내가 너희에게 그 원심을 심어 주
었음이니, 나 여호와가 너희에게 바라
고 원하는 것은 그 본래의 심성으로
돌아와 그와 같은 심성으로 살다 나에
게 오라는 것이 내가 너희에게 바라
는 소원이니라.
4 내가 너희에게 뭐라 말하였더냐?
5 너희가 세상에 나갈 때 내가 원심을
너희에게 심어 내려보냈음이니,
6 그 마음에서 이탈하는 삶을 사는 것은
너희 자신의 아름다운 형태가 서서히
무너지며 보기 흉한 꼴로써 변하는 그
와 같은 형국이라 내가 그리 말하였느
니라.
7 나로부터 아름다운 인간의 모습으로
세상에 태어났으나, 너희들의 외형이
나이가 들면 늙으며 주름지는 그와
같은 형국이 아니요,
8 너희들의 마음이 무섭게 변하며 욕심
으로 가득 찬 이기심을 버리지 못하고
살아가는 그 형국이 나이가 들어 변한
얼굴 모습보다도 더 무섭게 무너지는
것이 너희라 내가 그리 말하지 아니
하였던가?
9 그리하여 사악한 짓을 하는 자는 인간
의 형태가 무너지니 내가 그를 알 수
없어 나와 인연의 관계가 없는 자라
그리 말하지 아니하였던가?
10 그리하여 내가 너희 마음을 다스리라
는 것이 거기에 있음이니라.
11 지금 나의 법전을 내리면서 나의 법전
을 읽고 정독하는 나의 선택된 백성
너희가 왜 소중하며, 너희로 하여금
이 세상을 정화하며 이 세상에 너희
후손만 존재할 수 있도록 나 여호와가
역사한다는 그 뜻을 알겠는가?
12 너희라도 나의 법전을 읽어 인간의 원

심으로 변하고자 노력하는 그 모습은
너희가 나이가 들어 주름진 그 얼굴을
아름다운 젊은 시절의 모습으로 돌려
놓는 그와 같은 역사가 이루어지기 때
문임을 알아야 할 것이니라.
13 내가 너희에게 준 최초의 인간의 심
성대로 살 때 너희는 영원히 죽지 않
는 아름다운 모습으로 세상을 살아갈
수 있는 것이니라.
14 그러나 그 사악한 욕심 때문에 너희
자신이 무너지고 또 무너져 지금은 육
이 무너진 것보다도 정신의 무너짐이
더 헝클어졌으며 보기에 더 추한 모습
으로 지금 존재함이니,
15 나 여호와는 너희들의 그러한 모습을
보고 있음이니라.
16 그리하여 너희가 사람다운 사람으로
서 바로 서라는 것이 내가 너희에게
원함이며,
17 그를 위하여 내가 법전을 내려보내며
지금 나의 아들을 통하여 너희에게 강
론을 내리고 있음이니라.
18 그러니 너희들의 흉하게 뭉그러진 모
습을 아름답게 만드는 길은 나의 법전
을 읽고 정독하며 내가 원하는 그 뜻
에 따라 삶을 사는 길밖에 없다 내가
그리하였음이니라.
19 너희가 나에게 오르는 길은 내가 최초
에 준 원심이요, 그 초심으로 되었을
때 나에게 오를 수 있다 하였음이니라.
20 그 원심이요, 초심이 무너질 대로 무
너져, 어린아이가 나이 들어 죽기 직
전의 그 모습보다도 더 너희들의 형태
가 지금 말이 아니며,
21 너희가 사악한 마음을 마음속에 얼마
나 갖고 사느냐, 그리고 남에게 얼마
나 악독한 짓을 하느냐에 따라서 아름
다운 얼굴의 형태가 짐승의 형태로 변
한다 했으며 그와 같이 너희가 변해
간다 하였음이니라.
22 그러니 그것을 바로잡는 길은, 나의
법전을 읽고 깨우치며 내가 하라는 명
에 따라서 너희가 살아가는 것밖에는
아름다운 모습으로 변할 수가 없음이
니,
23 너희가 초심으로 변하는 것이 하늘에
오르는 길이기에 내가 너희를 그와 같
이 변하게 하려 하는 것이며, 그리 변
하지 아니할 때 너희는 구원을 받을
수 없기 때문이니라.
24 그리하여 나의 법전을 읽고 깨우치지
않는 백성은 구원을 받을 수 없으며
하늘에 오를 수 없다는 뜻이 여기에
있음이니라.
25 너희가 나의 법전을 정독하여 읽고 또
읽을 때 그 모습이 아름답게 변함이니,
26 아름답게 변하는 그 모습이야말로 초
심의 모습으로 돌아갈 수 있음이니라.
27 너희들의 찌그러지고 일그러져 망가
진, 보이지 않는 마음의 형태를 바로
잡는 것이 법전뿐이요, 바로잡아 갈
때 너희가 초심으로 돌아갈 수 있기
때문이니라.
28 그렇지 아니하면 나에게 구원을 받을
수 없기에, 나의 법전만이 너희를 구
원하는 길이며 심판의 시대에 역사함
이라 내가 말하는 것을 너희는 알아야
할 것이니라.

5,653 번째 하나님 말씀

2003년 3월 23일 06시 29분

1 사랑하는 나의 아들아!
2 "네, 아버님! 말씀하옵소서."
3 모든 것은 정상적인 궤도를 달려가야
함이니라.
4 사행심으로 어떤 역사를 이루려 해서
도 그것은 이루어질 수 없으며 욕심으
로 무엇을 이루고자 해도 그것은 이루
어질 수 없음이니라.
5 그러니 너희는 모두 나의 법전이요,
내가 내리는 새로운 성경의 나의 뜻과
법전을 가지고 모든 역사를 이루는 곳
에 생각해야 할 것이니라.
6 너희 자신이 그를 가지고 사행심이요,
욕심이요, 다른 생각으로 역사한다고
할 때, 나의 뜻과는 그것이 정반대로
잘못 흘러감이니,
7 그 모두는 이루어지는 역사가 없음을
알아야 할 것이니라.
8 내가 명하는 대로, 내가 전해 주는 대
로 너희는 그리 행해야 함을 잊어서
는 아니 될 것이니라.
9 어떠한 인간관계의 사행심이요, 욕심
도 이루어질 수 없다는 것을 알아야
할 것이니라.
10 법전을 만드는 것을 먼저 생각하며,
법전을 세상에 전하는 것을 먼저 생각
하며,
11 그 법전 위에서 모든 것이 이루어지
는 그와 같은 삶을 살아야 하는 것을
절대 잊어서는 아니 될 것이니라.
12 너희는 아직도 멀고도 멀었느니라.
13 너희 마음에 욕심이 있으며, 너희 마
음에 사행심이 있으며, 이기적인 욕심
이 아직도 너희 마음에서 떠나지 아
니하고 있음이니,
14 그는 아무것도 이루어질 수 없다는 것
을 알아야 할 것이니라.
15 사랑하는 나의 아들아!
16 "네, 아버님! 말씀하옵소서."
17 너희가 창조주인 나 여호와의 성령의
뜻을 받아 기록하느니라.
18 그리고 만백성을 구하는 역사를 이루
는 너희가 정상적인 궤도요, 정상적인
방법이 아니요,
19 편법이요, 머리로써 수단을 부려 무엇
을 이루고자 한다면 그는 절대 이루
어질 수 없음을 알라.
20 모든 것은 가장 정상적으로 정도에서
만 이루어지며,
21 그렇지 아니할 때 공의의 하나님이
아니요, 너희는 나를 따르는 백성이
아니라는 것을 알아야 할 것이니,
22 앞으로 어떠한 계획을 하든, 어떠한
역사를 하든 나에게 기도와 묵상으로
써 정상적인 방법이 아닌 길은 가지를
말며 생각지 말도록 그리하라.
23 그것이 네가 가야 할 길이며 너의 제
자들이 가야 할 길이라는 것을 잊지
말라.

5,654 번째 하나님 말씀

2003년 3월 23일 06시 34분

1 사랑하는 나의 아들아!
2 참진리요, 나의 뜻을 가르치는 자는
태풍이 와도 흔들림이 없으며, 저 자
신의 뜻을 전함이 아니요, 나 여호와

의 뜻을 전함이니,
3 저 자신을 과대 포장할 필요도 없는
것이 지금 나로부터 선택된 지도자가
가야 할 길이니라.
4 그러나 수천 년 동안 흘러오면서 뿌리
를 내린 지금의 모든 종교 집단이요,
지도자들은 어찌 가르치는가?
5 나 여호와의 참진리요, 내 뜻을 전하
며 가르치고 행하는 것을 저희도 모
르니,
6 저 자신을 위선과 과대 포장을 하며
과대한 말장난으로써 저희의 약점을
감추기 위한 그와 같은 해법이요, 그
와 같은 방법으로써 강론하며 설교라
는 것을 맞춰 나간다는 것을 알고 있
는가?
7 그리하여 인간 세상에서 일어나는 일
이나 인간 세상에서 살았던 그 행위
같은 것으로써 나의 강론 시간이요,
나의 뜻을 전하는 가장 귀중한 시간을
함부로 남용하고 있다는 것을 너희는
알아야 할 것이니,
8 그와 같은 종교 지도자는 나로부터 선
택된 자가 아니요, 사탄의 자식이라는
것을 알라.
9 자기 약점을 감추기 위한 행동이요,
과대한 말장난으로써 나의 피조물 만
백성을 현혹하는 자,
10 또한 나의 아들 예수도 너희와 똑같
은 백성이라 하였으며 종교 지도자는
가장 낮은 자라 하였거늘,
11 저희를 신격화하는 자는 사탄이요, 마
귀의 자식이요, 그 조정을 받는 자로
서 그 앞에서 일하는 자라는 것을 알
아야 할 것이니 절대 그들의 말에 현
혹되지 말아야 할 것이니라.
12 모든 행함을 믿음보다는 인간적인 측
면에서 먼저 생각하는 자, 그리고 인
간적인 측면에서 먼저 계산하는 자,
그리고 육의 세상의 삶을 먼저 생각하
는 자, 그와 같은 것을 위하여 모든 권
한을 다 부리는 자,
13 그와 같은 종교 지도자는 지도자가 아
니요, 사탄의 자식이라는 것을 너희는
알아야 할 것이니라.
14 이 또한 지도자가 아님을 알 것이며,
너희가 그들의 말에 현혹되어 지옥으
로 가는 길을 가서는 아니 될 것이니
라.
15 모든 집단에서 권한을 독점하고자 하
는 자, 모든 것을 제가 쥐고 흔들려고
하는 자,
16 그리고 서로 능력을 계발해 주며 서로
나눠서 어떤 일을 역사하는 것이 아니
요,
17 모든 명예직을 제가 독점하며 모든 것
을 제가 주관해야만 이루어지도록,
18 저희끼리 생각하고 타협하며 의논할
여유도 주지 아니하며 정신없이 몰고
가는 자,
19 그와 같은 자들은 사탄의 자식임을 알
아야 할 것이니라.
20 제가 주관하지 아니하며 제가 주관치
않으면 불안과 공포에 떠는 그와 같은
자, 그리고 제가 주관하지 아니하면
견디지 못하는 종교 지도자, 그들이야
말로 사탄의 자식이라는 것을 너희는
알아야 할 것이니라.
21 그와 같은 종교 지도자 밑에서 너희가
구원을 받는다는 생각을 버리도록 그

리하라.

5,655 번째 하나님 말씀

2003년 3월 23일 06시 39분

1 2천 년 전에 나의 아들 예수로 하여금
많은 기적을 이루었으며 그 역사를 이
루었음이니라.
2 그리고 그가 나의 성령으로써 만백성
을 깨우치고자 전했으며, 나의 아들이
라 그리 말했으며, 보낸 이가 하늘에
계시니 보냄을 받은 나의 아들 예수라
그리 말하였음이니라.
3 그러나 그가 잘못된 모든 것을 개혁하
고 잘못된 것을 깨우쳐 주며 나 여호
와의 진정한 뜻을 가르치고자 부르짖
은 그것을 그 백성은 어찌하였는가?
4 그를 팔았으며 그를 고통스럽게 죽어
가게 하였음이니라.
5 그리하여 나의 아들 예수의 죽음을 생
각하기 전에 그와 분신처럼 그를 따랐
으며 같이 가고자 했던 그 제자들의
행위는 과연 어떠하였는가?
6 죽어 가는 나의 아들 예수를 감싸며
그를 살리고자 목숨을 던진 자가 하나
도 없었으며, 그를 팔고 그로부터 등
을 돌렸느니라.
7 나의 아들 예수는 직접 나의 뜻을 가
지고 만백성을 구하고자 했으며 제 제
자들을 분신처럼 그리 육성하는 것을
복음보다도 더 소중히 먼저 생각했다
하였음이니라.
8 그러나 그와 같이 간 그 제자들이 과
연 어찌하였는가?
9 그에게 등을 돌렸음이니라.
10 그들이 등을 돌린 것은 무엇이던가?
11 나의 아들을 의심했으며 나를 믿지
아니하였으며 나 여호와가 존재함을
그들이 정녕 믿지 못했기 때문이니라.
12 그 역사를 보면서 그 기적을 보면서도
그를 믿지 못한 제자들이 등을 돌렸음
이니, 지금 너를 따르는 제자들이요,
나의 법전을 읽고 깨우쳤다는 모든 나
의 백성 너희가 과연 얼마만큼 따를
수 있으며 얼마만큼 환란 속에서 역사
할 수 있을 것인지, 이를 내가 의심치
아니할 수 없음을 너희는 알아야 할
것이니라.
13 너희는 말로써 모든 것을 생각하며 앵
무새처럼 나의 법전을 읽고 깨우치고
깨달았다고 하나,
14 행함이 바르지 못할 때, 너희가 모두
를 다 바쳐 나의 법전을 가지고 세상
에 전하며 만백성을 위하여 역사하고
자 하는 그 생각이 흔들릴 때, 또 환란
이 닥쳐왔을 때,
15 과연 나의 아들 예수의 제자들처럼 지
금의 나의 아들을 팔며 나의 아들의
행적을 가르쳐 주며 나의 아들이 가는
그 모두를 가르쳐 줘 나의 아들이 남
에게 죽임을 당하며, 그리고 나의 법
전이 세상에 나올 수 없도록 모두를
태우고 너희가 만들어 놓은 근거까지
도 남들에게 파는 그와 같은 행위를
하지 아니한다고 과연 누가 장담하겠
는가?
16 너희 또한 그와 같은 백성이 나오지
아니한다 할 수 없음이니라.
17 그리하여 너희에게 내가 노력과 노력
을 거듭하게 하며 훈련을 하게 하는

것이니라.
18 쓰러졌다 일어서며, 또 넘어졌다가 일
어서며, 그와 같이 상처 입으며 또 쓰
러지지 않고 일어서며,
19 그리하여 죽음까지도 일어설 수 있으
며, 그리고 모든 것을 던질 수 있는 그
훈련을 너희가 역사하지 아니하면 이
룰 수 없음이니라.
20 사랑을 베푸는 것도 수없이 노력하며
수없이 사랑을 베풀었을 때 모두가 이
루어지듯이,
21 힘들고 어려운 곳에서 일어서며, 또
쓰러져도 일어서며, 고통 속에서 일어
서며, 죽음 앞에서도 일어설 수 있는
그와 같은 마음을 가졌을 때,
22 너희도 모르게 환란의 시기에 하나밖
에 없는 그 육의 소중한 목숨을 바쳐
나의 법전을 지키며, 나의 아들을 지
키며, 만백성을 깨우치고자 세상에 전
하는 그 역사를 이룰 수 있으며,
23 하얀 눈이 세상을 덮듯이 나의 법전이
세상을 덮어, 이를 보지 아니할 수 없
으며 이를 읽지 아니할 수 없으며 이
를 들여다보지 않을 수 없는 그와 같
은 변화의 역사를 이루고자 하는 것이
나 여호와의 뜻임을 너희는 알아야 할
것이니라.
24 모든 것이 변해 가는 이 시대에, 너희
는 세상에서 지금 역사하는 모든 것
을 부정하며 인정하지 아니하려 함이
니라.
25 모든 믿음이 2천 년 전의 구약이요,
지금의 신약을 가지고 하늘에 오르는
길이라 그리 부르짖으며 그것 또한 너
희 마음대로 해석하여 고쳐 쓴 부분
이 있음이니라.
26 그리하여 이를 바로잡으며 이를 깨우
쳐 주고자 하는 것이 나의 법전이 아
니던가?
27 잘못된 부분을 너희에게 깨우쳐 줌이
니 너희가 잘못된 부분이라 인정하고
받아들이면 될 것을,
28 그리하여 구약과 신약과 나의 법전에
서 원하는 나의 뜻이요, 내가 명한 그
것만을 깨우쳐 그를 행하고 가면 되거
늘,
29 이단이요, 사탄이요, 사악한 자라 하
여 너희가 팔고 또 태워 버리는 그와
같은 행위에 앞장서는 지금의 제자가
없다 아무도 말할 수 없음이니,
30 그 모두는 나 여호와만이 알고 있음이
니라.
31 그러니 너희가 어려운 훈련 속에서 어
려운 고통에서 견디고 이기는 그 훈련
에서 남는 자만이 환란 때에 모두를
바쳐 나의 법전을 지킬 자들이니 그리
알라.

5,656 번째 하나님 말씀

2003년 3월 23일 06시 53분

1 사랑하는 나의 아들아!
2 "네, 아버님! 말씀하옵소서."
3 동양의 작은 나라에 너희에게 전해 오
는 이야기가 있지 않으냐?
4 한 나라에 '평강공주'와 또 모자란 '바
보온달'이라는 사람이 있음이니,
5 그 공주가 어려서 울고불고해 그 아버
지가 말하였음이니라.
6 '너를 바보온달에게 시집을 보낸다.'

7 자기의 귀한 공주를 세상에서 제일 못
나고 남들이 손가락질하는 바보온달
에게 시집을 보낸다는 그와 같은 말을
함으로써 딸의 울음을 그치게 했던 그
아버지의 말을, 그 공주가 커서 그 아
버지의 뜻을 지켜야 한다 하여 그는
바보온달이라는, 세상 사람들이 손가
락질하는 그 바보온달에게 시집을 가
그 바보온달을 명장으로 만들었다는
말이 있지 아니하던가?
8 그를 명장으로 만들어 나라가 위급할
때 그가 나라를 구하는 명장으로서
모두를 다 바쳐 역사했다는 그와 같
은 아름다운 이야기가 있지 않더냐?
9 나의 아들을 따르는 모든 제자는 평
강공주 같은 공주가 되어야 함을 어
찌하여 모르는가?
10 너희는 일개 왕인 아버지가 말한 그것
을 지키려고 그 바보온달에게 시집갔
던 그 공주만도 못하단 말이던가?
11 창조주 나 여호와가 나의 아들을 세상
에 내보내며 하나의 겨자씨를 세상에
심었다 그리 말하였음이니라.
12 그는 나의 아들이요, 모든 역사를 할
것이며, 나의 성령을 받아 기록하여
나의 법전의 책으로 만들어 만백성을
구할 자라 내가 그리 말하였음이니라.
13 그 역사를 맡은 것이 너희요, 그 대명
을 맡은 것이 너희요, 선택된 것이 너
희라 내가 그리 말하지 아니하였던가?
14 창조주 나 여호와가 나의 아들이 지금
나의 아들이요, 모든 역사를 이루기
위해 지금 그가 와 있다 그리 말하지
아니하였던가?
15 너희는 어찌하여 그 바보온달을 명장
으로 만든 공주만큼도 지혜가 없단 말
인가?
16 너희 모두가 바보온달을 위해 그 바보
온달에게 시집 가 그를 명장으로 만든
공주가 될 수 있는 지혜며 그와 같은
깨달음도 없단 말이던가?
17 부족하고 어리석은 나의 아들을 명장
으로 만드는 그 길이 너희들의 대명이
라 하였으며, 너희에게 맡긴 임무가
다 있다 하였음이니라.
18 그러니 어찌하여 너희는 바보온달을
명장으로 만든 그 공주만큼도 지혜가
없으며,
19 그 아버지가 한 말을 지킨 만큼도 너
희는 믿음이 없다는 말이던가?
20 너희가 나 여호와를 정녕 믿는다면 평
강공주보다도 더 현명한 여인이 되어
야 할 것이며, 그를 지키고 믿고 따르
는 그와 같은 여인이 되어야 할 것이
니, 너희는 이제 모두가 평강공주가
되라.
21 그리하여 하나의 겨자씨가 바로 크고
바로 설 수 있도록 버팀목이 되며 물
을 주며 싹을 틔우라 말하였음이니,
나의 아들을 바로 세워 한 시대를 구
하는 명장으로, 지도자로 만드는 것이
너희가 가야 할 길이며 너희가 역사
할 길이니,
22 평강공주와 같은 모든 정성과 노력이
아니면 이루어질 수 없음이니라.
23 너희가 일개 공주만도 못한 자며 그와
같은 지혜도 없는 자며,
24 나 여호와가 내린 명령이요, 나 여호
와가 내린 그 뜻이, 그 왕이 우는 딸을
달래고자, 그를 혼내고자 했던 그 말

만큼도 무게가 없으며 가치가 없으며
믿음이 없단 말이던가?
25 이제 나의 아들을 따르는 백성 너희는
평강공주가 되라.
26 그리하면 너희가 나의 아들을 볼 것이
며, 그의 숨어 있는 재능을 볼 것이며,
27 그가 무섭게 변하는 역사함을 볼 수
있으며, 명장으로서 자질이 있음을 알
것이니라.
28 그리고 그가 순종함을 알며 복종함을
알며 나 여호와의 뜻을 목숨을 바쳐
지키는 그와 같은 나의 아들의 숨은
위대한 장점이요, 아름다움을 볼 것이
니,
29 너희는 평강공주가 되라.
30 평강공주가 되면 너희가 나의 아들을
볼 것이며, 떠날 일이 없으며, 의심할
일이 없으며, 불안한 마음이 없을 것
이니 그리 알라, 사랑하는 나의 아들
딸들아!
31 이제 너희는 모두가 평강공주가 되라.
32 사랑하는 나의 아들아, 그리고 나의
법전을 읽고 깨우치며 나의 아들을 따
르는 제자들이요, 그리고 나의 법전을
읽는 모든 백성이요, 그리고 유하고
부드러운 자인 너희는 모두 다 평강공
주 같은 지혜를 가져라.
33 너희 모든 여인이 평강공주 같은 지혜
를 가지고 가정을 다스리며 너희 남편
을 바라볼 때, 그리고 너희 남편을 그
리 깨우쳐 줄 때, 이 세상은 가장 아름
답고 평화로운 세상이 됨이니라.
34 그곳에는 가정의 안정이 있으며, 가정
의 화목이 있으며, 그리고 가정의 의
식주를 해결할 수 있으며,
35 평강공주와 같은 마음으로 남편을 받
들 때 그 남편이 잘못 갈 자 없으며,
비뚤어질 자 없으며, 가정을 버릴 자
가 없음이니,
36 우선 유하고 부드러운 여성 너희가
그와 같은 아름다운 지혜를 가지고 살
도록 하라.
37 이제 나의 아들을 따르는 모든 가족의
여인들아, 너희는 평강공주가 되라.
38 그리고 가정에서 살아가는 모든 여인
들아, 힘들고 어렵다 해도 너희는 모
성애가 있으며 부드러운 마음이 있으
며 인내함이 있으며 사랑을 먹고 사는
것이 여인 너희니라.
39 나 여호와가 너희를 그리 만들었음이
니, 너희가 그와 같은 삶을 살고자 하
면 우선 평강공주가 되라.
40 그리하여 어리석은 바보요, 못난 그
남편을 명장으로 만드는 지혜를 가져
라.
41 너희 여인들이 지혜를 가졌을 때 이
세상은 밝은 세상이 될 것이니라.
42 너희가 그를 회피하며 사악한 방법으
로써 여인이 남의 남자 손을 만지기를
즐기며 남의 남자와 대화하기를 좋아
하며, 너희 자신이 추하고 더러운 모
습으로 전락하는 그와 같은 삶이요,
세상이 왔을 때, 이 세상은 밝아질 수
가 없으며 더 사악한 자들이 세상을
다스림이니라.
43 여인 너희가 자세를 곧게 하고 바르
게 하며, 오로지 평강공주 같은 지혜
로써 모두를 다스려 나갈 때,
44 너희들의 부족함이요, 채워지지 않는
가슴의 허전함을 다 채워 줄 것이니,

45 모든 여성 너희는 부드러운 모성애의
마음으로 돌아가라.
46 그것이 이 세상이 아름다운 세상이요,
천국과 같은 세상을 이루는 근본이요,
기본이니라.
47 그러니 너희가 그냥 마음을 다스릴
수 없으나, 평강공주와 같은 지혜를
가지고 남편을 다스려 이끌어 간다면,
48 그 가정은 화목이요, 그 가정이 천국
이 되어 이 세상 또한 천국이 역사함
을 잊지 말라, 사랑하는 나의 아들딸
들아!

5,657 번째 하나님 말씀

2003년 3월 23일 07시 04분

1 사랑하는 나의 아들아!
2 "네, 아버님! 말씀하옵소서."
3 이 세상에 정상적으로 나로부터 영혼
을 받으며 생명을 가지고 나오는 너희
생명이 울지 않고 세상에 나오는 자는
없지 아니하던가?
4 너희들의 육의 삶이라는 것이 무엇인
줄 알겠는가, 나의 아들아! 너희는 울
며 이 세상에 오며, 육의 삶을 마칠 때
울며 가는 것이 너희들의 육의 삶이며
인생이니라.
5 그리하여 너희가 말하지 아니했던가?
6 울며 왔다 울며 가는 것이 인생이라는
그런 말이 있지 않은가?
7 사랑하는 나의 아들을 따르는 제자요,
나의 법전을 읽은 만백성 너희가 나
여호와의 뜻을 따르며 진리를 깨우쳐
하늘에 오르는 것이 무엇인 줄 알겠는
가?
8 울며 세상에 온 너희가 그 인생의 삶
을 웃으면서 마감 지을 수 있으며 웃
음으로써 거둘 수 있는 그와 같은 삶
을 살라 함이니라.
9 너희가 죽는 그 순간에 심판대에 온
것은 무엇이던가?
10 너희는 바로 고통스러운 세상의 삶에
서 얼마나 삶을 아름답게 살았느냐에
따라 심판대에 서는 것이니라.
11 그리하여 너희가 울면서 그 심판을 받
으면 죄가 많아 지옥으로 가는 것이
요, 너희가 웃으면서 죽음을 맞이할
수 있는 백성이야말로 위대한 백성이
며 영광된 백성이며 승자인 백성이니
라.
12 그가 얼마나 아름답게 살았기에 울면
서 죽어 가는 그 죽음 앞에 웃음으로
써 죽어 갈 수 있단 말이던가?
13 지금의 믿음의 길을 가는 백성, 나의
아들 예수의 보혈로써 구원을 받았다
는 자들, 재물을 수없이 바쳐서 그 성
전이라는 것을 짓는 것에 역사했다는
백성, 너희는 죄가 없으며 면죄부를
받은 것처럼 생각하나,
14 죽음 직전에 죽음의 그림자를 보는 순
간에 그 모두가 다 무상한 것이며 허
황된 것이며, 죄를 짓고 산 것이며,
15 구원을 받고자 하는 욕심이요, 남보다
낫고자 하는 욕심에서 죄지은 것을 숨
이 끝나기 전에 영화 필름이라는 것이
돌아가듯이 그를 다 보나,
16 너희가 그때는 기력이 없어 그를 만회
할 시간이 없으며 그를 다시 돌릴 수
도 없는 그와 같은 순간에 봄이니, 그
리하여 너희가 울면서 가는 것이 인생

의 죽음이라는 것을 알아야 할 것이니
라.
17 나 여호와가 너희에게 가르치는 것은,
너희가 세상에 나올 때 포효하며 오
는 그 인생을 울며 가는 인생이 되지
말라는 것을 내가 너희에게 가르침이
며 나의 법전을 세상에 내려보내는 것
이니,
18 과연 거기에 무엇이 잘못되어 있으며
거기에 무슨 사악한 것이 있으며 무엇
이 이단이며 사탄의 가르침이라 그리
말하는가?
19 사랑하는 나의 아들딸 너희는 인간이
불쌍하며 너희 형제가 불쌍하여 떨리
는 가슴으로 나의 법전을 두 손으로
들어 그에게 전할 때,
20 그가 너희에게 감사하며 그를 읽고 정
독하지 아니하며 찢어 버리며 사탄이
요, 이단이라 말하는 자에게 너희는
두 번 다시 갑론을박하지 말라.
21 아무리 큰 그릇이라 해도 그 그릇이
깨져 물이 샌다 하면 아무리 물을 부
어도 채울 수 없지 않던가?
22 아무리 항아리가 방대하고 크다 해도
깨진 항아리요, 금 간 항아리는 물을
붓고 부어도 그 물이 존재하지 못함이
니,
23 아무리 너희가 무리한 힘으로 가서
물을 채운다 해도 결국 그 물은 빠져
서 흘러감이니, 그는 누구도 당할 수
없으며 어떤 것도 당할 수 없지 않은
가?
24 잘못 가는 종교 지도자들이요, 잘못된
믿음의 길을 가는 백성은 이미 깨진
항아리요, 깨진 물그릇이니, 아무리
생수를 부은들 거기에 존재하지 못함
이니라.
25 다만, 그들이 어찌 깨닫고 어찌 생각
하며 나의 법전을 전해 주는 너희에게
감사하며 법전을 읽고 정독하는 데 모
두를 다 바쳐 깨진 항아리를 메울 수
있는 그와 같은 자는 구원을 받을 것
이며 생수를 가슴에 그득히 받으며 안
을 수 있는 것이요,
26 그렇지 아니하는 자의 깨진 항아리는
영원히 물을 담을 수 없으며 생수를
담을 수 없으니,
27 너희가 아무리 붓고 부어 준다 해도
잠시 채워질지 모르나 시간이 흘러가
면 다 없어져 버리니,
28 그것이 지금의 잘못 가는 백성이 깨
진 그릇이 되어 있음이니 그 깨진 그
릇에 생수를 담을 수 있도록 때우고
메우라는 것이니라.
29 그 깨진 그릇을 메울 수 있는 것은 나
의 법전이요, 나의 아들을 통하여 내
리는 강론을 듣는 것밖에는 없다는 사
실을 내가 그리 부르짖고 너희에게 전
하거늘, 이를 믿지 아니하며 듣지 아
니하는 것이 너희니, 이를 어찌하여야
하는가?
30 아무리 큰 그릇이라 해도, 큰 항아리
라 해도 깨진 항아리에 아무리 생수를
부어도 그는 새느니라.
31 그리하여 너희가 떨리는 마음으로 조
심스럽게 두 손을 들어 그가 불쌍하여
그를 구원하고자 하나,
32 법전을 집어던지며 욕하며 사탄이요,
사악한 자라 말하는 자는 두 번 다시
대화하지 말며 시시비비를 하지 말라,

사랑하는 나의 아들아!
33 그는 그저 울며 왔다 가는 인생이요,
울며 가면 되는 것이니,
34 제가 울며 갈 때 그 고통이 무엇이며
그 시련이 무엇이며, 나의 법전에 대
문짝보다도 더 크게 하늘의 천기를 다
기록해 놓았으며 하늘에 오르는 길이
요, 나의 법전이요, 그를 타고 그를 만
지는 자, 그를 붙잡아야만 하늘에 오
를 수 있다는 것을 그 순간에 아니,
35 얼마나 뼈저린 후회와 고통 속에서 울
며 가는가?
36 그 눈물이야말로 얼마나 무서운 눈물
인가를 알게 될 것이니라.

5,658 번째 하나님 말씀

2003년 3월 23일 07시 20분

1 사랑하는 나의 아들아!
2 "네, 아버님! 말씀하옵소서."
3 인간 세상에 살아가는 그 속에는 항상
상대성이 있으며 반대급부가 있으며
서로 얽히고설켜 살아가는 것이 아니
던가?
4 그리하여 남이 웃게 되면 너희가 우
는 것이며, 너희가 웃으면 남이 우는
그와 같은 형국으로 세상을 살아가는
것이 너희들의 얽히고설킨 삶이라 하
지 아니하였던가?
5 나 여호와가 160권의 법전을 내려보
내며,
6 나 여호와가 구약 성서를 내려보냈으
며 그리하여 모세에게 그 역사를 하게
했으며 그 백성을 선택된 나라로 인
도하고자 하였으며,
7 나의 아들 예수를 보내어 나의 피조물
만백성 너희에게 전한 것이 바로 무엇
이던가?
8 사랑이니, 바로 남이 웃을 때 네가 울
고, 네가 웃을 때 남이 우는 그와 같은
역사의 변화 속에서,
9 남이 웃고 네가 고통스러운 삶을 살
라 하는 것이 바로 구약의 역사가 내
려온 것이며 신약의 역사가 내려온 것
이니,
10 그 간단한 이치 하나를 너희는 평생
을 깨닫지 못하고 살아가는 것이니라.
11 남이 웃으면 네가 울고 네가 웃으면
남이 우는 그 세상의 이치 속에서 너
희가 옳은 삶을 살라 함이니라.
12 남을 웃게 하며 네가 우는 그와 같은
삶을 사는 것이 구약의 뼈대요, 신약
의 뼈대요, 나의 법전의 뼈대인 것을,
13 너희는 그것 하나 가지고 서로 시시비
비를 함이니라.
14 내가 지금 나의 뜻이요, 참진리를 기
록하여 전함이니 이 위대한 것이 나의
법전이라 함을 잊지 말며,
15 나의 아들을 통하여 너희를 깨우치고
자 함이니,
16 이 말이 잘못되었다면 너희가 사탄이
요, 이단이라며 찢어 버리고 욕한다
해도 말을 하지 않을 것이며, 양심이
있는 자면 말을 못 할 것이니라.
17 나의 법전에 기록하여 너희에게 전함
이니라.
18 인간 세상에 살면서 남이 웃으면 네가
울고, 네가 웃으면 남이 우는 그것이
인간 세상의 삶이니, 너희가 우는 사
람이 되라고 내가 가르침이니,

19 이것이 잘못된 것이며 사탄이요, 사악
한 자가 과연 너희에게 그리 말할 수
있으며,
20 이게 사탄의 말이라면 무엇이 진리의
말씀이며 나 여호와의 말씀이라 너희
가 그리 말할 수 있는가?
21 이것이 잘못됐다고 하는 자는 끓는
기름 가마에 들어갈 것이니라.
22 내가 나의 법전에 기록하여 너희를
가르치기를, 공의의 하나님 아버지요,
부모로서 잘못 가르침이 없으며,
23 남이 웃는 일을 하며 살며 네가 웃는
일을 하지 말라, 네가 손해 보는 삶을
살라, 남에게 득을 주는 삶을 살라 하
는 것이 나 여호와의 뜻이니,
24 너희가 이것이 잘못된 것이라 하면 무
엇이 진리며 무엇이 나 여호와의 뜻이
란 말이던가?
25 너희는 이제 알아야 할 것이며 부끄
러운 줄 알아야 할 것이니라.
26 너희가 두 혀로 어떠한 항변을 하며,
두 혀를 날름거리면서 아무리 욕하고
나의 백성을 유혹하고 끌고 간다 해도,
27 남이 웃는 세상을 만들라 하는 것이
참진리요, 나 여호와의 뜻이니,
28 남이 웃는 세상을 만들며 남이 웃는
삶을 살아가도록 하는 것이 근본이라
하여 구약의 역사를 내렸으며 신약의
역사를 내렸으며 지금 제3의 시대에
나의 법전이 세상에 내려감이니,
29 너희가 얻고 웃는 것에서 너희가 잃고
남에게 덕을 주라는 것이니, 그것이
모든 사랑을 실천하는 것이니,
30 이것이 잘못되었단 말이 있거든 너희
가 나의 법전을 찢어 버리고 태워 버
리며, 나의 아들 예수를 고통스럽게
죽어 가게 했듯이 나의 아들을 고통스
럽게 죽어 가게 한다 해도 나는 말을
하지 아니할 것이니라.
31 그러나 네가 손해 보는 삶을 살며, 남
에게 덕을 주는 삶을 살며, 남이 웃는
삶을 사는 것이 진정한 인간의 도리에
맞는 것이며, 도덕적으로 부끄러움 없
는 삶이요, 그게 아름다운 삶이라면,
32 너희는 나의 아들 앞에 고개 숙여 경
배해야 할 것이며, 나의 법전을 가슴
에 안고 정독하는 데 게을리하지 말라.
33 이제 내가 마지막으로 너희에게 이 무
서운 결과요, 답을 세상에 내려보냄이
니라.
34 남이 울면 네가 웃고 네가 웃으면 남
이 우는 그 세상에서, 네가 웃는 삶을
살지 말며 남이 웃고 네가 고통스러운
삶을 사는 것이 나의 법전의 가르침이
니,
35 이를 깨닫고 또 깨달아 너희 스스로
양심적인 내가 심어 준 그 초심이 있
거든 그 마음을 선택하라.
36 그렇지 아니한 자는 지옥 불에 가 끓
는 기름 가마 속에서 평생 헤어나지
못하는 무서운 벌을 받게 될 것이니,
37 내가 미리 하늘의 죄요, 지옥의 죄요,
그 벌을 알려 줌이니 그리 알라.

5,659 번째 하나님 말씀

2003년 3월 23일 07시 32분

1 사랑하는 나의 아들아!
2 "네, 아버님! 말씀하옵소서."
3 악한 생각이요, 악을 행하면 그 악은

점점 눈덩이처럼 불어나 더 큰 악을
행하면서도 죄인 줄 모르고 사는 것이
너희라 그리 말하였음이니라.
4 선함을 행하면 그 선함이 눈덩이처럼
불어남이니, 선함을 행할 수 있는 것
은 세상의 이치를 볼 수 있다 그리 말
하였음이니라.
5 너희가 재물을 얻고자 하며 육의 부귀
영화를 위한다면 그들을 다 놓는 마
음이요, 재물에 대한 마음을 비우고
살 때 큰 것을 얻을 수 있다는 그 이치
를 어찌하여 모르는가?
6 너희가 적은 재물에 연연하는 그와 같
은 삶을 산다면 결코 벗어날 수 없음
을 알아야 할 것이니라.
7 이제 내가 너희에게 전하고자 하느니
라.
8 너를 처음부터 따르며 같이 온 그 제
자들과 처음에 조그마한 단칸방에서
나의 법전을 받아 기록하였으며 16권
의 법전을 세상에 냈음이니,
9 너희가 강론할 곳, 공부할 곳도 하나
없는 그와 같은 것으로부터 시작하여
오늘의 이와 같은 것을 이루었으며,
10 나의 법전을 읽고 공부하는 제자들 또
한 이와 같이 늘어났으며, 오늘의 너
희가 이와 같은 변화를 했음이니,
11 너희가 여기서 무엇을 더 욕심을 내며
더 많이 변하고자 더 큰 역사를 이루
고자 한다면 너희는 점점 어렵고 힘
든 길을 감이니,
12 오늘의 축복이요, 오늘의 기도를 드리
는 그와 같은 마음을 너희가 갖고 살
아야 할 것이니라.
13 너 또한 그렇지 아니하던가?
14 나의 법전으로써 내가 너를 부를 때
네 가정은 오갈 데가 없었으며 모두
파산 지경에 있었음이니,
15 너는 앞이 보이지 아니하며 글을 읽지
못하고 네 다리는 절름발이로 바로
설 수도 없고 걷지도 못하는 형국이었
으며,
16 네 몸은 아프고 아픈 병에 시달려 너
자신이 죽음을 선택해야 할 상황의 네
가정이요, 네 삶이 아니었던가?
17 너는 가재도구요, 짐 하나 어디에 옮
길 데가 없어 그걸 다 버리고, 아내는
아내대로, 자식은 자식대로, 너는 너
대로 헤어져야 하는 파산 하루 전에,
18 내가 너에게 안식처를 만들어 주었으
며 그 역사를 이루어 오늘의 네가 한
가정을 이루고 사니,
19 개인적으로 나로부터 축복과 영광과
은혜를 그보다 더 무엇을 받으며 더
얻고자 하는가?
20 너의 아내요, 또 너의 자식이요, 너 자
신도 더 얻고자 하며 더 이루고자 하
는 그와 같은 마음을 갖는다면 너희는
점점 더 잃을 것이며, 더 얻을 것이 없
음이니라.
21 여기에서 진심으로 나에게 감사드리
며 나의 은혜요, 영광이라 생각하며,
22 오늘의 삶이요, 내가 준비해 준 그 모
두가 너희가 영광이라 생각하고 감사
하는 마음으로 살며 마음을 비울 때,
너희가 그리는 그림의 집을 그 역사를
얻을 수 있을 것이나,
23 그를 비우지 아니할 때 그와 같은 것
이 이루어질 수 없다는 것을 알아야
할 것이니라.

24 개인적으로 내린 그 재물의 축복이요,
영광의 축복을 그보다 더 어찌 하루
아침에 얻고 구한다 말할 수 있는가?
25 나 여호와가 그리 내려 줬으니, 네 가
족이요, 네 모든 식솔이 감사하는 마
음부터 먼저 가져야 할 것이니라.
26 그리했을 때 너희가 그리는 모든 그림
이요, 그 역사는 이루어질 것이나,
27 그를 감사하지 못하고 당연하며 노력
의 대가로 오늘에 이루어졌다 생각해
서는 아니 될 것이며,
28 그리하면 내가 다시 거둬들일 것이니
그리 알라.
29 이는 곧 마음을 비우고 감사하는 마음
을 가질 때 너희가 나로부터 더 무엇
인가 상을 받을 것이며, 너희가 오늘
의 받은 상의 감사함을 모른다면 아
니 될 것이니라.
30 너희만큼 내가 내려 준 가정의 은혜와
축복과 영광이 없음이니라.
31 모두 다 길거리에 나앉아야 하며 어디
에서 생존할지조차도 모르고 살아가
는 그와 같은 환경에 처했을 때, 내가
너희에게 이와 같이 오늘의 그 역사
를 이루어 준 것을,
32 어찌하여 네 자식이요, 너의 아내요,
식솔은 감사하는 마음을 모르는가?
33 너 자신도 마찬가지니라.
34 너희가 그와 같은 마음을 갖고 깨닫는
그 역사함을 보여야 할 것이며, 감사
하는 모습을 만백성이 볼 수 있도록
그와 같이 변하는 네 가족이 되어야
할 것이니 그것이 급선무이니라.
35 그보다도 더 큰 은혜와 영광이 어디
있던가?
36 너희가 길거리에 나앉을 수밖에 없는
그와 같은 환경에서 너희에게 안식처
를 주었으며, 그들이 학업을 지속할
수 있도록 했으며 그들이 사회에 뿌리
를 내릴 수 있도록 해 주었음이니,
37 그보다도 더 큰 은혜요, 영광이 과연
어디 있으며 그러한 기적의 역사가 어
디에 있던가?
38 너부터 그것을 감사하는 마음으로 바
로잡아야 할 것이며, 네 식솔부터 그
감사함을 먼저 갖도록 그리 가르치라.
39 이제는 그들이 깨달을 때가 되었으며
가르칠 때가 되었으니,
40 그래도 그들이 그 감사함을 모른다면
나 여호와는 너희부터 더 이상 내리
지 아니할 것이며 거둬들일 것이라는
것을 알라.
41 공의의 하나님이요, 나 여호와이기에,
네가 오늘에 바로 서기에 내린 상도
거둬들일 것이니라.
42 그리고 너의 제자들에게도 전하라.
43 너희가 작은 성전이요, 몸 하나 두기
어려운 그곳에서 나의 법전 열여섯 권
을 만드는 역사를 이루어 오늘의 이와
같이 큰 성전이요, 많은 제자가 모여
서 공부하며 나의 법전이 이제 70권
이 넘는 대역사를 이루는 것이 축복
이요, 영광이라 먼저 생각하지 아니하
면,
44 여기서 내가 거둬들일 것이며, 더 이
상 내리지 아니할 것이며,
45 너희는 고통과 시련 속에서 160권의
법전을 세상에 만드는 그 시간까지 간
다는 것을 잊지 말라.
46 오늘의 삶에 진심 어린 눈물의 감사를

드리며 기도를 드릴 수 있는 깨우침을
각자가 갖도록 그리하라, 사랑하는 나
의 아들딸들아!
47 너희부터 감사함을 알며, 너희부터 변
화되어야 할 것이며,
48 너희가 진심으로 그 변화의 역사에 대
한 감사를 드릴 수 있는 마음부터 먼
저 가지라.
49 그러면 만백성도 나로부터 은혜를 입
었을 때 진정한 감사함을 알게 될 것
이며 감사의 뜻을 알 것이니라.

5,660 번째 하나님 말씀

2003년 3월 23일 07시 37분

1 사랑하는 나의 아들아!
2 "네, 아버님! 말씀하옵소서."
3 너를 따르는 제자들과 그리고 나의 법
전을 읽고 깨우친 백성 너희는 들으라.
4 나의 아들 예수는 2천 년 전에 그가
많은 역사와 기적을 이루었음이니라.
5 그리고 그의 음성을 들으며 그의 옷자
락을 만지면, 그가 기도할 때 죽은 자
를 살리며 모든 병마에서 벗어나는 그
와 같은 기적의 역사를 이루었음이니
라.
6 바로 너희가 그와 같은 자이니라.
7 나의 법전을 읽고 깨우친 나의 아들이
요, 나의 딸 너희가 무엇이 다르던가?
8 너희가 예수와 다른 것이 무엇이 있는
가?
9 다만, 너희도 그와 같은 역사를 이룰
수 있으며 그와 같은 변화의 기적을
너희 스스로 이루어야 할 것이니라.
10 그는 바로 나의 성령의 마음이요, 천
사와 같은 마음으로 변했을 때, 그 모
든 역사는 너희도 할 수 있다는 것을
알아야 할 것이니라.
11 너희는 나의 아들 예수가 이룬 기적이
요, 역사가 방대하고 위대한 것이라
생각하나, 그것은 아무것도 아니니라.
12 너희가 마음이 변하여 천사와 같은 마
음으로 변하는 삶을 살 때 그와 같은
역사를 이룸이니, 이 지상에 있는 나
의 모든 아들딸 너희는 그와 같은 능
력이 있으며 그와 같이 역사할 수 있
음이니라.
13 이는 곧 천사와 같은 마음으로 변하는
것이니라.
14 한 점의 부끄럼이 없는 삶을 살아가는
그것뿐이니라.
15 너희가 한 점의 부끄럼이 없는 삶을
살 때, 너희 옷자락을 만지며 너희 옷
자락을 스쳐만 가도 그들이 은혜를 입
을 수 있는 것이 너희니라.
16 너희도 그와 똑같은 기적의 역사가 있
음을 잊지 말라.
17 너희가 잊어서는 아니 될 것이니라,
너희도 나의 아들 예수와 같이 똑같은
능력이 임할 수 있으며 기적의 역사를
이룰 수 있으며 행할 수 있다는 것을.
18 너희는 여기서 모세의 기적이요, 예수
의 기적은 너희와 관계없는 멀고 먼
특별한 사람이나 선택된 사람에게만
이루어진다 생각하지 말라.
19 선택된 나의 아들이 바로 서지 못할
때, 그리고 사악한 마음을 가지고 살
때, 그 생각이 천사와 같지 않을 때,
그 아들은 아무것도 이룰 수 없으며,
20 그 아들의 마음이 천사와 같이 이루어

질 때 모두 이루어질 것이며,
21 한 점의 부끄럼이 없이 행할 때, 그가 바로 섰을 때 이루어질 것이니, 너희 자신이 그리 먼저 가도록 하라.
22 너희 제자들 또한 마찬가지니, 나의 아들이 역사를 이루지 못할 때 그가 잘못된 것이라 생각하지 말라.
23 너희도 그와 같은 역사요, 기적을 이루지 못할 때 너희도 잘못되었다는 걸 알라.
24 그 기적을 이루었을 때 너희가 바로 선 백성이며 나에게 오르는 영광의 그 길에 서며 하늘의 너희 명패 앞에 설 수 있다는 것을 잊어서는 아니 될 것이니 각자 그리 변하도록 하라.

5,661 번째 하나님 말씀

2003년 3월 23일 11시 58분

(강론을 마치며)

1 사랑하는 나의 아들아!
2 "네, 아버님! 말씀하옵소서."
3 내가 너희에게 말하기를 팽이가 오른쪽으로 도는 것을 왼쪽으로 돌리라 했으며, 지금까지의 삶을 반대로 사는 것이 나를 볼 수 있으며 나에게 오르는 길이라 하였음이니,
4 지금까지 살아온 너희들의 생활을 다 바꾸며 다시 시작하라는 나 여호와의 마음이 과연 어떠하겠는가?
5 너희는 이제 작은 것부터 실행하도록 그리하라.
6 세상사 모두를 반대로 살아갈 수 있는 것은 너희가 깨달았으며 지금 행하고 있음이니,
7 지금까지 왔던 믿음에서 반대로 믿는 그와 같은 믿음으로 이제 다시 태어나는 훈련을 시작하라.
8 너희가 어느 집단에서 어느 종파에서 지금까지 믿어 왔든, 그 믿음을 반대로 생각하며 반대로 보고 가는 용기가 필요함이니, 너희가 그와 같은 결단을 내려야 할 것이니라.
9 모든 종교의 지도자요, 그 신도들이요, 그들이 가는 것과 반대의 형국으로써 가야만 한다는 걸 명심하고 또 명심하도록 그리하라.
10 내가 세상사 이치가 무어라 하였더냐?
11 하나가 득을 보면 하나가 손해를 보며, 하나가 손해 보면 하나가 득을 봄이니, 내가 가장 어렵고 힘든 길을 선택해서 가는 것이 너희라 그리하지 아니하였던가?
12 지금의 모든 종교 집단이요, 그들이 가르치는 말이 무엇이던가?
13 그들은 무조건 충성하라 그리 말함이니라.
14 충성을 하고 또 충성을 하고 바치는 것만이 너희가 구원을 받는다 함이니, 그리고 많은 것을 갖다 바치라 함이니라.
15 그리고 저희를 먼저 편하게 해 주며, 종교 지도자가 편안한 자세가 되었을 때 너희에게 편안함이요, 행복이 온다고 말하느니라.
16 그리하여 충성 또 충성이라 그리 말하느니라.
17 너희가 1년 동안 농사를 지어서 햇과일을 거둬들이는 것까지도 먼저 바쳐야 한다 그들은 그리 말함이니,

18 너희는 그리 가서는 안 될 것이니라.
19 너희가 충성하는 그 종교 지도자의 믿
음을 반대로 가라는 뜻이 무엇인 줄
알겠는가?
20 그들은 만백성에게 저희에게 충성하
라 하니, 반대로 저희가 다른 사람에
게 충성하는 마음을 가져야 함이니,
저희 마음을 반대로 가져야 함이니라.
21 그들은 재물을 바치고 모든 감사 헌금
을 바치라 하느니라.
22 아이가 태어났을 때부터 백일이요, 돌
이요, 그가 죽을 때까지 수천 가지의
감사 헌금을 받아들이나니, 너희는 감
사 헌금을 베풀어 줘야 함을 알아야
할 것이니라, 사랑하는 나의 아들딸들
아!
23 더 큰 것을 가진 자가 베푸는 것이 사
랑이요, 나눔이라 너희에게 그리 말하
지 아니하였더냐?
24 너희가 세상에서 나 여호와의 참진리
요, 나의 법전이요, 나의 아들을 통하
여 내리는 성령을 듣는 것보다 더 큰
것을 가진 것이 무엇이 있으며, 그보
다 더 위대한 것을 가진 것이 어디 있
던가?
25 재물을 거기다 비유할 수 있는가, 부
귀영화를 나의 법전을 읽고 깨우치는
그 영광을 얻음과 비교하겠는가?
26 너희가 세상에서 가장 큰 것을 가졌으
며 가장 위대한 것을 가졌으니 너희가
베풀어야 하느니라.
27 너희는 거둬들여서는 안 되며 감사
헌금을 받아들여서도 안 되는 것이요,
28 나의 법전을 읽고 깨우친 그 위대한
영광을 얻으며 가장 큰 것을 가진 너
희가 나에게 감사하며 그 감사함을 이
웃에게 주며 많은 백성에게 전해 주는
것이 감사 헌금을 전하는 것이며 감사
를 드리는 것이니라.
29 이웃에 아이가 태어날 때 그 아이가
나 여호와로부터 은혜를 받았다 하여
종교 지도자들이 감사 헌금을 받아들
임이니라.
30 너희는 그를 축하하면서 하나님께 감
사를 다 같이 한 다음에 그에게 감사
헌금이요, 축하 헌금을 주는 것이 너
희가 가는 길이요, 나를 따르는 백성
이요, 나를 향하여 오는 백성이라는
것을 알아야 할 것이니라.
31 너희는 남의 생일이라 하여, 남에게
경사가 났다고 하여, 남이 취직을 했
다 하여 거둬들이는 종교 지도자가 되
어서는 절대로 안 되느니라.
32 너희는 나로부터 큰 은혜요, 영광을
받은 자들이니,
33 그 영광을 받은 자라면 나의 감사를
나눠 주며 그 뜻을 베푸는 그것이 감
사의 기도며 감사의 헌금이요, 감사의
바침이니라.
34 남에게 주는 것을 감사하는 마음으로
주는 것이 감사의 뜻이지, 지금의 종
교 지도자들처럼 이유와 변명을 대서
거둬들이는 것이 감사가 아니니라.
35 수천수만 가지를 하느니라.
36 생일이라 하여 거둬들이는 것도 그가
죽을 때까지 감사 헌금을 받아들이니,
37 그 생일을 축하하며 그에게 감사 헌금
을 갖다 주는 것이 하나님의 뜻이요,
나 여호와의 뜻대로 내 진리의 길을
가는 자이니라.

38 종교 지도자요, 만백성을 가르치는 선
택된 자는 그보다도 더 위대하고 큰
축복이요, 영광을 받은 것이 없거늘,
39 가장 큰 것을 가진 자가 작은 것을 가
진 자에게 받아들인다면 이게 말이 되
겠느냐?
40 사랑하는 나의 아들딸들아!
41 나의 법전을 가지고 공부하며 나의 아
들의 강론을 듣는 너희는 이 세상에서
가장 큰 영광이요, 축복을 받았으니,
42 축복과 영광을 받은 지도자가 남의 작
은 생일이라 하여, 취직을 했다 하여,
농사를 지어 햇과일을 땄다 하여 그
손톱 밑의 가시만도 못한 것을 거둬들
이려는 그와 같은 생각을 하고 사는
것이 얼마나 사탄이고 악마더냐?
43 한 가마를 한 사람은 그걸로 살기도
바쁜 데 천 가마를 가진 자가 한 가마
의 그것을 뺏어 채우고자 한다면 그와
같은 것이 사랑이고 그게 감사더냐?
44 그건 감사도 아니고 사랑도 아니요,
썩은 사탄들의 사악한 짓이니 너희는
나의 뜻을 알겠는가?
45 감사는 나에게 큰 은혜를 받은 백성이
어리고 작은 백성에게 나눠 주며 조그
만 선물을 받은 백성에게 나눠 주는
것이니라.
46 큰 것을 가진 자가 작은 것에 대한 그
대가를 거둬들이는 사악한 짓을 하지
말라, 사랑하는 나의 아들딸들아!
47 나 여호와의 간곡한 이 뜻을 알겠는가?
48 이를 지키고 행하는 자가 하늘에 올라
와 나를 아버지라 부를 수 있으며 구
원받을 수 있으며 축복을 받는 길이기
에 내가 오늘 나의 아들을 통하여 너
희에게 전함이니,
49 그만큼 너희들의 깨달음이 높아졌으
며 마음이 하나가 되었으며,
50 너희가 평강공주와 같은 마음으로 나
의 아들을 보살피며 서로 격려하고 살
아가며 너희들의 책무를 다하기에 내
가 너희에게 가르쳐 줌이니, 이것이
나에게 오는 길임을 잊지 말라, 사랑
하는 나의 아들딸들아!

5,662 번째 하나님 말씀

2003년 3월 23일 18시 46분

1 사랑하는 나의 아들아!
2 "네, 아버님! 말씀하옵소서."
3 너희가 잠을 자는 것이요, 먹고사는
것이요, 그리고 무엇인가를 더 예쁘게
입고자 하는 것, 그리고 너희가 직장
이라는 곳에 와 살아가는 모든 활동이
요, 움직임이요, 그리고 너희가 무엇
인가를 이루고자 하여 역사하는 그것
이 다 무엇이던가?
4 결국, 너희가 살아가기 위한 방법이
아니던가?
5 너희가 어떠한 직장이든, 어떤 업종에
종사하든 수십 가지, 수백 가지, 또는
수만 가지 하루의 생활 속에서 너희가
하는 그 행위는 무엇이던가?
6 곧 살기 위해서 하는 것이 아니던가?
7 너희는 육의 삶을 위하여 무엇인가를
움직이며 벌고 쓰고 또 벌며 그리하며
살아가는 것이니라.
8 사랑하는 것도 너희가 살아가기 위함
이요, 슬퍼하며 고통 속에 눈물을 흘
리는 것도 결국 그게 다 무엇이던가?

9 살기 위한 방법이요, 살아가기 위한 삶에서 이루어지는 것이 아니던가?
10 너희가 고통스럽고 슬픈 것도, 또 직장에서 최선을 다하는 것도, 걷는 것도, 먹는 것도, 잠자는 그 모든 것이 다 살기 위한 것이 아니던가?
11 살기 위해 그와 같이 만 가지를 다 겪고 가면서도 진정한 삶의 의미를 모르고 사는 것이 너희니라.
12 너희는 그 삶이 영원히 지속할 것처럼 그리 생각하나, 결국 그 삶은 영원히 지속하지 않는다는 것을 알지 않는가?
13 그러니 너희가 살기 위해서 사는 것이 아니요, 너희가 인간다운 삶이요, 너희는 내가 내린 계명이요, 하늘을 향하여 한 점의 부끄럼이 없는 그와 같은 삶을 사는 것이 더 소중하고 귀한 것인 것을,
14 너희는 모두가 다 마시는 것, 쓰는 것, 그리고 버리는 것, 그 모두가 너희가 생활의 살기 위한 것이나, 그 사는 방법을 모르고 있음이니라.
15 무엇을 위해서 너희가 살아야 할 것이며, 무엇을 위해서 어떠한 삶을 살아야 할 것인가 그 자체를 모르고 사는 것이 너희이니, 얼마나 불행하고 너희가 어리석은 백성이던가?
16 이제 너희는 살아가기 위해서 모두를 다 역사하며, 너희가 살아가면서 버티며, 살기 위해서 행동하는 그 삶이 과연 어떠한 삶을 위해서 너희가 살아가야 하는가?
17 육에 의한 삶에 대해서 너희가 맞춰서는 아니 될 것이니라.
18 너희는 미래를 위하여, 다음의 세상을 위하여, 하늘에 오르는 길, 나에게 올 수 있는 그 삶을 위하여 너희가 그와 같이 맞춰 가는 삶을 살아야 함을 잊어서는 아니 될 것이니라.
19 내가 너희를 사랑하기에 내가 나의 아들을 통하여 너희에게 가르쳐 주고 전함이니, 모두가 다 너희는 살기 위해서 행동하는 것이니라.
20 그 살기 위한 것이 진정한 삶이 무엇인가를, 그 삶의 의미요, 삶의 길이 무엇이며, 삶의 목적이 무엇이며, 삶에 너희가 최대의 영광이 무엇이며 바라야 할 것이 무엇인가,
21 그 삶에 대해서 너희가 한번 깊이 생각하고 깨닫는 그와 같은 시간을 갖도록 그들에게 깨우쳐 주라, 사랑하는 나의 아들아!

5,663 번째 하나님 말씀

2003년 3월 23일 18시 53분

1 사랑하는 나의 아들아!
2 **"네, 아버님! 말씀하옵소서."**
3 수천 년 동안 믿음의 길을 오는 종교 지도자요, 집단에 속해 있는 자들이 과연 무엇을 위하여 어떠한 길을 갔으며 어느 것이 진정한 길인가 내가 원하는 그 자체를 알고 살아왔다 생각하는가?
4 그들은 그와 같이 아무것도 알지 못하고 산 자들이니라.
5 그리하여 종교 지도자라는 자들이 하늘의 뜻이요, 참진리요, 하늘에 오르는 그 역사를 모르기에,

6 그들은 그저 성서를 가지고 배우고 저
희 마음대로 해석하며,
7 저희는 성서의 그 참뜻을 알지 못하며
제대로 가르치지 못함이니, 자신의 위
선과 과대 말장난으로써 자기의 약점
을 감추며 자기 자신을 만백성에게 자
랑하며 저를 내세우는 행위로 모든 강
론을 하는 그와 같은 형태로 살아가고
있음을 너희는 알아야 할 것이니라.
8 모든 종교 집단이 나의 진리를 연구한
다면서 마지막 결론은 재물을 많이
바치며, 많이 바치는 자가 구원을 얻
는다 가르치는 그와 마찬가지로,
9 그들은 저희 자신이 과대광고요, 과대
말장난으로써 저희 자신의 약점을 감
추며 그와 같이 지금 나의 피조물 만
백성을 우롱하는 방법으로 끌고 간다
는 것을 알아야 할 것이니라.
10 종교 지도자는 가장 낮은 자요, 저희
가 존재하는 듯 존재하지 않는 듯 그
리 만백성을 깨우쳐 가는 것이 그들
이 가야 할 길이거늘,
11 그들은 종교 지도자를 과대평가하며,
저희가 얼마나 너희를 위해서 행위를
하는가를 감춰야 할 지도자가 또 노
출시키기 위하여, 남에게 보이기 위해
서 얼마나 많은 곳에 투자하며 많은
역사를 하는가?
12 그 자체가 그리하여 나와 관계없는 종
교 지도자들이라 내가 그리 말하였으
며,
13 그들이 이 세상에서 뿌리째 없어져야
바른 깨달음이요, 진정한 진리로써 하
늘에 오르는 길을 나의 백성이 볼 수
있다 내가 말하였음이니라.
14 그리하여 그들은 과대 선전이요, 과대
말장난으로써 나의 백성에게 저희 약
점을 감추는 데 연연하다 이제는 도가
지나쳐 어떠한 형국에 왔는지 아는가?
15 저 자신을 신격화하는 그와 같은 사
탄의 미끼요, 사탄이요, 마귀의 자식
이요, 그 종으로서 전락되었다는 것을
알아야 할 것이니라.
16 모든 행함은 믿음보다도 인간적인 측
면에서 먼저 그들은 생각하며, 인간의
측면에서 저를 먼저 세워 놓고 저 자
신을 자랑하며 저 자신을 내세우기 위
한 것에 저희의 삶에 연연함이니,
17 그들이 믿음의 길이요, 만백성을 깨우
치는 길을 가는 것이 아니라, 그들은
육의 삶에 모두를 다 바치며 거기에
치우쳐 가는 것이 지금의 종교 지도자
그들이 가고 있음이니, 내가 그들을
뭐라 말하였느냐?
18 그래서 나의 자식이 아니라는 것을 알
아야 할 것이니라.
19 심지어 저희는 그 종교 집단에서 모든
것을 다 독점하며 모든 것을 저희 소
관으로써 움직여야 되며,
20 저희 명이 아니면 하나도 인정하지 아
니하며 하나도 이루어지는 것이 없는
것처럼 그리 모두를 움켜쥐고 있는 것
이 지금의 종교 지도자니,
21 그와 같은 자들은 진리를 모르며 나
여호와의 뜻을 모르며 당당하지 못하
기 때문이니라.
22 그러니 그와 같은 자들이 얼마나 흉악
한 자들인가?
23 사탄의 종이요, 사탄의 자식으로 되어
있다는 걸 너희는 알아야 할 것이니라.

24 그 사탄의 자식이요, 사탄의 종 앞에
가 구원을 받고자 울고 가는 그 백성
너희도 또한 사탄의 자식이 되어 너희
가 죽음으로 간다는 걸 잊어서는 아니
될 것이니 그리 알라.

5,664 번째 하나님 말씀

2003년 3월 23일 18시 59분

1 사랑하는 나의 아들아!
2 "네, 아버님! 말씀하옵소서."
3 자격 없는 종교 지도자요, 진정 나로
부터 명을 받지 않은 종교 지도자들이
어찌 행동하는지 알겠는가?
4 너희와 가는 길이 다름이니라.
5 너희는 남을 사랑하며, 남을 인정하
며, 남을 의심하지 아니하며, 남에 대
한 욕을 하지 아니하며, 남의 약점을
덮어 주고자 하는 것이 지금 너를 따
라 공부한 나의 백성이요, 또 너를 따
르는 제자들이 그와 같은 마음으로 살
아감이니라.
6 그들의 마음은 하늘에 오르는 길의 그
하나밖에 없는 표도 양보하며, 남에게
양보할 수 있는 마음을 갖고자 노력하
는 것이 너를 따르는 제자들의 삶이
아니던가?
7 네가 말하기를 모든 무생물도 대답을
하며 너에게 곱고 예쁘게, 그리고 아
름답게 써 달라는 그와 같은 하소연을
하고 말을 한다는 그 가르침을 듣고,
너의 제자들은 너희 주변을 아름답고
깨끗하게 정리하고자 하며 그리 살아
가는 너의 제자들이 있을 것이니라.
8 그것이 그들의 변함이니라.
9 수십 년 동안 저희가 믿음이라는 그
교회요, 또 성당이요, 법당이라 다니
는 자들, 또 그리고 각종 종파에 다니
는 그들이 회당에 가서 기도하고 경배
하는 자들, 과연 그들이 그와 같은 뜻
을 알아들으며, 무생물이 저희에게 원
하는 것을 알아들으며, 동식물이 말하
는 것을 그들이 알아들을 수 있단 말
이던가?
10 그들은 전혀 그를 알지 못함이니라.
11 너와 너를 따르는 그 제자들은 세상이
두렵고 무섭다 하지 아니하였더냐?
12 생명이 없는 모든 무생물이 그 자리를
반듯이 해 주기를 바라며,
13 그를 쓰되 곱게 써 주기를 바라며 아
름답게 써 주기를 바란다며 너희에게
대화를 한다 그리 깨닫는 백성,
14 그러니 세상 것을 얼마나 사랑하며 인
간인 너희가 얼마나 사랑할 수 있는
마음의 싹이 트던가?
15 그게 진정한 진리요, 참길을 가는 것
이며, 나 여호와의 백성이 가는 길이
니라.
16 그러나 위선된 종교 지도자요, 너희가
말하는 사탄이요, 사악한 자요, 거짓
종교 지도자는 어찌 가는지 알겠는가?
17 그들은 저희 자매라 하며 형제라 하는
자들, 그리고 저희 신도들의 그 뒤를
남몰래 파고들어 가며 그를 알려 하며
그를 조사하는 것이 그들이니라.
18 재정적인 상태의 그의 권력이요, 그가
가지고 있는 그 모두를 다 남의 뒷조
사를 하고 다니는 것이며, 뒷조사를
하는 것은 사악한 종교 지도자요, 진
정한 종교 지도자가 아니니라.

19 남의 약점을 캐내서 또 남의 약점을
알고 있고자 하여 저희의 신도를 괴롭
히며 저희 신도를 은근히 협박하는 그
와 같은 짓을 하는 것은 나로부터 선
택된 종교 지도자가 아님을 너희는 알
아야 할 것이니라.
20 또한 그와 같은 행동을 하는 백성은
너희가 아무리 나에게 오르는 백성이
요, 신도라 해도 그는 나를 믿을 자격
이 없는 것이며 나하고 관계없는 백성
임을 너희는 알아야 할 것이니라.
21 남을 의심하는 자, 남을 의혹하는 자,
누가 어찌한 것인지도 제대로 모르면
서 아무나 갖다 인간적으로 의심하는
자,
22 그리고 저희가 자매요, 형제라는 자,
또한 너희가 유사시에 무슨 일이 생겼
을 때 너희 형제부터 먼저 의심하는
자,
23 그리고 너희가 전후를 구분하여 누구
에서부터 그와 같은 일을 했는지 심판
하고 생각하는 마음,
24 그것이 다 진정한 믿음의 길을 가는
자가 아니요,
25 진정한 지도자는 그와 같이 가지 아니
함이니라.
26 너희가 남의 뒤를 조사하며 남의 약점
을 알고 있으려 하며, 그리고 신도들
간에 불화를 조장하며, 남을 의심하는
그와 같은 마음을 가진 자가 어떠한
자인지 알겠는가?
27 기초요, 기본도 되지 않은 자이니라.
28 수양과 양심의 기초가 되지 않은 자며
진리를 알지 못하는 사악한 자이니라.
29 그러한 자들이 종교 지도자라 하여
너희 앞에서 너희를 가르치며 강론한
다 하면, 그들을 너희는 단죄해야 할
것이며,
30 그들을 단상에서 끌어내야 할 것이며,
31 그와 같은 자의 강론을 듣는 그 순간
에 너희는 사탄의 자식이 되어 지옥으
로 가니, 너희가 귀중한 생명을 사악
한 자에게 맡기지 말라.
32 이리하여 나의 법전에 이 내용을 기록
하여 너희에게 전함이니, 이를 깊이
깨우쳐 너희가 생명을 잃는 백성이
되지 말라, 사랑하는 나의 아들딸들아!

5,665 번째 하나님 말씀

2003년 3월 23일 19시 07분

1 사랑하는 나의 아들아!
2 "네, 아버님! 말씀하옵소서."
3 저를 먼저 생각하며 저를 사랑하는 자
는 남을 사랑할 수 없다 내가 그리 말
하였느니라.
4 그리하여 너희는 나로부터 큰 은혜의
영광을 받은 것이요,
5 너희가 나의 법전을 접하며 나의 아들
을 통하여 내리는 강론을 듣는 것보다
큰 상이 없으며 그보다 더 큰 은혜와
영광이 없다 하였음이니라.
6 그러니 너희는 모두를 다 베풀며 살아
야 한다 내가 그리 말하였느니라.
7 너희는 나에게 모두를 감사하는 그 마
음을, 그와 같이 영광의 작은 은혜를
입은 사람들에게 너희가 나의 이름을
대신하여 축복해 주며 감사의 뜻을 같
이 표현해 주는 것이 너희가 할 수 있
는 사랑이며 너희가 살아가는 길이라

내가 그리 말하였음이니라.
8 그리하여 너희가 이웃을 사랑하는 것을 네 몸과 같이 사랑하라 내가 그리 너희에게 가르쳤음이니,
9 너희는 그러나 지금 살아가는 자들의 형태가 어떠하던가?
10 너희는 많은 백성이 살아가면서 지금 종교 지도자요, 집단들이 2천 년 동안 신약 시대의 나의 피조물 만백성이 이끌어 온 오늘의 결과는 어떤 것인 줄 알겠는가?
11 너희는 이웃을 네 몸같이 사랑하며 모두를 봉사하고 살아가는 그와 같은 마음이 아니라,
12 남을 칭찬하는 것까지도 하지 못하며 인색한 나의 백성으로 그리 변하여져 있음이니 어찌하면 좋겠는가?
13 너희는 남을 칭찬하는 것에 인색하며 제가 칭찬을 받는 것은 기뻐하는 그와 같은 마음, 그 가장 낮은 자세의 기본도 바꾸지 못했음이니,
14 이와 같은 마음을 가지고 너희가 어찌하여 하늘에 오를 수 있으며 나의 백성이라 그리 말한단 말이던가?
15 모든 영광은 저희에게 돌리고자 하는 자, 모든 종교 집단이요, 지도자들이 그와 같은 형국으로 돌아갔음이니라.
16 저를 받치며 저를 받들며 저를 따르며 저를 존경하는 것만이 구원받는다 그리 말하며,
17 제 말에 절대복종하는 것이며, 제가 편안하도록 제가 이끄는 너희들의 교회요, 종교 집단이요, 회당이 남들보다 뒤지지 않는 가장 좋은 회당이 되며 그 집단이 되며,
18 그리고 가장 편안한 곳이 되는 것이 너희가 구원을 받는다 그리 말하며,
19 인간을 위주로 한, 종교 지도자인 저를 위주로 한 그와 같은 방법으로 나의 피조물 만백성을 이끌어 가고 있음이니,
20 모든 영광을 제 앞으로 돌리는 자, 그는 사탄의 자식이요,
21 만백성을 위해 이끄는 나로부터 선택된 백성이 아님을 너희는 알아야 할 것이니라.
22 이제 그와 같은 종교 지도자들을 너희가 단죄해야 할 것이며,
23 남의 가르침을 듣지 아니하며 남의 가르침을 듣지 못하도록 하는 그와 같은 지도자들이 다 허상 속에서 허덕이며,
24 그들의 진실은 진리의 '진'자도 모르는 자이기 때문이니,
25 이제 그들에게 나의 아들딸 너희가 소중한 생명을 바치는 그와 같은 짓을 해서는 아니 될 것이니라.
26 믿음의 길을 가는 자요, 신도라 하여 구원의 길을 가며 공부한다는 백성 너희는 남을 평가절하하며, 인간 자체를 말살하는 그와 같은 행위를 해서는 아니 되거늘,
27 지금 나의 평범한 백성도 그와 같은 짓을 하고 살지 아니하느니라.
28 그러나 종교 지도자요, 그 신도라는 백성, 유독 사랑을 베풀며 산다는 너희만이 남을 평가절하하며, 상대방의 인격을 무시하며, 인간 자체를 말살하며,
29 남을 인간으로도 인정하지 아니하려 하는 그와 같은 사악한 자들이 지금

믿음의 길을 가고 있는 신도요,
30 또 그를 가르치는 지도자요, 그 종교
집단이 그와 같이 사악하며 험악한 형
국으로 되어 있다는 것을 너희는 알겠
는가?
31 너희는 모를 것이니라.
32 너희만이 위대하며 거룩한 백성이라
하여 너희가 찬송하며 눈물 짜며 그와
같은 거기에 도취해 옳고 그름을 너
희가 구분하지 못하는 그와 같은 백성
이니, 이제 내가 너희에게 전함이니라.
33 모든 종교 집단이 지금의 너희가 깨우
치고자 울고불고 기도하는 그와 같은
방법, 남을 평가하기를 우습게 보며
남의 약점을 들춰내며 남의 비밀을 알
고자 하는 자, 그리고 상대방을 무시
하는 자, 그리고 가진 자와 없는 자를
구분하는 자, 그와 같은 종교 지도자
요, 하늘에 오르는 나의 백성이라 하
여 신도라 명칭을 붙인 너희는 살인
행위를 하는 자요, 살인자와 같다는
것을 잊어서는 아니 될 것이니라.
34 그들이 바로 무엇이던가?
35 살인 행위를 하는 자요, 살인자와 같
다는 것이니라.
36 너희가 남의 가슴 아픈 짓을 하는 것
이 살인 행위가 아니고 무엇이던가?
37 내가 남을 먼저 생각하며 남의 기쁨을
위해서 너희 자신이 희생하는 마음으
로 살라 했거늘,
38 기준치도 지키지 못하며 남을 무시하
며 남의 인격을 짓밟는, 그와 같은 너
희 힘과 재물과 권력으로써 남용하는
자,
39 그리고 종교 지도자라 하여 제왕 같은
자리에서 나의 백성을 그리 무시하는
자,
40 그리고 신도라는 백성도 저는 구원받
았다 하여 그와 같이 하는 자, 그 모두
가 다 살인자며 살인 행위를 하는 것
이라는 것을 너희는 잊어서는 아니 될
것이니 그리 알라.

5,666 번째 하나님 말씀

2003년 3월 23일 19시 42분

1 사랑하는 나의 아들아!
2 "네, 아버님! 말씀하옵소서."
3 나의 아들을 따르는 사랑하는 제자와
만백성 너희는 깨달아야 할 것이니라.
4 내가 너희에게 뭐라 말하였던가?
5 내가 너희에게 일러 말하기를 나의 법
전이요, 나의 뜻이요, 모든 가르침은
너희가 한길로 가야 한다 그리하였음
이니라.
6 그리하여 내가 나의 아들로 하여금 성
령을 받아 나의 법전이라는 책으로 만
들어 너희에게 누구나 깨우치고 들을
수 있도록 그리 가르침이니,
7 내가 나의 아들을 통하여 가르친 그
내용을 이 책을 읽는 백성은 똑같이
깨달으며 똑같은 방법으로써 행하며
살아가는 것이니라.
8 그러니 그것이 바로 진리이니라.
9 진리라는 것은 변화될 수 없으며, 환
경에 따라서 변화되는 것이 아니니라.
10 바닷속에 들어간다 해서, 불 속에 들
어간다 해서, 얼음 속에 들어간다 해
서, 높은 산에 간다고 해서, 눈 속에
덮인다 해서 진리는 변하지 아니함이

니라.
11 어느 봄날과 같은 곳에도, 여름과 같
은 계절이요, 낙엽이 지는 가을과 같
은 그와 같은 변화의 역사 속에서도
진리는 변하지 아니하는 것이니라.
12 그러니 나의 법전을 읽고 깨우친 너의
제자들은 백이면 백, 천이면 천 똑같
이 깨달으며 똑같이 그들이 가르침을
배워 가느니라.
13 또한, 그들이 그와 같이 행하고 가는
것이니라.
14 그러니 나의 법전이 참진리요, 진정한
나의 뜻이라는 것이 여기에 있음을 너
희는 알아야 할 것이니라.
15 그러나 지금 수천 년 동안 흘러온 종
교 집단이요, 지도자 너희는 그리 뭐
라 하는가?
16 너희는 모든 법당이요, 교회요, 너희
들의 성전이라는 그와 같은 곳에 너희
들만의 방법이 있으며, 형태가 있으
며, 생리가 있으며, 규범이 있으며,
17 그리하여 너희는 다 제각각 다른 그와
같은 교육을 하고 있음이니,
18 하나의 성경을 가지고 가르치는 백성
이, 그 교회요, 또는 법당이요, 성전이
라 하여 그리 너희가 진리를 연구하는
그와 같은 회당이요, 그 모든 곳이 너
희가 가르치는 방법이 다 다르다면 어
찌하는가?
19 법당은 법당대로 가르치는 것이 같아
야 할 것이나 너희가 또한 그 상태에
따라서 법문을 배우는 것이 다르며,
모든 종교 집단에서 가르치는 자가 그
환경에 따라서 달라지며, 너희가 그
여건에 따라서 달라지는 그와 같은 가
르침을 간다면, 과연 이것이 진리라
말할 수 있겠는가?
20 지금의 모든 종교 집단 너희가 가르치
는 것이 그러하니라.
21 구약과 신약을 연구했으며 신약의 성
서를 가지고 너희가 공부하고 가르치
는 자들이 교회는 교회마다, 또 목회
자는 목회자마다 그 방식이 다르며 그
운영 방식이 다르며 그들이 행하는 방
법이 다르며,
22 가장 중요한 것은, 나의 성경을 해석
하고 가르치는 그 자체가, 나의 성경
을 가르치고 가는 그 깨달음을 인도한
다는 그 자체가 다 다름이니라.
23 어떠한 신도들의 협력하는 자세에 따
라서, 너희가 금화와 은화가 또 많이
들어오고 안 들어 오는 것에 따라서,
너희는 그 여건에 따라서 가르침이 다
르며, 기도하는 내용이 다르며 너희가
경배하는 내용이 다 다름이니,
24 그리하여 너희가 이것이 얼마나 잘못
된 엉터리인지,
25 참진리를 연구하는 것이 아니라는 것
을 여기서 알아야 할 것이니라.
26 너희가 나의 성경을 가지고 한 가지
진리로써 만백성을 깨우친다면, 너희
가 환경이요, 그 종교 지도자요, 목회
자요, 또는 이끌어 가는 자들의 형편
에 따라서, 생각에 따라서 가르치는
것이 다르며 깨닫는 것이 달라서는 아
니 됨이니라.
27 그리고 너희가 행하는 의식이요, 교육
방법이요, 그 모두가 하나로 일사불란
하게 흘러가야 하는 것이니라.
28 너희는 교회라는 곳마다 특성에 따라

서 다르며, 그 속성에 따라서 방법이
다르며, 목자가 또 배운 것이 다르며
그가 깨달은 것이 다르다 하여 너희가
이것저것으로써 그저 마음대로 가르
친다 하면, 그것은 진리가 아니요, 나
의 진리를 역행하는 것이니라.
29 오로지 진리는, 하나의 성경을 가지고
공부하는 지도자는 똑같은 대화로써,
똑같은 방법으로써 그들을 깨우치며,
30 그 맥이 달라서는 아니 되는 것이니라.
31 그러니 너희는 그 흐름의 맥이 다르며
그 깨달음이 다르니, 너희는 참진리가
없음이니라.
32 그러니 이 목사 밑에서 배운 자, 저 목
사 밑에서 배운 자, 그와 같이 배운 자
가 또 해석하는 것이 다르니,
33 너희가 갑론을박하며 거기에서 서로
제 것이 옳다 그리 싸우고 역행함이니
라.
34 이제 세상을 하얀 눈으로 덮듯이 나의
법전이 덮어, 만백성이 나의 법전을
읽고 깨우쳤을 때 그들이 이것이 옳고
저것이 옳다 과연 갑론을박이 있는가
두고 보라.
35 그들은 절대로 그와 같은 역사가 있을
수 없음이니라.
36 똑같이 깨달으며 똑같이 행하며 똑같
이 지켜 가느니라.
37 그리하여 나의 법전이 진리요, 너희들
의 심판의 법전이요,
38 마지막 제3의 시대에 내가 직접 너희
에게 역사한다 하였음이니라.
39 모든 성경을 너희가 가르치는 방법이
다른 것은, 나의 아들이 가르침도 아
니요, 내가 직접 임하여 너희에게 명
하지 아니하였기 때문에 너희는 뒤죽
박죽이요, 그저 잡탕 식으로 그 기분
에 따라서 재물을 거둬들이고 더 큰
성전을 짓기에 연연하는 것이니,
40 그리하여 너희가 큰 성전, 많은 신도,
많은 재물을 거둔 자를 성공했다 함이
니라.
41 참진리요, 나 여호와의 뜻을 가르치고
바로 그대로 행하는 그와 같은 자가
성공한 자요, 위대한 종교 지도자라
너희는 그리 말하느니라.
42 그리하여 너희가 하는 방법이 무엇이
던가?
43 이리 가르치는 자 다르며, 저리 가르
치는 자 다르며, 이쪽 십자가를 세워
놓은 곳에서 들으면 또 다르며, 다른
십자가를 세워 놓은 곳에서 들어 보면
그 모두가 다 다르니,
44 이게 뒤죽박죽의 형국이 아니던가?
45 그리하여 너희는 그 나의 피조물 만백
성을 거부하지 못하여 그들이 저쪽에
서 배운 걸 이쪽에서 대비하지 못하도
록 하여 너희는 무조건 순종하며 따라
야 한다 하느니라.
46 그리고 목동이 모는 양처럼 그저 너희
가 목동이 지옥으로 가든, 팔려 가든,
너희를 죽음으로 끌고 가든 그저 따라
가는 것만이 된다 그리 말하니,
47 말 못 하고 의사를 표시 못 하는 그 짐
승은 그러할지 몰라도, 인간인 나의
백성을 그리할 수는 없는 것이니라.
48 너희가 지금 지옥으로 이끌어 가면서
무조건 따라가라 그리 가르침이니,
49 그건 바로 너희가 진리를 모르며, 참
뜻을 모르며, 지도자의 길을 모르며

만백성을 구원하는 길이 무엇인지 모르기에, 너희가 자신이 없어 그와 같은 행위를 하고 있음을 알아야 할 것이니라.
50 이것이 얼마나 너희가 불행한 일이던가?
51 이로 인하여 나의 피조물 만백성이 구원의 길이 아니요, 지옥의 길로 달리는 열차를 오늘도 내일도 수없이 타고 감이니, 그들을 구원하는 것이 너희가 역사하는 것이라는 것을 잊지 말라.

5,667 번째 하나님 말씀

2003년 3월 23일 21시 32분

1 사랑하는 나의 아들아!
2 "네, 아버님! 말씀하옵소서."
3 너를 따르는 제자들과 나의 법전을 읽고 깨우친 만백성 너희는 들으라 그리 하라.
4 나의 아들이 변하는 그 삶이 뭐라 말하였는가?
5 모든 무생물이요, 생명이 없는 모든 것들이 그에게 말을 한다 그리 말하였음이니라.
6 너희가 밥을 먹을 때, 또한 식사를 할 때, 차 한 잔을 마실 때, 그들은 예쁘고 정중하며 아름답게 마셔 달라, 그리고 곧은 자세로써 마셔 달라 그리 말한다 그가 하였음이니라.
7 그리하여 나의 아들은 그리 대화한다 하였음이니라.
8 그는 그 제자들에게 말하였느니라.
9 모든 너희 제자들에게 식사할 때도 곧은 자세요, 바른 자세요, 그리고 너희가 쓰고 놓는 물건 그 모두도 제자리에다 정돈시키며 곧고 바르게 놓아 달라,
10 그들이 너희에게 예쁜 모습으로 놓아 달라, 그리고 예쁜 모습으로 단장해 달라 그리 말을 하기 때문에,
11 모두는 다 소중한 것이며 생명이 있기에 곱게 다루고 아름답게 제자리를 지켜 주라는 나의 아들의 강론을 들은 그 제자들이 과연 어찌 살아가는가?
12 그들의 삶에서 생활의 변화를 이루기 시작하느니라.
13 저희가 쓰고 있는 모든 그릇 하나, 무심히 던지는 하나의 물건, 하나하나가 제자리에 놔 주기를 바라며, 그들은 깨끗하게 써 주기를 바라며, 곱게 닦아서 그들이 아름답게 만백성에게 비칠 수 있도록 그걸 원하며 그들이 말을 한다 하니,
14 너의 제자들이 모든 환경에서 곧고 바르게, 그리고 깨끗하게 정리하는 그와 같은 삶의 변화를 역사한다 하지 아니하였던가?
15 너희는 어렵고 힘들어도 그와 같이 변화되는 것이 나의 법전을 읽은 백성이요, 나의 진리를 깨우쳐 가는 백성이 가는 길이라 그리 내가 말하였음이니 그것이 다른 것이니라.
16 그와 같이 변해 가는 나를 따르는 백성이요, 내가 선택한 백성의 살아가는 아름다운 마음을 너희는 과연 알 수 있는가?
17 그 제자들은 앎이니라.
18 거짓 하지 아니하며 부끄럽지 않은 삶을 살지 않기 위하여 모든 유혹으로

부터 그를 뿌리치며 그를 인내하며 그
를 다 접어 두고 살아가는 것이 나로
부터 선택된 백성이 살아감이니,
19 감히 남의 비밀을 알려 하며, 남의 비
밀을 자랑스럽게 전하지 아니하며, 남
의 약점을 들추지 아니하며,
20 남이 잘하고 잘못하는 것을 평가하지
아니하며 그들이 심판하지 아니하는
그와 같은 백성으로서 더러 변하여 감
이니라.
21 나의 법전을 읽고 깨우친 백성이 거짓
말하지 아니하며, 제가 손해를 볼망정
남은 손해 보지 아니하도록 하며, 남
에게 피해는 주지 않도록 하며,
22 제가 눈물을 흘릴지언정 남의 눈에서
눈물이 흐리지 않게 살아가려고 발버
둥치고 몸부림침이니,
23 그 백성이 하늘의 백성이 아니고 과연
어디의 백성이라 너희는 말하는가?
24 그들은 그리 살아감이니라.
25 그리하여 그들은 부정한 것과 타협하
지 아니하며, 어떤 것에도 굴복하지
아니하느니라.
26 그리하여 그들은 그리 살아가나,
27 수천 년 동안 흘러왔으며 역사를 자랑
하며 뿌리를 자랑하며 전통을 자랑하
며 나의 아들 예수의 보혈로써 구원을
받았다는 종교 집단 너희는 과연 어찌
가는가?
28 너희는 개척 교회요, 너희가 처음에
일어서서 어렵고 힘들 때,
29 너희는 사악한 짓을 한다 하든, 나쁜
짓을 한다 하든, 나의 뜻과 관계없는
자가 사업장을 벌린다 하든, 어떤 역
사를 한다 하든,
30 무조건 잘되기를 바라는 그 기도를 하
며, 경배를 하며, 축배를 해 주는 것이
너희라 내가 하지 아니하였던가?
31 그러니 수천 년 동안의 역사를 흘러온
그 뿌리의 종교 지도자요, 집단 너희
가 하고 있는 그 추악한 행위와,
32 두 해요, 세 해를 넘기지 못한 나의 선
택된 백성이 오늘의 변화되는 모습이
며 아름답게 살아가고자 하는 그들의
변화되는 모습을 과연 너희는 어찌 견
주어 볼 수 있겠는가?
33 감히 그들에게 너희는 견주어 볼 수도
없음이니라.
34 썩고 썩은 지난날의 전통과 관습이요,
그 역사에 의하여,
35 너희는 나의 아들을 통하여 지금 내가
내리는 새로운 성경이요, 나의 법전을
보고 깨우치는 백성에게 사탄이요, 이
단이요, 사악한 자라 말하니,
36 너희들의 그 입이 부끄러운 줄 알며
너희들의 행동이 부끄러운 줄 알라.
37 내가 구약에 기록한 그 십계명을, 나
의 선택된 백성이요, 나의 아들을 따
르는 제자들은 그를 지키고 사느니라.
38 그들은 그를 지키기 위하여 목숨을 내
걸고 있으며, 그를 지키면서 어떠한
유혹과도 타협하지 아니하며, 고통의
길을 영광으로 생각하며 지금 가고 있
으니,
39 그들이 과연 역사가 얼마나 되었으며
전통이 얼마나 되었던가?
40 5년이 넘었던가, 10년이 넘었던가?
41 너희가 세워 놓은 한 세기를 걸은 백
년이 지났던가?
42 그와 같이 전통이 없으며 세 해를 넘

지 못하며 이제 그곳을 막 걸음마를
하고 가는 그 백성이 과연 얼마나 곱
고 바르게 살아가는 모습인가를 너희
는 한번 들여다보라.
43 그리하여 너희보다 그들이 추하게 살
며 잘못 살거든 너희는 나의 법전을
사탄이요, 이단이요, 잘못 가르친 것
이라 그리 말해도 되나,
44 그들이 공부한 그 짧은 시간 속에 너
희가 감히 따라갈 수 없도록 변하고
역사하는 삶을 살거든,
45 너희는 지금의 가는 그 믿음을 다 때
려치우며 거기에서 뛰쳐나와, 그들을
선생으로 따라가는 그와 같은 백성이
되어야만 구원을 받는다는 것을 알라.
46 어느 백성이 얼마나 변했는가 너희가
그 속을 우선 들여다보라.
47 구약이 어떻고, 신약이 어떻고, 예수
의 보혈이 어떻고, 너희 손으로 지은
성전에서 은혜를 받는 것이 무엇이라
는, 그 추하고 더러운 외형적인 형식
에 치우치지 말며,
48 진실로 인간이 인간답게 아름답게 변
해 가는 것을 어디에서 배우며, 어디
에서 가르침이 위대한 것인가 그를 보
고 너희가 따라가도록 하라.
49 너희가 선택하라.
50 너희가 들으면 알 것이며, 가서 강론
을 들어 보면 알 것이며, 나의 법전을
읽으면 알 것이며, 그 제자들과 대화
를 해 보면 알 것이니라.
51 너희는 지금 너희와 믿음이 같지 아니
한 자가 사업을 한다 하여 그 사업장
에 가지 말라 그리하며, 그 사업장에
너희는 상종하지 말라, 그리고 그와
같은 반대급부에서 나오는 모든 것은
사지도 말라, 먹지도 말라 그리 가르
치니,
52 얼마나 그게 사악한 자인가?
53 그리하여 나의 순박한 백성에게 생활
의 불편을 주며 그들이 즐기고자 하는
것을 즐기지 못하게 하니,
54 이것이 사탄이요, 사악한 자가 하는
짓이 아니던가?
55 세상에 너희가 심판할 것이 하나도 없
음이니라.
56 세상에 음료수 하나가 나오는 것이요,
사탕 하나 나오는 것까지도 너희가 만
드는 것이 아니요,
57 너희와 믿음이 다른 회사요, 그 조직
에서 나오는 것은 사악한 것이니 먹지
말라 그리 말함이니,
58 그것들이 맛이 있으며 너희가 먹고 쓸
수 있도록 한 것이며, 그들이 문을 닫
지 않고 번창하는 것은 나 여호와가
존재함이요, 내가 명하기 때문에 그들
이 세상에 존재하거늘,
59 어찌하여 너희가 그리 사탄의 것이요,
악마의 것이라 심판을 하며, 감히 평
가하며, 그와 같이 사악하고 추하고
더러운 짓을 하는가?
60 음료수라는 하나의 마시는 물건이요,
쓰고자 하는 물건이요,
61 그저 너희가 간단하게 쓸 수 있는 것
까지도 너희가 골라서 사지 말라, 사
라 명하니,
62 너희가 나보다 높은 자며, 나보다 위
대한 자며,
63 너희가 세상을 지배하는 사악한 사탄
의 자식이라 자처하는 것이 아니던가?

64 이 세상의 모두는 내 뜻에 의하여 세
상에 나온다 하였음이니 다 소중하고
귀한 것이거늘,
65 나에게 허락을 받으며 나에게 도장을
받아 이 세상에 모든 것이 다 나오건
만,
66 어찌하여 그것이 사탄의 것이요, 이단
의 것이라 너희가 마음대로 결정하며
그리 말하며 욕하는가?
67 그리고 너희가 통제하며 그것을 규제
하는가?
68 그것이 나 여호와보다 너희가 높고자
하며, 너희가 높은 속에 있다는 것이
며,
69 나보다 위대하며 세상을 지배하는 것
이 너희라는 착각을 하지 아니한다면,
70 세상 것 사지 말라, 먹지 말라, 취하지
도 말며 거래하지도 말라 하며,
71 너희가 추하고 더러운 모습이요, 그들
을 따라가지 못하기에, 그들이 아름답
게 살아가는 모습이요, 그들이 만백성
을 위해 살아가는 그것을 보지 못하기
때문에, 부끄러워 따라갈 수 없기 때
문에,
72 그들의 아름다운 모습이 세상에 보여
너희가 지금 교회라는 곳의 문을 닫을
것이며, 그 신도들이 떠날 것이 두렵
고 겁이 나니까,
73 너희가 양 떼처럼 무조건 순종하라,
그저 목동이 모는 대로 따라오라, 지
옥 불로 가도 따라오라, 그저 죽음의
길로 가도 따라오라,
74 그와 같이 사악하고 추하고 더러운 행
위를 하는 것이 너희들이니, 그게 내
자식이던가?
75 이제 너희들의 음성을 듣기도 싫으며,
너희의 기도 소리도 듣기 싫으며,
76 너희가 눈물 짜며 콧물 흘리며 악쓰는
소리가 세상을 오염시키니 그것도 내
가 듣기 싫으니, 입을 봉하도록 하라
그리하라.
77 그와 같은 삶을 사는 자, 눈물 콧물 흘
리며 나의 아들의 이름을 부르지 말
며,
78 나의 이름을 부르지 않는 자가 차라리
구원을 받을 것이니라.
79 너희가 온통 사악한 짓이요, 추하고
더러운 짓을 일삼으면서 나의 아들이
요, 나의 이름을 부른 그와 같은 자가
되지 말라.
80 너희들의 그 부르짖는 소리가 나는 너
무나도 듣기 싫으며,
81 그 듣는 것으로써 나 여호와가 역겨
움을 견딜 수 없다는 것을 알며,
82 그 썩고 썩은 냄새가 정녕 견딜 수 없
는 그와 같은 형국이니 그리 알라.

부 록

【하나님께서 가르쳐 주신 운동】

천재지변이 일어날 때, 동물이나 미물들은 미리 알고 대피하지만, 인간은 알지 못하고 큰 화를 당합니다. 하나님께서 인간에게 가장 높은 지혜를 주시고 완벽하게 창조해 주셨기에 동물들보다 더 잘 알 수 있지만, 욕심으로 마음이 혼탁해져서 한 치 앞을 보지 못하는 것입니다.

마찬가지로, 인간은 누구나 스스로 필요한 운동을 해서 건강을 지킬 수 있도록 하나님께서 만들어 주셨습니다. 우리의 머리에서 우리 몸에 필요한 동작을 해 달라고 끊임없이 신호를 보내지만, 인간이 혼탁하게 살아서 그 신호를 알아채지 못합니다. 그러니 자연스럽게 자기 몸이 원하는 그 신호를 따라서 운동하는 것이 하나님께서 가르쳐 주신 운동 방법입니다. 바로, 우리의 영이 육을 이끄는 운동입니다.

▶ 하나님 운동법

1. 눈을 감고, 발을 어깨너비로 벌리고 바르게 선다.
2. 몸에 힘을 풀고, 허리를 숙이면서 손과 머리를 아래로 내린다.
3. 허리를 펴고 싶을 때, 천천히 펴면서 하고 싶은 동작을 하면 운동이 시작된다. (사람마다 다르다.)
4. 멈추지 말고, 어떤 동작이든지 자기 몸의 느낌대로 계속 이어서 한다.

▶ 참고 사항

① 눈을 감은 상태로 아무 생각 하지 않고, 자기 몸의 느낌대로 움직입니다.

② 마음을 비우고, 욕심을 버리고, 지난날의 잘못을 반성하면서 몇 차례 시도하다 보면, 자기도 모르게 하고 싶은 동작이 끊임없이 생깁니다.

③ 운동 장소는 방 안이든 운동장이든 관계없으며, 걷거나 달리고 싶을 때는 눈을 떠도 됩니다.

④ 매일 40분 이상, 주 4회 이상, 3개월 이상 하면 음식 조절에 들어갑니다.
- 음식으로 생긴 병은 음식으로 치료하게 되며, 어떤 음식을 먹어야 하는지 스스로 알게 됩니다.
(자기 몸에 필요한 음식만 먹고 싶어집니다.)

⑤ 사랑하는 사람과 함께 운동하면 서로 치료해 주기도 합니다.

⑥ 운동을 하다가 몸의 어느 한 부분을 계속 손으로 자극한다면 그쪽에 이상이 있는 것이니, 의사에게 상담을 받고 적절한 치료를 받으면 됩니다.

⑦ 다이어트 및 기타 건강관리에 효과적입니다.

⑧ 꾸준히 운동하여 영이 밝아지면, 자신의 과거와 미래를 스스로 보게 됩니다.

누구나 스스로 하실 수 있습니다.

간 행 사

《새로운 성경》은:

· 새로운 성경은, 하나님께서 선량하고 선한 자를 선택하여 십계명을 암송하도록 하시고, 십계명을 암송한 다음에 음성으로써 들려주시는 말씀을 듣고 그대로 카세트테이프에 녹음해서 받아쓴 책입니다.

· 90분짜리 녹음테이프 700여 개에 달하는 말씀으로, 1999년 8월부터 2004년 7월까지 총 160권(권당 288쪽)을 완성하였으며, 그 이후에도 현재까지 계속 말씀을 내려 주고 계십니다.

· 새로운 성경은 "하늘을 두루마리 삼고 바닷물을 먹물 삼아 쓰고 써도 다 못 쓴다"는, 끝없이 방대한 하나님의 말씀이 두루마리로 직접 내려오는 것입니다. 이러한 새로운 성경은 구약과 신약을 폐하려는 것이 아니라 "인봉된 성서의 비유의 뜻"을 상세히 설명하여 완성하고자 하나님께서 직접 내려 주신 말씀입니다.

《새로운 성경》의 구성:

· 제 목: 2013년, 160권 모음집을 발간하면서, 본 도서의 제목을 "하나님! 말씀하옵소서"에서 《새로운 성경》 으로 명해 주셨습니다.

· 단행본: 각 권당 288쪽(신국판) 책이 160권까지 시리즈로 출판됩니다.
(모음집은 단행본을 16권씩 묶어서, 총 10부로 구성됩니다.)

《새로운 성경》의 성경적 근거:

· 신약 성경 [요한복음] 16장 13절에 "진리의 성령이 오시면 그가 너희를 모든 진리 가운데로 인도하시리니 그가 자의로 말하지 않고, 오직 듣는 것만을 말하며" 하신 말씀처럼 하나님의 음성을 들은 것만 기록하였으며,

· "장래 일을 너희에게 알리시리라" 하신 말씀과 같이 개인, 나라, 인류의 "장래"일을 하나님께서 알려 주시는 것만 기록하여 책으로 만들었습니다.

《새로운 성경》의 기록 방법:

· 1999년 8월부터 하나님께서 저에게 들려주시는 음성을 기록하였습니다. 처음에는 제가 들은 말씀을 불러 주면 저의 아내가 기록하여, 2000년 1월 29일에 1권 초판이 세상에 나왔습니다. 2000년 4월부터는 주시는 말씀을 받아 녹음기에 기록하여 시리즈로 출간하기 시작하였습니다.

· 녹음을 시작하면서 하나님의 말씀을 받는 데 가속도가 붙었고, 2001년 5월 3일에 1부(1~16권까지)를 인쇄하여 출판하였으며, 2004년 7월까지 총160권 분량의 말씀을 받아 기록하였습니다.

하나님께서 저에게 주신 것은:

· 첫째, 만백성을 상대로 내려 주시는 "기도", 둘째, 수시로 내려 주시는 "묵상", 셋째, 개인의 과거, 현재, 미래를 알려 주시는 "개인 기도", 넷째, 개인의 건강을 위해서 내려 주시는 "음식 처방", 다섯째, 하나님께서 가르쳐 주신 "운동"등이 있습니다. 이 중에 첫 번째, "기도"를 책으로 편찬하였습니다. 사람의 생사, 개인의 미래에 관한 천기는 수록하지 말라 하셨습니다.

강론 안내:

· 하나님께서는 지금도 매일 저에게 새로운 하늘의 비밀의 말씀을 내려 주고 계십니다. 수시로 내려 주시는 말씀을 정리해서 제자를 육성하라는 말씀에 따라 매주 강론을 하고 있습니다. 누구나 무료로 들으실 수 있습니다. (book160.com)

《새로운 성경》을 읽는 분들에게 드리는 선물:

· 개인 기도: 개인의 과거, 현재, 미래에 관하여 말씀을 내려 주십니다.

· 음식 처방: 사람은 음식을 먹고살다가 건강을 잃으니, 음식과 운동으로 건강을 되찾는 방법을 알려 드립니다. 단, 하나님이 계심을 믿고, 십계명을 지키겠다고 진실로 서약하는 분들께 알려드립니다.

《새로운 성경》의 은혜와 기적:

· 새로운 성경 전160권은 16권씩 묶어서 총 10부의 모음집으로 구성됩니다. 모음집 한 부를 읽고 깨우치는 자에게 하나님께서 다음과 같은 기적이 있다고 하셨습니다.

· "첫째, 그가 죽어 하늘에 갔을 때 그의 죄를 묻지 아니하며, 구원을 받는 위대한 은혜가 있으며, 둘째, 그의 소원과 소망이 이루어지고, 셋째, 죽은 자(부모, 형제, 자식, 사랑하고 은혜 입은 분)의 이름으로 구입한 책을 읽고 누군가 한 사람이 깨우칠 때, 그 죽은 자가 지옥에서 천국으로 구원을 받게 되며, 넷째, 유산, 중절 수술 등으로 태어나지 못한 아이를 위하여 구입한 책을 보고 한 명이 깨우쳤을 때, 그 아이가 사람으로 다시 한 번 태어나는 은혜를 받는다."

· "새로운 성경"을 3회 이상 정성을 다해 정독하는 자, 성서의 비밀을 알게 되고, 세상의 이치를 알게 되며, 세상을 지배하고 통제할 수 있는 지혜를 다 얻게 된다고 하셨습니다. 이 책은 만백성이 정독하고 이웃에게 전하여, 평생 가슴에 묻은 슬픔과 고통의 짐을 벗고 미래를 위한 힘찬 삶을 살아가도록 하는 책입니다.

끝으로

· 하나님께서는 흰 눈이 세상을 덮듯이 새로운 성경을 온 세상에 전하라고 하셨습니다. 《새로운 성경》을 각국어로 번역해서 온 인류에게 구원의 길을 깨우쳐 주고, 그 수익으로 가난하고 어려운 백성을 구제하여, 만백성의 영과 육을 함께 구원하는 선지자의 임무를 수행하라고 저에게 명하셨습니다.

· 하늘에서 내려 주신 말씀의 보화를 만백성에게 나누어 주는 것이 선지자의 임무라고 하셨습니다. 새로운 성경을 통해서 얻는 재물을 사용할 곳도 하나님께서 일일이 명해 주십니다. 모든 재물은 저의 자의로 쓸 수 없고, 하나님께서 명하시는 대로만 쓰여집니다.

· 어떤 명분으로든 십일조나 각종 헌금을 거두어들이지 말라 하셨으며, 국내뿐 아니라 각국에 성전과 단독 서점을 운영하며, 한국의 많은 젊은이들을 전 세계에 지도자로 내보내라고 하셨습니다.

· 우리는 세계적으로 새로운 성경을 보급하며 어려운 이들을 돕는 역사를 해 나갈 것입니다. 지금까지 비록 몇 명 안 되는 제자들과 함께 이러한 일을 역사했지만, 앞으로도 계속 하나님께서 기뻐하시는 일들을 해 나갈 것입니다. 부족한 저희에게 여러분들의 지혜와 성원을 보내 주시기를 바랍니다. 많은 분들의 참여와 도움을 간절히 기다립니다. 감사합니다.

한국어로 내려온 《새로운 성경》 단행본을 출간하며
2016년 4월 10일

발행인 **김 용 철**

한국어로 내려온

새로운 **성 경** · 5부 · 제76권

지은이 하나님 말씀
대역자 김용철

초판인쇄 1쇄 2017년 4월 3일

펴낸 곳 도서출판 하얀마음
등록번호 제 10-2107호 (2001년 2월 14일)
주소 서울시 노원구 덕릉로86길5, 2층
전화번호 02) 313-1114
팩스 02) 393-5554
전자우편 book160@hanmail.net
편집위원 조나영 김미향 이석교
제작지원 김창현 김지영

도서상담 1600-7527
ISBN 978-89-5875-176-2 (04230)
978-89-5875-100-7 (세 트)

값 10,000원
잘못된 책은 구입하신 곳에서 바꾸어 드립니다.

※이 책은 10부로 제작되며, 각 부 16권씩 총160권으로 구성됩니다.※

1부	2부	3부	4부	**5부**	6부	7부	8부	9부	10부
1권	17권	33권	49권	65권	81권	97권	113권	129권	145권
2권	18권	34권	50권	66권	82권	98권	114권	130권	146권
3권	19권	35권	51권	67권	83권	99권	115권	131권	147권
4권	20권	36권	52권	68권	84권	100권	116권	132권	148권
5권	21권	37권	53권	69권	85권	101권	117권	133권	149권
6권	22권	38권	54권	70권	86권	102권	118권	134권	150권
7권	23권	39권	55권	71권	87권	103권	119권	135권	151권
8권	24권	40권	56권	72권	88권	104권	120권	136권	152권
9권	25권	41권	57권	73권	89권	105권	121권	137권	153권
10권	26권	42권	58권	74권	90권	106권	122권	138권	154권
11권	27권	43권	59권	75권	91권	107권	123권	139권	155권
12권	28권	44권	60권	76권	92권	108권	124권	140권	156권
13권	29권	45권	61권	77권	93권	109권	125권	141권	157권
14권	30권	46권	62권	78권	94권	110권	126권	142권	158권
15권	31권	47권	63권	79권	95권	111권	127권	143권	159권
16권	32권	48권	64권	80권	96권	112권	128권	144권	160권